Harald Müller, Astrid Orthmann

Sanierungsfall Deutschland: Packen wir's an!

Wie wir der Deindustrialisierung entgegenwirken können

Harald Müller, Astrid Orthmann

Sanierungsfall Deutschland: Packen wir's an!

Wie wir der Deindustrialisierung entgegenwirken können

Bonner Wirtschafts-Akademie (BWA)

Verlag Diplomatic Council Publishing

1. Auflage 2024

Hinweis zu gendergerechter Sprache

In diesem Werk wie in allen Büchern des Verlages ist mit dem generischen Maskulinum, zum Beispiel „Manager“ oder „Politiker“, stets die sexusindifferente Bezeichnung gemeint, also alle Geschlechter. Abweichungen von dieser Regel werden sprachlich eindeutig gekennzeichnet, zum Beispiel durch Worte wie „männlich“ oder „weiblich.

Hinweis zu wissenschaftlicher Sprache

In diesem Werk wird die chemische Formel für Kohlendioxid bewusst in der Form CO2 geschrieben, weil dies leichter lesbar ist als die wissenschaftlich korrekte Formel mit tiefgestellter 2.

Bibliografische Informationen der Deutschen Nationalbibliothek

Die Deutsche Nationalbibliothek verzeichnet diese Publikation in der Deutschen Nationalbibliografie; detaillierte bibliografische Daten sind im Internet über http://dnb.d-nb.de abrufbar.

Printed in the Federal Republic of Germany.

Gestaltung, Cover und Satz: IMS International Media Services, Wiesbaden

Gedruckt auf säurefreiem Papier.

Print ISBN: 978-3-98674-120-4

E-Book ISBN: 978-3-98674-117-4

Druck: Libri Plureos GmbH,
Friedensallee 273, 22763 Hamburg

„Lebenslanges Lernen ist kein neuer Begriff, aber er war noch nie so aktuell wie in der heutigen Zeit.“

Astrid Orthmann

„Eine zuverlässige und bezahlbare Energieversorgung bildet eine unentbehrliche Grundlage für Wirtschaft und Wohlstand.“

Harald Müller

„Oberste Priorität aller unserer Aktivitäten ist der Respekt und das verantwortliche Handeln gegenüber unseren Mitmenschen. Dieser Grundsatz beinhaltet Werte wie Integrität, Vertraulichkeit und Loyalität.“

Firmenphilosophie der Bonner Wirtschafts-Akademie (BWA)

Inhalt

Vorwort

Globalisierung, Lieferengpässe, geopolitische Entwicklungen, Automatisierung, Digitalisierung, Künstliche Intelligenz, hohe Energiekosten, ein sich immer weiter verschärfender Fachkräftemangel… die Liste der Herausforderungen ist sehr lang, die Unternehmen und Institutionen zu einer kontinuierlichen Anpassung von Strukturen und Strategien an sich wandelnde Rahmenbedingungen zwingen. Entscheidend ist dabei der Faktor Mensch, denn jede Gestaltung von Veränderung ist auf die aktive Unterstützung der handelnden Menschen angewiesen – das gilt gleichermaßen für das Management wie für die Belegschaft.

Wir, die Autoren, haben vor mehr als 25 Jahren die Bonner Wirtschafts-Akademie (BWA) gegründet, um Unternehmen zu beraten und aktiv zu unterstützen, für spezifische Situationen Lösungswege zu finden und diese gemeinsam anzugehen. Dabei liegt der Fokus auf Maßnahmen im Bereich Personal- und Organisationsentwicklung – denn bei allen technologischen Fortschritten oder anderen äußeren Einflüssen wie Energieknappheit stellt sich die Frage, wie ein Unternehmen damit umgeht – und dabei kommt es immer auf die „Ressource Mensch“ an.

Professionell, zertifiziert und methodisch

Die Basis für unseren professionellen, zertifizierten und methodisch vielfältigen Beratungsansatz ist der vertrauensvolle Umgang miteinander. Das Team der BWA zeichnet sich durch exzellente fachliche Qualifikationen und überdurchschnittliche

Kommunikationsstärke aus – verbunden mit einem hohen Grad an Empathie. Die Fokussierung auf die individuellen Stärken des Einzelnen ist der Garant für messbaren und nachhaltigen Erfolg. Mit Hilfe der BWA haben bereits mehr als 10.000 Menschen eine neue berufliche Perspektive und hunderte von Unternehmen einen gangbaren Weg in eine gute Zukunft gefunden. In diesem Buch haben wir das in dieser Zeit aus zahlreichen Projekten gewonnene Know-how niedergeschrieben. In unzähligen Gesprächen mit Vorständen, Geschäftsführern, Personalverantwortlichen und anderen Führungspersönlichkeiten aus Wirtschaft und Gewerkschaft haben wir dabei immer wieder aktuelle wirtschaftspolitische Entwicklung oder genauer gesagt Fehlentwicklungen diskutiert. Diese Gedanken und Analysen aus dem wirtschaftlichen Alltag haben ebenfalls Eingang in das vorliegende Werk gefunden.

Wirtschaftspolitische Linien und betriebliche Praxis

So ist ein Buch entstanden, das die großen wirtschaftspolitischen Linien und die betriebliche Praxis verbindet. Das Ergebnis ist an vielen Stellen ernüchternd. Aber nur eine ehrliche Analyse und schonungslose Benennung der Schwachpunkte kann eine Grundlage dafür sein, Fehlentwicklungen zu stoppen und die deutsche Wirtschaft und damit unser aller Wohlstand wieder in positive Sphären zu lenken. In diesem Sinne ist das vorliegende Buch als ein Kompass zu verstehen, der aus den Untiefen heraus den richtigen Weg in eine gute Zukunft weist.

Harald Müller, Astrid Orthmann

Geschäftsführer Bonner Wirtschafts-Akademie (BWA)

Ideologische Wirtschaftspolitik

Das Wachstum der Weltwirtschaft 2023: plus drei Prozent, und Deutschland: minus 0,3 Prozent – so der Internationale Währungsfonds (IWF). Manch einer mag sich an den European Song Contest im gleichen Jahr erinnert fühlen – Germany: zero Points, letzter Platz unter 22 Nationen.[1]

Deutschland steckt auf absehbare Zukunft in einer Rezession. Im Frühjahr 2024 korrigierten die führenden Wirtschaftsinstitute in Deutschland ihre Prognose drastisch nach unten. Hatten sie im Herbst des Vorjahres noch ein Wachstum von immerhin 1,3 Prozent für 2024 angenommen, so gingen sie ein halbes Jahr später nur noch von 0,1 Prozent aus.[2] „Zwei verlorene Jahre" nannte der Präsident des Bundesverbands der Deutschen Industrie (BDI) die Jahre 2022/23. Er fügte hinzu: „Auch wenn manche Weichen schon in der Zeit davor falsch gestellt wurden."[3]

Tatsächlich hat sich die Stagnation schon lange abgezeichnet. Der Standort Deutschland leidet seit Jahren unter ökonomischer Auszehrung. In allen Rankings ist Deutschland abgerutscht. Die Steuerbelastung und die Energiepreise zählen zu den höchsten der Welt, die Arbeitskosten ebenso. Die Arbeitsproduktivität wächst kaum noch. Die Bildung befindet sich ebenso im Niedergang wie die Investitionen. Während Deutschland bei Zukunftsthemen wie Digitalisierung, Weltraumfahrt oder Künstlicher Intelligenz weltweit kaum eine Rolle spielt, sollte die „grüne Transformation" die Wende in der Wirtschaft bringen. Tatsächlich entpuppt sich die Energiewende als Weichenstellung in die falsche Richtung, nämlich nach unten. Dafür gibt es handfeste Gründe.

Bei den „grünen Produkten“ wie Wärmepumpen, E-Autos, Windrädern oder Solarzellen hat Deutschland überhaupt keine Führungsrolle inne. Es sind keine Innovationen made in Germany, die die Welt verändern könnten wie die Dampfmaschine oder der Verbrennungsmotor. Künstliche Intelligenz (und künftig vermutlich Quantencomputer) stellen derartige Basisinnovationen dar, aber damit hat Deutschland wenig am Hut.

Hingegen werden bei der „grünen Transformation“ funktionierende Güter, Gerätschaften, Maschinen und Infrastrukturen wie etwa Gasheizungen, Autos mit Verbrennungsmotor und Kernkraftwerke binnen kürzester Zeit für obsolet erklärt. Die dazugehörigen Wertschöpfungsketten und Arbeitsplätze gehen unwiederbringlich verloren. Bei der Energieversorgung des Landes wird darauf vertraut, dass die Sonne schon scheinen und der Wind wehen wird. Für Dunkelflauten werden notwendige, aber unproduktive Reservekapazitäten, etwa durch Gaskraftwerke, angelegt.

Am schlimmsten ist aber wohl, dass sich die Regierung anmaßt, bei technologischen Entwicklungen den Weg zu weisen. Statt mit Technologieoffenheit den Wettbewerb zu fördern, will der Staat festlegen, was technisch am besten ist. Soweit das nicht funktioniert, wird so lange mit Subventionen gesteuert, bis sich auch die unrentabelste Technik irgendwie lohnt. Vor diesem Hintergrund ist es nachvollziehbar, wenn von einer Ökodiktatur die Rede ist. Letztendlich muss man feststellen, dass unrealistische Zielvorgaben beim Umwelt- und Klimaschutz, CO2-Steuern und Emissionszertifikate, unsinnige technische Vorgaben und Unsicherheiten beim Einsatz neuer Technologien sowie immer weiter steigende Energiekosten eine Deindustrialisierung Deutschlands in Gang gesetzt haben, die sich weiter fortsetzt. Die Unternehmen und übrigens auch besonders fähige Arbeitskräfte wandern zusehends ins Ausland ab.

Die Preisgabe der deutschen Autoindustrie an die Konkurrenz aus den USA und China durch abenteuerlich-absurde gesetzliche Vorgaben, die Verteufelung des Verbrenners und die „Seligsprechung“ der Elektromobilität stehen exemplarisch für eine völlig verfehlte Industriepolitik. Die irrationale deutsche Energiepolitik schickt sich an, zur Schicksalsfrage unserer Nation zu werden.

Die Politik wird auf ein einziges Dogma ausgerichtet: Wir müssen die Klimaerwärmung bei 1,5 bis maximal zwei Grad Celsius begrenzen – und wenn das Deutschland gelingt, ist im Grunde die ganze Welt gerettet. Doch um Jim Skea, den Chef des Weltklimarates der Vereinten Nationen zu zitieren: „Die Welt wird nicht untergehen, wenn es um mehr als 1,5 Grad wärmer wird.“[4]

Die Einsicht, dass CO2 als Übeltäter reduziert werden muss, lässt sich leicht vermitteln – obgleich die Thematik deutlich vielschichtiger ist. Die radikale Strategie, den CO2-Ausstoß völlig zu verbieten, führt indes dazu, dass die deutsche Industrie ihre Weltgeltung verliert bzw. in andere Länder abwandert. Das bedeutet einen Verlust an Wirtschaftswachstum, Arbeitsplätzen und letztendlich Wohlstand in Deutschland. Der missglückten Energiewende ist in diesem Buch ein eigenes Kapitel gewidmet, weil sie eine der wesentlichen Ursachen dafür darstellt, dass immer mehr Unternehmen Deutschland Lebewohl sagen.

Die Deindustrialisierung ist in vollem Gange

Die Deindustrialisierung Deutschlands ist in vollem Gange. Die Verunsicherung in weiten Teilen der Wirtschaft ist seit längerem derart hoch, dass Produktionsverlagerungen ins Ausland schon längst in großem Stil vorbereitet bzw. teilweise bereits durchgeführt wurden. Es geht bei vielen Unternehmen nicht mehr um die Frage *ob*, sondern nur noch um die Fragen *wie* und *wie schnell*."

Tatsächlich hat unser Wohlstand schon lange zu schrumpfen begonnen, wie Studien nahelegen. Deutschland lebt bereits seit Jahren von seiner Substanz.[5] Im Vergleich zu vielen anderen entwickelten Volkswirtschaften hat Deutschlands Kapitalstock in den vergangenen 20 Jahren erheblich an Qualität eingebüßt.[6] Zum Kapitalstock eines Landes gehören Fabrikgebäude, Maschinen, Straßen und Schulen sowie alles, was man als geistiges Eigentum bezeichnet, also Forschung und Entwicklung, Software, Datenbanken und so weiter. Der Kapitalstock und die Arbeitskräfte bilden das Rückgrat jeder Volkswirtschaft. Je moderner der Kapitalstock, desto höher ist die Wertschöpfung je Beschäftigtem – und umgekehrt. In Deutschland wird der Kapitalstock allerdings seit vielen Jahren immer älter.

Eine Verjüngungskur ist nicht in Sicht, ganz im Gegenteil. 2022 flossen aus Deutschland 121 Milliarden Euro mehr Direktinvestitionen ab als investiert wurden. Unter 46 Staaten rund um den Globus war das der stärkste Abfluss. Das fiel politisch nicht weiter auf, weil im Folgejahr, 2023, die größte Investition anstand, die je ein ausländisches Unternehmen in Deutschland getätigt hat: die Errichtung einer Halbleiterfabrik durch den US-Chipkonzern Intel in Magdeburg. Indes: Die Bundesregierung sagte zu, die Ansiedlung mit rund zehn Milliarden Euro an Subvention zu fördern – eine Rekordsumme. Die Rechnung „mit immer mehr Subventionen immer mehr Unternehmen dazu zu bewegen, sich in Deutschland anzusiedeln“ wird auf Dauer nicht aufgehen. Es war vielmehr ein besonders eklatantes Beispiel für eine dirigistische, staatlich gelenkte Wirtschaftspolitik, die sich an politischen Interessen statt an marktwirtschaftlichen Mechanismen orientierte. Rechnen wir nach: Mit den zehn Milliarden Subventionsgeld plante Intel die Schaffung von 3.000 Jobs; damit kostete jeder Arbeitsplatz rund 3,3 Millionen Euro. Zudem hatte Intel offenbar einen langfristig außergewöhnlich niedrigen Strompreis ausgehandelt, um die für den Rest Deutschlands geltenden exorbitant hohen Energiekosten zu umgehen. Der Kanzler jubelte 2023 – „Mit dieser Investition schließen wir technologisch zur Weltspitze auf“ –, aber eine Weichenstellung für die Zukunft ist es nicht, internationale Konzerne auf Kosten der deutschen Steuerzahler ins Land zu locken.[7] Wie sich Mitte 2024 herausstellte, hatte man mit Intel ohnehin versucht, einen Wackelkandidaten aus der Chipbranche ohne eine wirtschaftlich stabile Zukunftsvision nach Deutschland zu holen. Nach verheerenden Finanzzahlen kündigte Intel Massenentlassungen und einen massiven Sparkurs weltweit an. Die Landesregierung von Sachsen-Anhalt suchte im Sommer 2024 verzweifelt nach einem „Plan B“, falls Intel das hochsubventionierte Investment absagen sollte.[8]

Das war politisch jedoch kaum noch von Belang, weil es zu dieser Zeit den Neubau der mit fünf Milliarden Euro ebenfalls hochsubventionierten Fertigungsstätte des taiwanesischen Chipkonzerns TSMC in Dresden zu feiern galt. Neben dem amtierenden Bundeskanzler fand sich auch die frisch gewählte alte und neue

EU-Kommissionspräsidentin zum Spatenstich ein, um sogleich zu verkünden: „Aber das ist erst der Anfang. Die nächste EU-Kommission muss und wird eine Investitionskommission sein." Mit anderen Worten: noch mehr Steuergeld, um Konzerne aus aller Welt auf den „Alten Kontinent" zu locken.

Wobei die fünf Milliarden Euro für TSMC zwar der Genehmigung durch die EU bedurften, aber gezahlt wurde das Geld von der Bundesrepublik Deutschland. Der Chiphersteller selbst legte übrigens lediglich 3,5 Milliarden Euro für den Bau seiner ersten Fertigungsstätte in Europa auf den Tisch, also 30 Prozent weniger als die staatliche Fördersumme. Produziert werden in Dresden im Übrigen keineswegs Chips der jüngsten Generation, sondern recht altbackene Mikrocontroller für Sensoren, Bremsen und andere Anwendungen, die insbesondere für die deutschen Automobil- und Maschinenbauer wichtig sind.[9] Immerhin sollen bei TSMC hierzulande im Laufe der Zeit rund 2.000 Arbeitsplätze geschaffen werden, die, wenn man nachrechnet, mit 2,5 Millionen Euro pro Arbeitsplatz subventioniert werden. Doch obwohl die fünf Milliarden ausschließlich von Deutschland gezahlt werden, hat TSMC bereits angekündigt, Arbeitskräfte aus ganz Europa zu rekrutieren. Zudem sollen auch Ingenieure aus Taiwan eingeflogen werden.[10]

Doch gleichgültig, ob es um zehn Milliarden Euro für den maroden Halbleiterhersteller Intel oder „nur" fünf Milliarden Euro für eine Altchipfabrik des Halbleiter-Überfliegers TSMC geht – die dahintersteckende Subventionspolitik ist grundlegend falsch. So monierte der Bundesrechnungshof 2024, dass das Bundeswirtschaftsministerium die Leitlinien für Subventionen „(weiterhin) nicht beachtet". Das Ministerium hatte zwischen 2019 und

2023 rund 23 Milliarden an „Stütze für die Wirtschaft“ ausgekehrt. Die Subventionen müssten auf „das unbedingt Notwendige“ zurückgeführt werden, mahnte der Bundesrechnungshof.[11]

Subventionen sind das falsche Signal

Das Konzept, Industriekonzernen nicht nur mit Milliardeninvestitionen unter die Arme zu greifen, sondern auch mit billigem Strom, dem sogenannten „Industriestrom“ auszuhelfen, ist das Sahnehäubchen auf dem Kuchen des wirtschaftlichen Unverstands. So erteilte der wissenschaftliche Beirat des Wirtschaftsministeriums im Sommer 2023 der Idee eines staatlich subventionierten Industriestrompreises eine klare Absage: „In Zeiten knapper Finanzen und angesichts des notwendigen Kraftakts bei der Ausweitung der erneuerbaren Energien raten wir von der Einführung eines Industriestromtarifs ab.“ Bei einem künstlich nach unten gedrückten Strompreis für die Industrie drohten notwendige, strukturelle Anpassungsprozesse zu unterbleiben, kritisierte das Gremium.

Das war eine höfliche Umschreibung für ein verheerendes Szenario: Die privaten Haushalte und der Mittelstand zahlen mit hohen Energiekosten den Billigstrom für die großen Industriekonzerne. Die mittelständische Wirtschaft wäre also gezwungen, ihre großindustrielle Konkurrenz zu subventionieren. Das käme einem Generalangriff auf das Herz der deutschen Wirtschaft, dem Mittelstand, gleich. Es widerstrebt zudem jedwedem Gerechtigkeitsempfinden, wenn private Haushalte Strom zu hohen Kosten abnehmen müssen, während die Konzernwelt vom Billigstrom profitieren soll.

Eine Ideologie-Politik braucht immer mehr Geld

Subventionen für die Ansiedlung und die Energieversorgung von industriellen Großunternehmen sind vielmehr ein Signal dafür, dass Deutschland im Standortvergleich gegenüber anderen Staaten im Nachteil ist. Tatsächlich belegt die deutsche Industrie unter 36 OECD-Ländern nur Rang 20 bei der Produktivitätsentwicklung der vergangenen 15 Jahre. Vor allem hat Deutschland ein Kostenproblem. Die sehr hohen Energiepreise schrecken Investoren genauso ab wie die hohen Unternehmenssteuern. Gleichzeitig steigen die Lohnnebenkosten immer stärker und liegen inzwischen über der 40-Prozent-Schwelle. Eine Regierung, die scheinbar ideologisiert handelt, braucht eben immer mehr Geld, um die Folgen ihrer fehlgeleiteten Politik zu verdecken.

Um diesen ideologischen Irrweg zu verstehen, lohnt sich ein Blick in das Buch *Das Kapital des Staates* der italienisch-amerikanischen Wirtschaftswissenschaftlerin Mariana Mazzucato vom University College London, der „Hausökonomin" des seit Dezember 2021 amtierenden ersten grünen Wirtschaftsministers Deutschlands, Robert Habeck.[12] Er nennt sie „eine von sieben Frauen, die sein Leben verändert" hätten. Getroffen hat er sie zum ersten Mal beim Weltwirtschaftsforum in Davos – noch bevor er Wirtschaftsminister wurde –, und war tief beeindruckt: „Ich hatte mich zuvor intensiv mit ihren Schriften beschäftigt und sie gehören zu den besten. Im direkten Gespräch war die Frau eine Macht, eine Autorität, die sie lachend, fragend und mit einer lockeren Selbstverständlichkeit herstellte." Seitdem muss Mariana Mazzucato als eine Art Kronzeugin für die Ideologie der Wirtschaftspolitik Deutschlands herhalten. Und die lässt sich wie folgt zusammenfassen:[13]

Der Staat ist der Pionier, der vorangeht; er schafft und gestaltet die Märkte. Um die grüne Revolution zu starten und gegen den Klimawandel anzugehen, brauchen wir einen aktiven Staat. Das staatliche Handeln soll den Mut der Unternehmen verstärken. Denn die Industrie wird sich durch das freie Spiel der Marktkräfte nicht entwickeln, weil Märkte Nachhaltigkeit nicht belohnen.

Wer so denkt, verkennt völlig den Kern des Unternehmertums, der von Gestaltungswillen, Risikofreude und Innovationskraft gekennzeichnet ist. Hingegen verortet die Denkschule Mazzucatos diese Eigenschaften in erster Linie beim Staat – und unterliegt damit einem fundamentalen Irrtum. Der deutsche Staatsapparat ist keineswegs ein Innovationstreiber, sondern ganz im Gegenteil ein bemerkenswert langsamer Nachzügler. Der nach wie vor geringe Digitalisierungsgrad der staatlichen Administration steht exemplarisch für die Behäbigkeit des Staates.[14] Ein einziges Beispiel aus einer beinahe unendlich langen Liste des staatlichen Nachzüglertums: Die Bundestagsverwaltung beschloss im November 2023 die Abschaffung aller Faxgeräte bis Juni 2024.[15] Kein Witz, sondern Realität in Deutschland. Eine Lachnummer, ausgerechnet diesem Staat Gestaltungswillen und Innovationskraft zuzuschreiben. Und weil das mit dem staatlichen Voranschreiten nicht funktioniert, hat die Politik den Weg der Verbote gefunden – denn die kann der Gesetzgeber sozusagen qua Amtes durchsetzen. Der staatliche Dirigismus versucht die Bürger und die Wirtschaft entlang der grünen Wir-müssen-das-Klima-und-damit-die-Menschheit-retten-Ideologie durch immer mehr Verbote auf den vermeintlich „richtigen Weg“ zu bringen. Doch man muss sich nur die dem staatlichen Einfluss unterliegenden „Organisationen“ von der Bundeswehr bis zur

Bundesbahn ansehen, um zu verstehen, dass der Staat keineswegs ein besonders guter Gestalter ist – ganz im Gegenteil. Nun können weder Bundeswehr noch Bundesbahn Deutschland den Rücken kehren – die Wirtschaft aber schon.

Inzwischen verlassen so viele deutsche Firmen aus Kostengründen den Heimatmarkt wie seit 15 Jahren nicht mehr, zeigte eine Umfrage der Deutschen Industrie- und Handelskammer aus dem Jahr 2023.[16] Der Fachkräftemangel, eine überbordende Bürokratie und eine hohe Inflation gesellen sich zu den ausufernden Energiekosten, so dass am Ende ein „Quartett der Negativfaktoren" für den wirtschaftlichen Niedergang Deutschlands sorgen könnte – wenn wir nicht gegensteuern.

Die deutsche Wirtschaftsstrategie ab 2024

Im Herbst 2023 stellte der amtierende Wirtschaftsminister die langerwartete Wirtschaftsstrategie für die Zukunft vor, also für 2024 und die Folgejahre. Tenor des rund 60-seitigen Strategiepapiers: „Wir wollen Deutschland als starken Industriestandort in seiner ganzer Vielfalt erhalten." Die Liste der dazu vorgesehenen Maßnahmen war lang: Schnellerer Ausbau erneuerbarer Energien, Bürokratieabbau, Abhilfe beim Fachkräftemangel durch leichtere Zuwanderung und längere Lebensarbeitszeit, Brückenstrompreis für energieintensive Branchen und die dauerhafte Etablierung von Förderprogrammen für die Industrie. Ebenso umfassend las sich die Liste, was alles in Deutschland erhalten bleiben soll. Kurz gesagt: nahezu alles – „vom Weltkonzern über die mittelständischen Hidden Champions bis zum Kleinbetrieb. Von der energieintensiven Grundstoffindustrie über den Maschinen- und Fahrzeugbau bis zur Raumfahrt."

Das klang auf den ersten Blick gut, doch tatsächlich war es das (absehbare) Fundament einer staatlich regulierten Wirtschaft entlang folgender Maxime:

Wir geben den Kurs der Wirtschaft vor. Mit Steuermitteln sorgen wir dafür, dass die Wirtschaft dem von der Regierung gewünschten Kurs folgt. Das kostet, was es kostet. Wenn das Land dazu höhere Schulden machen muss, dann ist das eben so.

Immerhin: Es war ein klares Bekenntnis zum Wirtschaftsstandort Deutschland. Es wurde deutlich, dass bei allen Träumen von der Beinahe-über-Nacht-Umstellung auf regenerative Energieträger ökonomische Überlegungen auch künftig eine wesentliche Rolle spielen.

Allerdings regte die Bundesregierung zeitlich mit ihrer neuen Wirtschaftsstrategie auch eine „Reform der Schuldenbremse" an. Mit anderen Worten: Das neue Wohlstandsprogramm soll mit einer weiteren Staatsverschuldung erkauft werden. Um das in Zahlen zu fassen: Nach Angaben des Statistischen Bundesamts waren Bund, Länder, Gemeinden und Sozialversicherungen Ende 2022 mit rund 2.368 Milliarden Euro verschuldet – über 47 Milliarden Euro mehr als noch im Vorjahr. 20 Jahre zuvor, 2002, lag die Staatsverschuldung „nur" bei 1.277 Milliarden Euro, also fast halb so wenig wie 2022.[17] Dennoch stiegen die deutschen Staatschulden 2023 nochmals weiter an auf knapp 2.500 Milliarden Euro. Der Bund der Steuerzahler verdeutlicht diese Zahl wie folgt:[18]

Zur Veranschaulichung dieser Zahl dient folgendes Gedankenspiel: Ab sofort werden keine Schulden mehr aufgenommen und die öffentliche Hand gesetzlich verpflichtet, neben allen anderen

Ausgaben jeden Monat eine Milliarde Euro an Schulden zu tilgen. Mit dieser Verpflichtung würde es bis ins Jahr 2232 dauern, um den Schuldenberg der Bundesrepublik Deutschland vollständig abzutragen.

So anschaulich dieses Szenario, das mehr als 200 Jahre in die Zukunft reicht, sein mag, so wenig realistisch ist es. Wer kann sich schon ernsthaft vorstellen, dass Deutschland keine neuen Schulden mehr aufnimmt und jeden Monat auch noch eine Milliarde Euro an Schulden tilgt?

Ganze Wirtschaftszweige wandern ab

Nach Erkenntnissen der Bonner Wirtschafts-Akademie wandern ganze Wirtschaftszweige ins Ausland ab. Dazu zählen die chemische Industrie, die metallverarbeitende Industrie und die Automobilproduktion einschließlich der jeweiligen Zulieferernetze. Ein Beispiel: Die Chemiestandorte leben davon, dass sich rund um die Großindustrie ein ganzes Geflecht kleinerer Firmen angesiedelt hat. Geht der Große, folgen die Kleinen.

Bei Beratungsprojekten der BWA stellte sich immer wieder heraus, dass viele chemische Fertigungsanlagen nach der regelmäßigen Revision gar nicht mehr in Betrieb genommen wurden. Es ist wirtschaftlicher, die Anlagen stillstehen zu lassen, als sie mit völlig überhöhten Energiekosten zu betreiben.

Doch die Politik erkennt diese Zusammenhänge scheinbar gar nicht, sondern feiert sogar noch den Rückgang beim Verbrauch fossiler Energieträger, ohne zu bemerken, dass für diesen „Erfolg“ vorrangig stillgelegte Produktionskapazitäten ursächlich sind. Daher fällt es oftmals gar nicht weiter auf, wenn die

Anlagen hierzulande abgebaut werden und im Ausland wieder in Betrieb gehen. Nur die Belegschaft merkt, was los ist, wenn Kündigungen ins Haus stehen.

Die Reifenproduktion in Deutschland steckt bereits in der Abwicklung. Für den Automobilsektor ist eine ähnliche Zukunft absehbar. Die politische Einbahnstraße in Richtung E-Mobilität hat ausländischen Autoherstellern vor allem aus China und den USA den Weg nach Deutschland geebnet und zugleich zu schweren Verwerfungen bei den heimischen Herstellern geführt.

Der Versuch, die Kaufentscheidungen der Verbraucher entlang politischer Leitlinien von Fördern und Verboten zu lenken, statt dies dem Spiel von Angebot und Nachfrage zu überlassen, muss als gescheitert eingestuft werden. Machen wir uns die Zusammenhänge klar: Die bisherige Politik hat zu einer nachhaltigen Verunsicherung bei den Automobilkunden geführt. Hieraus resultiert eine massive Kaufzurückhaltung, die wiederum starke Unsicherheiten auf der Herstellerseite bedingt. Die Autohersteller haben ihre Planungsbasis verloren und wissen nicht mehr, welche Stückzahlen sie in welchen Schichten überhaupt noch produzieren sollen, um nicht auf den Fahrzeugen sitzen zu bleiben. Angesichts der Bedeutung der Automobilindustrie für den Standort Deutschland ist diesem Thema ein eigenes Kapitel im vorliegenden Buch gewidmet.

Brückenstrompreis ist „regulatorische Irrfahrt“

Es sei darauf hingewiesen, dass weite Teile der deutschen Wirtschaft bis zu dreimal mehr für Strom zahlen als ihre internationale Konkurrenz. Die Politik musste handeln – und warf die Idee des Brückenstrompreises in den Diskussionsring.[19] Doch der ist eine regulatorische Irrfahrt. Statt Investitionen in grüne Energien gezielt zu fördern, würden alle Energieformen mit der Gießkanne subventioniert. Besser wäre es, dem gewerkschaftlichen Vorschlag zu folgen, das Geld gezielt denjenigen Unternehmen zukommen zu lassen, die auf regenerative Energieformen umschwenken, um Mitnahmeeffekte zu reduzieren. Viele Firmen könnten nämlich den Brückenstrompreis nutzen, um sich damit die „Brücke ins Ausland" finanzieren zu lassen. Motto: Die Unternehmen nehmen mit, was sie hierzulande bekommen können, während sie die Verlagerung etwa in die USA vorantreiben.

Die sogenannte Wasserstoffstrategie der Bundesregierung erfährt in weiten Teilen der Wirtschaft eine Abfuhr, haben die Autoren in zahlreichen Gesprächen auf Vorstandsebene festgestellt. Als die häufigsten Argumente hören sie: Wasserstoff hat ein dreimal so hohes Volumen wie Erdgas, lässt sich nur mit hohem Aufwand und daher mit hohen Kosten transportieren und die Explosionsgefahr ist viel zu hoch.

Offenbar geht ein Großteil der Industriemanager inzwischen davon aus, dass sich die Wasserstoffstrategie als eine ähnliche Luftnummer wie die grüne Energiewende entpuppen wird. Öl und Gas sind zwar politisch nicht en vogue, erscheinen jedoch vielen Führungskräften als die derzeit einzigen verlässlichen Energieträger für eine industrielle Produktion im großen Stil.

Russisches Gas kommt über Drittländer

Teile des produzierenden Gewerbes versuchen, die für sie existenzbedrohlich hohen Energiekosten durch den indirekten Import von russischem Öl und Gas zu umgehen. Der Umweg erfolgt häufig über die Schweiz: Die Eidgenossen beziehen Öl und Gas aus Russland, das anschließend nach Deutschland importiert wird. Die Zahlungen an die Schweiz für diese fossilen Energieträger erfolgen im Einvernehmen mit der Bundesanstalt für Finanzdienstleistungsaufsicht, sind also völlig legal. Es ist eine Verzweiflungstat der Unternehmen, um den unsäglich hohen Energiekosten zu entkommen und ihre Produktion der kläglichen Industriepolitik zum Trotz in Deutschland zu halten.

Indes erfolgt diese legale Form, das Energieembargo gegen Russland zu unterlaufen, auch über weitere Länder. Die Politik erhebt den moralischen Zeigefinger und überlässt die Wirtschaft dem verzweifelten Kampf, die industrielle Produktion und damit Arbeitsplätze in Deutschland zu erhalten. Das wird auf Dauer nicht gut gehen.

Nicht mehr beherrschbare Bürokratie

Neben den falschen Weichenstellungen in der Energiepolitik stellt die Bürokratie einen maßgeblichen Treiber für die Deindustrialisierung dar, wie in diesem Buch noch an anderer Stelle ausführlich dargelegt wird. Nehmen wir als ein konkretes Beispiel das im Raum stehende Verbot von Per- und Polyfluoralkylverbindungen (PFAS) aufgrund von Änderungen der Chemikalienverordnung REACH durch die EU-Kommission. REACH steht für „Registration, Evaluation, Authorisation and Restriction of Chemicals“, also „Registrierung, Bewertung, Zulassung und Beschränkung von Chemikalien“. Demnach sind Hersteller und Importeure dazu verpflichtet, bei allen Chemikalien vor dem Inverkehrbringen durch eine Vielzahl von Informationen sozusagen zu beweisen, dass sie Menschen, Tiere und Umwelt nicht belasten.[20]

Das ist bei PFAS schwierig, denn sie sind wasser-, fett- und schmutzabweisend sowie chemisch und thermisch sehr stabil und heißen deshalb auch „Ewigkeitschemikalien". Aufgrund ihrer Eigenschaften werden sie in zahlreichen Verbraucherprodukten eingesetzt, von Kosmetika über Kochgeschirr und Textilien, aber auch in der Industrie, etwa zur Halbleiterproduktion.

Durch ein Verbot wäre die Fertigung von Produkten, bei denen wasserabweichende Oberflächen eine wichtige Rolle spielen, von Autos bis Kleidung, in der EU drastisch erschwert. Es ist fraglich, ob der Bundesregierung überhaupt bewusst war, dass PFAS auch für die Chipproduktion benötigt wird, die sie mit Milliardensubventionen nach Deutschland geholt hat.

Im Frühsommer 2024 schien die EU-Kommission selbst zu merken, welche fatalen Folgen ein PFAS-Verbot hätte – es kündigte sich ein Rückzieher an.[21] Doch angesichts des drohenden Verbots hatte der Mischkonzern 3M bereits Ende 2022 beschlossen, sein PFAS-Werk im bayerischen Altötting zu schließen.[22] Das bedeutete das Ende der letzten deutschen Produktionsstätte für die „Ewigkeitschemikalien". Betroffen sind nicht nur die 700 Arbeitsplätze in Altötting, vielmehr stehen mit dieser Entwicklung auch viele weitere Stellen, insbesondere in Produktionsbetrieben, die auf PFAS-Chemikalien zwingend angewiesen sind, im Feuer. Prompt schaltete sich die Politik ein, von der Bundesregierung bis zum Landrat vor Ort, um zu retten, was noch zu retten ist. Es wurde von politischer Seite sogar die Gründung einer neuen Stiftung ins Spiel gebracht, um den Standort zu retten.

Indes, es war zu spät: 3M lehnte die „Chem-Bayern-Stiftung“ ab, es gab nichts mehr zu retten.

Verlagerung nach Polen, in die USA, die Schweiz

Eigentlich sollte Strom durch den Ausstieg aus der Atomenergie und den Ausbau von Sonnen- und Windenergie deutlich billiger werden. Doch genau dieses Versprechen der Bundesregierung, Deutschland auf bezahlbaren grünen Strom umzustellen, wird auf Jahre nicht erfüllbar sein. Das hat wohl auch das Bundeswirtschaftsministerium erkannt; 2023 wurde bekannt, dass man dort zu der Erkenntnis gekommen ist, dass Strom in Deutschland für die nächsten 20 Jahre teuer bleiben wird.[23]

Die Unternehmen harren diese 20 Jahre natürlich nicht aus, sondern wandern ab. Das gilt umso mehr, als alternative Industriestandorte etwa in Polen oder in den USA verlockende Angebote machen. Man muss bedenken, dass beispielsweise Energie in den USA ein beinahe vernachlässigbarer Kostenfaktor ist.

Anfang 2024 kündigt die deutsche Traditionsmarke Miele an, einen Teil ihrer Produktion nach Polen zu verlagern. Das war kein Einzelfall. Nach Angaben des Statistischen Bundesamtes führt Polen inzwischen die Rangliste der attraktivsten Zulieferer und Verlagerungsländer europäischer Unternehmen an und hat Deutschland überholt. 23 Prozent der verlagerungswilligen Betriebe entschieden sich 2023 für Polen – vor Deutschland (19 Prozent) und der Türkei (12 Prozent). Die Autohersteller VW und Mercedes, die Automobilzulieferer Valeo, TE Connectivity und IFA, der Hörgerätehersteller Bernafon und der Möbelriese Ikea – alle eint, dass sie die Fertigung zumindest teilweise nach Polen verlagern. Fast 6.000 deutsche Tochterunternehmen sind inzwischen dort angesiedelt, die zusammen etwa 430.000 Mitarbeiter beschäftigen.

Politisch besonders brisant: Während Deutschland mit aller Macht fossile Energieträger aus dem Land drängt, wie im weiteren Verlauf dieses Buches noch deutlich werden wird, stammten 2023 in Polen mehr als 60 Prozent der produzierten Energie aus Kohle, dem unter Klimagesichtspunkten schmutzigsten Energieträger. Das Kraftwerk Bełchatów in Polen ist das weltgrößte Braunkohlekraftwerk.[24] Viel deutlicher lassen sich die geradezu irrwitzigen Auswüchse der überwiegend ideologie-getriebenen deutschen Wirtschaftspolitik wohl kaum beschreiben – oder doch?

Einen Paukenschlag stellte die Ankündigung des deutschen Familienunternehmens Stihl dar, sein neues Werk im Ausland, anstatt wie zunächst angekündigt, im heimischen Ludwigsburg zu bauen. Hohe Kosten und Bürokratie wurden als Gründe genannt. Das war schon ein Alarmsignal – aber besonders alarmierend war das für die Produktionsverlagerung genannte Land: die Schweiz. Ausgerechnet im Hochlohnland Schweiz ist es kostengünstiger zu produzieren als in Deutschland – ein Fanal. Die Abgaben, Steuern und Energiekosten sind in Deutschland inzwischen derart hoch, dass die Fertigung in der Schweiz tatsächlich rentabler ist.

Miele, Stihl, ZF, Bosch, Continental... die Liste der Unternehmen, die für 2024 Entlassungen im großen Stil angekündigt haben, ist lang.[25] Besserung für 2025 und darüber hinaus ist nicht in Sicht. Im Gegenteil, laut einer Umfrage von Anfang 2024 wird jedes vierte Familienunternehmen, und damit weitere Herzstücke der deutschen Wirtschaft, in den nächsten Jahren Stellen in Deutschland streichen.[26]

Die Abwanderung der Industrie hinderte den amtierenden Bundeswirtschaftsminister allerdings nicht daran, im Frühjahr 2024 über den Rückgang der CO2-Emissionen in Deutschland zu jubeln: 2023 hat Deutschland so viel Klimagas eingespart wie seit 1990 nicht mehr. Das Umweltbundesamt (UBA) frohlockte: der stärkste Rückgang seit 1990. Der Minister war begeistert: „Deutschland ist auf Kurs – erstmals. … Wenn wir Kurs halten, erreichen wir unsere Klimaziele 2030.“

Hätte sich der Minister die Gründe für den Rückgang genauer angesehen, wäre ihm der Jubel wohl im Halse stecken geblieben. Ursächlich waren nämlich, ähnlich wie bereits bei der Reduktion der CO2-Emissionen im Zuge der Wiedervereinigung, überwiegend Produktionsrückgänge in der energieintensiven Industrie wie Stahl, Glas und Zement. Das ist kein Erfolg, sondern ein ökonomischer Rückschlag.[27] Würde man dem ministeriellen Jubel folgen, müsste man – überspitzt formuliert – Deutschland bis 2030 vom Industrie- zum Agrarland „transformieren“, um den CO2-Ausstoß möglichst weit abzusenken. So weit sind wir glücklicherweise noch nicht, selbst wenn die hohen Energiekosten in diese Richtung deuten.

Financial Times: Auto-Unfall in Zeitlupe

In der ausländischen Presse wird die deutsche Wirtschaftspolitik schon länger hämisch belächelt. Die renommierte *Financial Times* titelte 2024 „Die schwächelnde deutsche Volkswirtschaft“ und schrieb, die deutsche Wirtschaft gleiche einem „Auto-Unfall in Zeitlupe“. Zitat: „Im Jahr 2023 schrumpfte sie um 0,3 Prozent und war damit die am schlechtesten abschneidende große Volkswirtschaft der Welt.“[28]

Der Nachrichtensender *Bloomberg* veröffentlichte im Frühjahr 2024 die Schlagzeile „Deutschlands Tage als industrielle Supermacht sind gezählt“ und lieferte gleich zwei Begründungen mit. Erstens: „Die Energiekrise bedeutet für viele Betriebe den Todesstoß“ und zweitens „Das politisch gelähmte Berlin scheint kein Rezept zu haben.“

Und weiter: Traditionelle Unternehmen verschwinden und hinterlassen fassungslose Mitarbeiter. Wer die Energiepreise steuert, steuert die Volkswirtschaft. Politisches Missmanagement der vergangenen Jahrzehnte und die zunehmende Abhängigkeit von Sonne, Wind und den Angebotspreisen aus dem Ausland, machen Deutschland als Produktionsstandort unattraktiv. Die Wertschöpfung und somit die Steuereinnahmen wandern ab.[29]

Bei Schlüsseltechnologien abgehängt

Doch es geht nicht nur um Energie, sondern auch darum, dass Deutschland Gefahr läuft, bei Schlüsseltechnologien abgehängt zu werden – oder besser gesagt, längst die rote Laterne trägt. Lassen wir die Liste der weltweit wichtigsten Technologieunternehmen Revue passieren: Apple, Microsoft, Alphabet, Amazon, Nvidia, Meta, TSMC, Tencent, Samsung – wenig überraschend ist kein deutsches und nicht einmal ein europäisches Unternehmen darunter (wenn man die Liste weit genug führt, taucht SAP auf – als einziger deutscher Lichtblick).[30]

Das führt nicht nur dazu, dass die deutsche Wirtschaft an dieser Wertschöpfung keine Teilhabe hat, was schon schlimm genug ist, sondern auch zu einer Abhängigkeit beinahe der gesamten deutschen Wirtschaft, etwa bei Computerchips und anderer Hardware, Software und digitalen Ökosystemen von Taiwan, Südkorea und vor allem den USA.

Ein Beispiel dazu: Rund 85 Prozent aller Büroarbeitsplätze in Deutschland sind mit der Office-Software von Microsoft ausgestattet. Unser ohnehin schwach ausgeprägtes Digital-Deutschland wäre am Ende, falls Microsoft aus welchen Gründen auch immer ausfiele. Das ist übrigens der Grund dafür, dass Microsoft Office bzw. Microsoft 365 trotz massiver Bedenken beim Datenschutz, die seit Jahren bekannt sind, weiterhin überall im Einsatz ist. Schließlich überträgt der US-Konzern in seinen Datenclouds Informationen aus der EU in großem Umfang in US-Rechenzentren, was dem europäischen Datenschutzrecht zuwiderläuft. Anfang 2024 stellte der EU-Datenschutzbeauftragte nach eingehender Untersuchung fest, dass selbst die EU-Kommission durch die Nutzung von Microsoft 365 gegen die Vorgaben der EU-Datenschutzverordnung verstößt.[31] Spitz formuliert: Die EU hat sich in ihrer eigenen Bürokratie verfangen – womit wir bei einer weiteren Bürde für die hiesige Wirtschaft sind: dem schier unbändig wuchernde Bürokratismus.

Als ob das alles noch nicht genug wäre, werden wir derzeit von einer weiteren Entwicklung überrollt: Künstliche Intelligenz (KI). Wenig überraschend wird auch diese, je nach Blickwinkel faszinierende oder abschreckende Technologie, von den US-Digitalkonzernen dominiert. Microsoft hat sich den führenden KI-Anbieter OpenAI (ChatGPT) geschnappt und Office zur Seite gestellt, der größte Wettbewerber ist Google mit Gemini. Hinzu kommt der in Europa zum Zeitpunkt des Erscheinens des vorliegenden Buches noch wenig beachtete KI-Chatbot Grok („Verständnis“) der Firma X.AI von Elon Musk.

2024 ließ Sam Altman, der Kopf hinter OpenAI, die Technologiewelt aufhorchen mit der Ankündigung einer globalen Initiative für Computerchips, die bis zu sieben Billionen US-Dollar umfassen soll. Zum Vergleich: Deutschlands Bruttoinlandsprodukt liegt bei gut vier Billionen Dollar pro Jahr.[32] Im ersten Schritt sollen zwar „nur“ 100 Milliarden Dollar an Investorengeldern eingesammelt werden, aber das genügt durchaus, um die Welt mit einem Netzwerk neuer Chipfabriken zu überziehen.[33] Die Überlegung hinter Altmans Initiative ist im Grunde einfach: Fortgeschrittene KI-Anwendungen werden immer mehr Rechenleistung benötigen, für die immer leistungsfähigere Chips gefragt sind. Ob in Autos, im Büro, Zuhause, in den Fabriken, in der Wissenschaft, in der Medizin oder als persönliche Begleiter vom Smartphone über die Smartwatch bis zur Computerbrille – in Zukunft geht nichts mehr ohne leistungsstarke Chips als Grundlage für die in nahezu alle Bereiche des Lebens eindringende Künstliche Intelligenz.

Und wo steht Deutschland? Das weiß wohl nicht einmal die Bundesregierung. Im Jahr 2024 arbeitete sie sich bis zum Erscheinen dieses Buches an einer fünf Jahre alten „KI-Strategie“ ab, die die damalige Regierung 2018 vorgelegt hatte. Zwar wurde gegen Ende 2023 vom Bundesforschungsministerium ein „KI-Aktionsplan“ präsentiert, der jedoch nur eine „Vorleistung“ sein sollte, um die Strategie mit den anderen Ressorts weiterzuentwickeln. Seitdem ist politisch nichts mehr passiert.[34]

Billionenmarkt Weltall: Die EU hinkt hinterher

Nur am Rande sei erwähnt, dass bei einer anderen Schlüsseltechnologie, deren Auswirkungen im Unterschied zu KI wohl erst in einer etwas ferneren Zukunft zu spüren sein werden, nicht nur Deutschland, sondern die ganze EU längst abgehängt ist: die Weltraumfahrt.[35] Die europäische Weltraumorganisation ESA (European Space Agency) strotzte 2024 vor Stolz, dass es Europa gelungen war, nach langen Jahren der Abstinenz endlich wieder eine Rakete – Ariane 6 – ins All zu schießen. Dabei ist das Vorzeigeprojekt der EU von an Anfang an ein Auslaufmodell: die neueste Rakete made in Europe ist nicht wiederverwendbar und damit auf Dauer wirtschaftlich untragbar. Schon Jahre zuvor hatte Tech-Tausendsassa Elon Musk mit seiner Firma SpaceX die Falcon-Generation weitgehend wiederverwendbarer Raketen zur Serienreife geführt.[36] Was die Weltraumfahrt mit den sehr irdischen Problemen Deutschlands zu tun hat? Sehr viel, denn der Raumfahrtmarkt soll 2024 mehr als eine Billion Dollar umfassen. Neben dem staatlichen Wettrennen ums All etwa zwischen China und den USA treten dabei immer mehr privatwirtschaftliche Akteure hervor.

Die Wettbewerbsfähigkeit der deutschen Wirtschaft in diesem Billionenmarkt der Zukunft steht gelinde gesagt zumindest in Frage, wenn die EU auf diesem Sektor eine ganze Generation hinterherhinkt. Es mutet geradezu wie ein schlechter Witz an, dass es bis zum Erscheinen des vorliegenden Buches nicht einmal gelungen ist, die 3,60 Meter hohe, rot-weiß gestreifte Rakete „Aquila Maris“, die Studenten der RWTH Aachen für das Konsortium German Offshore Spaceport Alliance gebaut haben, auf den Weg ins All zu bringen. Starten soll sie von einem schwimmenden Miniatur-Weltraumbahnhof in der Nordsee. Die Initiative für das Vorhaben hat der Bundesverband der Industrie (BDI) ergriffen, um Deutschland eine Chance im aufkommenden „New Space"-Markt zu verschaffen. Der Grund, warum der für den Sommer 2024 geplante Raketenstart verschoben werden musste, war übrigens nicht die Technik, sondern die Bürokratie. Bis 2025 sollen die notwendigen behördlichen Unterlagen bereitstehen.[37]

Alle auf den letzten Seiten geschilderten Entwicklungen – von der Bürokratie bis zur Energiepolitik – werden im Laufe dieses Buches näher beleuchtet. Fangen wir mit der Energie an, denn Energie ist die Grundlage für alles.

Teure Energie mit fatalen Folgen

Das politische Ziel einer zügigen und umfassenden Transformation der deutschen Wirtschaft in Richtung regenerativer Energien geht an der Realität vorbei. Das der politischen Zielsetzung zugrundeliegende Konzept, die Energieversorgung des Landes überwiegend auf elektrischen Strom, der aus Photovoltaik, Wind- und Wasserkraft gewonnen wird, umzustellen, ist grundfalsch.

Wir brauchen mehr Realitätssinn. Die Politik feiert, dass der Anteil der erneuerbaren Energien am Stromverbrauch in Deutschland 2023 um über 8 Prozent auf mehr als 60 Prozent gestiegen ist. Doch der Anteil der erneuerbaren Energien am gesamten Primärenergieverbrauch Deutschlands hat lediglich um 0,3 Prozent auf 17,5 Prozent zugenommen. Das Ziel, den Anteil der Erneuerbaren am Primärenergiebedarf bis 2030 auf 65 Prozent zu steigern, liegt damit in weiter Ferne. Selbst bei einer Verdopplung des Zuwachses der erneuerbaren Energien am Gesamtverbrauch wären wir erst im Jahr 2130 soweit – also 100 Jahre nach der politischen Vorgabe.

Ein Kardinalfehler besteht in dem Versuch, Wirtschaft, Gebäude und Verkehr gleichzeitig auf Strom aus erneuerbaren Energien umzustellen. Berechnungen zufolge wäre hierzu für Deutschland eine gigantische elektrische Versorgungsleistung von 11.900 TWh notwendig. Das ist mehr als das Dreißigfache des 2023 hierzulande erzeugten erneuerbaren Stroms – die Diskrepanz zwischen politischer Zielsetzung und Realität ist immens.

Die enormen Strommengen für immer mehr Wärmepumpen zum Heizen von Gebäuden und zum Laden von E-Autos sind nur dann aufzubringen, wenn der Energieverbrauch aus der Industrie massiv abnimmt – und es steht zu befürchten und ist längst nicht mehr zu übersehen, dass genau dies passiert. Die Industrie wandert in großen Teilen aus Deutschland ab, weil sich die Produktion aufgrund der international längst nicht mehr wettbewerbsfähigen Energiekosten schlichtweg nicht rechnet. Schon heute stehen Maschinen und Anlagen hierzulande still, weil das wirtschaftlicher ist als sie zu betreiben.

Energie und Wohlstand gehen Hand in Hand

Im Laufe der Geschichte hat sich immer wieder gezeigt, dass Energie und Wohlstand eng zusammenhängen. Man denke sich kurz zurück in eine Zeit, in der die einzige verfügbare Energiequelle menschliche oder tierische Arbeit war. In dieser Zeit war das Leben für die meisten Menschen hart und mühsam.

Dann kam im 18. Jahrhundert die bahnbrechende Erfindung der Dampfmaschine – und plötzlich konnte Energie in großem Maßstab erzeugt und genutzt werden.[38] Diese Maschinen konnten erstmals Arbeit leisten, die den Menschen entlastete. Die „Energierevolution“ der Dampfmaschine löste die industrielle Revolution aus. Sie legte den Grundstein für die moderne Industriegesellschaft und trug zur Verbesserung des Lebensstandards und des Fortschritts in vielen Bereichen bei.[39]

Blicken wir auf das 20. Jahrhundert und eine weitere „Energierevolution": Dank der Verfügbarkeit von billiger und reichlicher Energie aus Öl und Gas erlebte die Welt eine beispiellose Phase des Wirtschaftswachstums und des sozialen Fortschritts. Machen wir uns klar: Energie ist der Treibstoff für wirtschaftliche Aktivitäten, der benötigt wird, um Maschinen anzutreiben, Transportmittel zu betreiben, Gebäude zu beheizen und zu kühlen, elektrische Geräte zu betreiben und vieles mehr. Industrien und Unternehmen benötigen Energie, um Produktion und Dienstleistungen zu ermöglichen. Eine ausreichende und kostengünstige Energieversorgung fördert alle wirtschaftlichen Aktivitäten, schafft Arbeitsplätze und trägt damit maßgeblich zum Wohlstand einer Gesellschaft bei.

Arbeitsplatzverluste im großen Stil vorhersehbar

Das deutsche Energie-Debakel wird zu Arbeitsplatzverlusten im großen Stil führen. Viele industrielle Arbeitsplätze werden wir wegen der viel zu hohen Energiekosten verlieren, die Deutschland als Standort immer unattraktiver machen.

Energieintensive Branchen wie der Automobilsektor, der Maschinenbau und die Chemieindustrie sind bedeutende Wirtschaftszweige für Deutschland.[40] Allein an diesen drei Industriesektoren hängen etwa sieben Millionen Arbeitsplätze; das sind beinahe ein Viertel aller Vollzeitarbeitsplätze in Deutschland.[41] Aber auch für die anderen drei Viertel ist eine *zuverlässige* und *erschwingliche* Energieversorgung unverzichtbar. Ohne Energie gibt es keine Bildung, keine Medizin, keine Nahrungsmittel, keine Wirtschaft, keine Arbeitsplätze, keinen Wohlstand... Die nachhaltige Bereitstellung bezahlbarer Energie sollte also zu den

Grundpfeilern jeder vernünftigen Politik gehören – *sollte*! Tatsächlich sind ideologiebasierte Träumereien offenbar wichtiger als eine nachhaltige Wirtschaftspolitik.

Wunschdenken statt Realität

Deutschland hat sich ehrgeizige Klimaziele gesetzt, um die CO2-Emissionen zu reduzieren und die globale Erwärmung einzudämmen. Die Energiewende beinhaltet den Ausstieg aus der Kernenergie und der Kohle sowie den Ausbau erneuerbarer Energien wie Wind- und Solarenergie. Es ist erstaunlich, wie sich mit dieser Aufzählung eine heftige, politische Diskussion, eine leidenschaftliche, gesellschaftliche Konfrontation und eine zentrale Weichenstellung für den Wohlstand einer ganzen Nation zusammenfassen lässt.

Indes war die deutsche Energiepolitik der letzten Jahrzehnte und verstärkt in den letzten Jahren vor allem durch eines gekennzeichnet: ideologiegetriebenes Wunschdenken. Die Politik entwickelt ein ideologie-basiertes Szenario für eine bestimmte Zukunft und malt sich daraufhin aus, welche Technologien geeignet sind, um die gesteckten Ziele zu erreichen. Damit nicht genug, wird geradezu eine Glaubenskampagne geführt, um auch alle anderen davon zu überzeugen. Soweit die derart beseelten Politiker an die Regierung gelangen, setzen sie alles daran, ihre Annahmen in Gesetze zu fassen und zum Maßstab für politisches Handeln zu erheben. „Um unseren Wohlstand zu sichern, braucht es wirtschaftliche Freiheit statt Staatswirtschaft", widersprach Prof. Dr. Gunther Schnabl vom Institut für Wirtschaftspolitik an der Universität Leipzig der aufoktroyierten Planpolitik als Leitlinie für wirtschaftliches Handeln.[42]

Primärenergie ist viel mehr als Elektrizität

So ist es nur mit ideologischem Denken zu erklären, wenn man glaubt, man könnte mit hierzulande gewonnener regenerativer Energie aus Sonne-, Wind- und Wasserkraft genügend Strom erzeugen, um den heutigen, geschweige denn, den zukünftigen Bedarf an Primärenergie in Deutschland zu befriedigen. Das ist ein Wunschbild, und Strom ist keineswegs der beste Weg, um Energie zu speichern oder zu transportieren. Mit der Energiewende und dem zunehmenden Fokus auf erneuerbare Energien gewinnt der Stromsektor in Deutschland in ungesunder Weise immer mehr an Bedeutung. Aber Primärenergie ist viel mehr als elektrischer Strom.

Zur Einordnung einige wenige Zahlen und Fakten: Deutschland hat einen Energiebedarf von 2.407 Terrawattstunden.[43] Nur etwa 20 Prozent dieser Energie entfällt auf Strom. Der Rest verteilt sich auf Wärme und Treibstoffe. Das Konzept des Bundesministeriums für Wirtschaft und Klimaschutz aus dem Jahr 2023, das darauf abzielt, nahezu alles – auch die restlichen 80 Prozent – auf Strom umzustellen, ist abwegig. Natürlich könnten Teile der Industrie mit Strom betrieben werden, unsere Häuser mit Strom geheizt werden, unsere Autos mit Strom fahren. Der Haken dabei: Die Menge an zuverlässig erzeugtem Strom, die wir zur Verfügung haben, würde nicht ausreichen, um alle diese Sektoren zu versorgen. Hinzu kommt: Es gibt bislang keine erprobten Konzepte, wie die Versorgung mit elektrischem Strom für Deutschland sichergestellt werden kann, wenn Sonne und Wind längere Zeit streiken. Es fehlen die Stromspeicher für Milliarden von Terawattstunden. Unabdingbar sind auf jeden Fall Speicherkapazitäten, um die Dunkelflaute zu überbrücken sowie grundlastfähige Energiequellen. Dunkelflaute bezeichnet den Zustand, dass Windenergie- und Photovoltaikanlagen in einer Region aufgrund von Flaute oder Schwachwind und zugleich auftretender Dunkelheit, besonders in den Wintermonaten, insgesamt keine oder nur geringe Mengen elektrischer Energie produzieren.

Selbst für die Nachtversorgung reichen herkömmliche Pumpspeicherkraftwerke nicht aus. Zur Erklärung: Ein Pumpspeicherkraftwerk speichert Energie, indem es bei hohem Energieaufkommen – insbesondere aus Wind- oder Solarkraft – das Überangebot nutzt, um Wasser bergauf zu pumpen. Bei einem Energiemangel wird das Wasser dann wieder bergab geleitet, um Strom zu erzeugen. Mit anderen Worten: Wenn die Nacht heranbricht und die Pumpspeicherwerke nicht ausreichen, müssten wir im internationalen Verbund auf Atomstrom aus Frankreich oder Kohlestrom, produziert in osteuropäischen Kraftwerken, zurückgreifen. Doch das wäre in etwa wie bei der Mafia, die sich nach außen hin „sauber“ gibt, aber in Wahrheit im Hintergrund schmutzige Geschäfte betreibt. Doch Deutschland ist nicht die Mafia!

Zwar stellte das Bundeswirtschaftsministerium im Sommer 2023 für die Zukunft „eine neue Generation von wasserstoffbetriebenen Kraftwerken“ in Aussicht, um die Dunkelflauten zu überbrücken.[44] Doch bis zur Drucklegung des vorliegenden Buches lag die in diesem Zusammenhang ebenfalls angekündigte Kraftwerkstrategie nicht vor.

Hinzu kommt: Ein Großteil der in Aussicht gestellten neuen Kraftwerke soll zunächst gar nicht mit Wasserstoff, sondern mit Erdgas betrieben werden. Man glaubt es kaum: Der Weg hin zu erneuerbaren Energien wird mit neuen Gaskraftwerken – also der Verbrennung fossiler Rohstoffe – beschritten.

Wir brauchen einen ausgewogenen Energiemix

Wir brauchen eine ausgewogene Mischung aus verschiedenen Energiequellen und Technologien, um unseren Bedarf zu decken und gleichzeitig unsere Klimaziele zu erreichen.

Allein die Chemieindustrie deklariert für sich rund 600 Terawattstunden im Jahr 2050 – das wäre elffach höher als heute –, um klimaneutral zu werden. Das ist mehr als der deutsche Strombedarf von etwa 500 Terrawattstunden im Jahr 2021.[45] Mit anderen Worten: Eine einzige Industrie, nämlich die Chemie, benötigt im Jahr 2050 mehr Strom als ganz Deutschland – über alle Branchen und Haushalte hinweg – heute verbraucht, wenn sie ausschließlich auf Strom setzen würde. Die Chemische Industrie kann darauf vertrauen, dass die deutsche Politik diese Energiewende bewerkstelligt – oder sie kann Produktionskapazitäten ins Ausland verlagern. Bei den Beratungsprojekten der BWA war indes das Vertrauen in die Politik häufig gering und das Drängen nach einer Flucht ins Ausland umso größer.

Um das einmal in der Größenordnung zu begreifen: Deutschland erzeugt pro Jahr circa 205 Terrawattstunden Ökostrom aus erneuerbaren Quellen.[46] Wenn die Haushalte, die ein Drittel des Energiebedarfs verantworten und zu rund 75 Prozent fossil heizen, auf Strom umstiegen, würde der Strombedarf massiv ansteigen, und zwar selbst dann, wenn Wärmepumpen künftig noch deutlich effizienter arbeiten als das mit Stand 2023 der Fall ist. Um es überspitzt zu formulieren: Angesichts dieser Herausforderung und der Vertrauenslage in die Politik würden wohl auch viele Haushalte ins Ausland abwandern, wenn dies nur möglich wäre.

Die Energiepolitik verfolgt die falsche Strategie

Die Energiepolitik verfolgt die falsche Strategie und fokussiert sich nur auf Strom, und zwar überwiegend aus Wind und Sonne. Da die *gesicherte* (nicht die installierte) Leistung von Wind- und Photovoltaikanlagen null beträgt, wären enorme Speicherkapazitäten und Übertragungsinfrastrukturen notwendig. Zudem sollen alle Sektoren – Gebäude, Verkehr, Industrie – miteinander verbunden und mit Strom versorgt werden. Dieser Logik folgend werden strombasierte Technologien wie Wärmepumpen und E-Autos forciert und anderes verhindert.

Es ist natürlich möglich, auch mit Strom zu heizen, aber es ist schlichtweg unmöglich, sämtliche Gebäude sowie die komplette Industrie und den Verkehr ausschließlich an den Strom zu koppeln. Stand 2024 stehen rund 250 Terrawattstunden Strom zur Verfügung. Aber wir bräuchten etwa das Zehnfache, um die benötigten Mengen sicherzustellen – künftige Bedarfserhöhungen noch gar nicht mitgerechnet. Selbst wenn man den technischen Fortschritt und die damit verbundenen Effizienztechnologien einkalkuliert, wird es nicht reichen, um *alle* Sektoren auf Strom umzustellen.[47]

Zwar ist die Vernetzung unterschiedlicher Sektoren sinnvoll, um effiziente Energieinfrastrukturen zu schaffen. Doch die Fokussierung auf Strom in allen Bereichen stellt einen schweren Fehler dar. Aber das Bundesministerium für Wirtschaft und

Klimaschutz des Jahres 2023 erklärte elektrischen Strom zum Mittel der Wahl, um „Wärme, Kälte und Antriebsenergie zu erzeugen". Ohne gravierende Korrekturen gefährdet diese deutsche Energie- und Klimapolitik den Sozialstaat, die für Deutschland äußerst wichtige mittelständische Wirtschaft, die 60 Prozent aller Arbeits- und 80 Prozent aller Ausbildungsplätze stellt, und sogar den Klimaschutz selbst.[48]

An dieser Stelle muss das Umdenken ansetzen. Es geht eben nicht nur um elektrische Energie, sondern um Primärenergie im großen Ganzen. Allein mit Elektrizität lässt sich auf keinen Fall der Gesamtbedarf erfüllen, sonst steht der Blackout, also ein flächendeckender Stromausfall, ante Portas. Umso schlimmer und kostspieliger sind die Folgen, wenn man den steigenden Bedarf an elektrischer Energie einer modernen Volkswirtschaft in Rechnung setzt.

Gefragt ist eine weitgehende Technologieoffenheit, um unterschiedliche Ansätze gewähren zu lassen, statt mit politisch-ideologischer Engstirnigkeit die eine Technologie zu fördern, gleichgültig, wie technisch sinnvoll diese ist – oder eben auch nicht. Die Leichtfertigkeit, mit der Alternativen wie E-Fuels fallengelassen bzw. gar nicht erst in Betracht gezogen werden, während strombasierte Konzepte wie die E-Mobilität per se als „sauber" oder gar „nachhaltig" bevorzugt werden, ist an Engstirnigkeit und Wissenschaftsferne kaum zu überbieten.

Die misslungene Energiewende

Die Energiewende sollte ursprünglich ein großes grünes Fest sein, bei dem wir die Ketten der Wertschöpfung grüner Technologien sprengen und den Klimaschutz in die Breite der Gesellschaft tragen. Aber anstatt die ganze Bandbreite erneuerbarer Energien und Technologien zu nutzen, haben wir uns auf eine stromzentrierte Energiewende versteift.

Die Fehler sind vor Jahrzehnten begangen worden. Bereits im Jahr 2000 wurde das Erneuerbare-Energien-Gesetz (EEG) erlassen (und danach mehrfach angepasst) und es wäre einfach möglich gewesen, zu dieser Zeit die Weichen zu stellen, um auch eine Wärmewende herbeizuführen. Zur Erinnerung: Das EEG förderte den Ausbau von Wind-, Sonnen-, Wasser-, Bioenergie und Geothermie, indem es den Erzeugern von Strom aus diesen erneuerbaren Energien einen festen Preis für den in das Elektrizitätsnetz eingespeisten Strom garantierte. Zugleich verpflichtete es die Netzbetreiber, diesen Strom vorrangig abzunehmen. Seit der Novellierung im Jahr 2012 wird die Förderung für größere Anlagen zunehmend über ein Marktprämienmodell geregelt. Dabei verkaufen die Betreiber ihren Strom direkt am Markt und erhalten eine variable Marktprämie, die die Differenz zwischen dem festgelegten Vergütungssatz und dem tatsächlichen Marktpreis für Strom ausgleicht.

Strom, Strom, Strom... das war das Credo. Und genau da liegt der Fehler: Die Politik hat sich so sehr auf den Strom konzentriert, dass sie die Wärme vergessen hat. Nach über 20 Jahren Erneuerbare-Energien-Gesetz sind die Defizite dieser einseitigen Energiewende offensichtlich: Strom ist zwar zu knapp 60 Prozent erneuerbar, aber Wärme nur zu 16 und Verkehr sogar nur zu sieben Prozent.[49] Sicherlich kann der Energiebedarf sinken, etwa durch Effizienztechnologien, Digitalisierung, Kraftwärmekopplung und Ähnliches. Dennoch ist jedem klar, der mit ideologiefreiem Kopf denkt: Die „alles auf Strom"-Strategie ist gefährliches Wunschdenken. Die Energiewende gehört diversifiziert. Zu Wind- und Sonnenkraft müssen weitere erneuerbare Quellen kommen, also beispielsweise Solarthermie, Geothermie und Bioenergie.

Gefahr erkannt, Gefahr gebannt? Keineswegs: Das EEG legt konkrete Ziele für den weiteren Ausbau der erneuerbaren Energien mit dem Fokus auf Elektrizität fest. Das aktuelle Ziel ist, bis 2030 einen Anteil von 65 Prozent erneuerbaren Stroms am gesamten Stromverbrauch zu erreichen. Anscheinend behandelt die Politik die Energiewende wie ein Experiment, basierend auf der (vagen) Annahme, dass es gelingen kann, ein ganzes Land auf grünen Strom umzustellen. Und weil das Experimentieren gerade so schön ist, probieren wir es jetzt auch einmal mit Wasserstoff.

Die Wasserstoffstrategie ins Leere

Wasserstoff kann alle unsere Energieprobleme lösen – so wird es häufig von Teilen der Politik dargestellt. Konsequenterweise kündigte die Bundesregierung 2023 den Aufbau eines nationalen Wasserstoffnetzes an. Die Bekanntgabe war pompös: „Das ist ein großes wirtschaftliches Projekt." Es gehe darum, ein sicheres „Wasserstoff-Kernnetz" aufzubauen. Unternehmen sollen auf Wasserstoff setzen können, „weil sie wissen, sie werden ihn haben, wenn sie ihn brauchen", verkündete der amtierende Bundeskanzler.[50]

Wasserstoff, natürlich mit Hilfe erneuerbarer Energien hergestellt, wurde als ein wichtiger Baustein für die Energiewende dargestellt. Darauf könnten synthetische Kraftstoffe basieren, er könnte aber auch direkt in die Leitungen eingespeist und beispielsweise verheizt werden. Die deutsche Erdgasbranche ließ verlauten, dass das etwa 40 Kilometer lange Fernleitungs- und das rund 555.000 Kilometer lange Verteilnetz bis zu 100 Prozent Wasserstoff aufnehmen könnten.[51] Das klang zunächst gut, doch es war weitgehend abseits der Realität.

Denn grüner Wasserstoff wird noch sehr lange sehr rar bleiben.[52] Zur Erklärung: Die Aufspaltung von Wasser in Wasserstoff und Sauerstoff erfolgt durch einen elektrochemischen Prozess, die sogenannte Elektrolyse. Wenn der Strom für diese Elektrolyse aus erneuerbaren Quellen stammt, also beispielsweise Solar- oder Windenergie, spricht man von grünem Wasserstoff. Doch die Elektrolysekapazitäten für eine Wasserstoffwirtschaft stehen heute und auch auf absehbare Zeit überhaupt nicht zur Verfügung. Eine Wasserstoffversorgung Deutschlands ist kurz- bis mittelfristig ebenso wenig möglich wie eine „Verstromung“, also die Umstellung auf elektrischen Strom im großen Stil. Der Glaube, unser Wohlstand sei mit regenerativem Strom und Wasserstoff als vornehmliche Energieträger zu erhalten, ist ein Irrglaube. Vergegenwärtigen wir uns für einen Moment, wo Wasserstoff herkommt und was er eigentlich ist.

Wasserstoff ist unerschöpflich aus menschlicher Sicht

Mit dem Urknall ist eine schier unerschöpfliche Menge an Wasserstoff entstanden – mehr als jeder andere Stoff. Deshalb gibt es aus menschlicher Perspektive „unerschöpflich“ viel Wasserstoff im Universum, der „nachweisbar“ als Energieträger funktioniert. Schließlich sind Sterne hauptsächlich aus Wasserstoffgas aufgebaut. In den extrem heißen und dichten Bedingungen im Inneren von Sternen verschmelzen Wasserstoffkerne zu Helium und setzen dabei Energie frei. Diese Kernfusion ist der Prozess, der die Sterne zum Leuchten bringt und sie zu Reaktoren macht.

Doch obwohl es sich bei Wasserstoff um das am häufigsten vorkommende Element im Universum handelt, ist es auf der Erde nicht besonders reichlich vorhanden, zumindest nicht in seiner gasförmigen Form. Dafür gibt es drei Gründe. Erstens ist Wasserstoff sehr leicht und kann als Gas daher rasch in die Atmosphäre aufsteigen und ins Weltall entweichen. Zweitens verbindet sich Wasserstoff häufig mit anderen Elementen. Der meiste Wasserstoff auf der Erde ist daher gebunden, beispielsweise in Wasser, denn Wasser ist nichts anderes als eine Verbindung aus Wasserstoff und Sauerstoff.

Doch obgleich es so viel (gebundenen) Wasserstoff auf der Erde gibt, ist reiner Wasserstoff als Energieträger nicht geeignet. Dafür gibt es gleich mehrere Gründe: Wasserstoff ist zu gefährlich und zu schwer zu transportieren. Es ist ebenfalls ungewiss, ob auf absehbare Zeit ausreichend Elektrolysekapazitäten zur Gewinnung von Wasserstoff verfügbar sein werden. Gehen wir die Punkte der Reihe nach durch.

Gefährlicher Hoffnungsträger

Wasserstoffgas ist sehr leicht entzündlich und kann in einem bestimmten Mischverhältnis mit Luft explodieren. Schon eine sehr geringe Energiezufuhr, wie etwa durch einen Funken, kann eine Explosion auslösen. Bekanntlich war das Luftschiff Hindenburg, das im Mai 1937 in der US-amerikanischen Stadt Lakehurst explodierte, mit Wasserstoffgas gefüllt. Es war eine der tödlichsten Luftschiffkatastrophen in der Geschichte. Das Hindenburg-Desaster markierte das Ende des Zeitalters der starren Luftschiffe. Heutzutage werden Luftschiffe und Ballons mit Helium gefüllt, das im Gegensatz zu Wasserstoff nicht brennbar ist. Diese Nichtbrennbarkeit macht Helium als Energieträger ungeeignet. Es wäre also töricht, weil äußerst gefährlich, aus der Hindenburg-Explosion nichts gelernt zu haben und heute wieder reinen Wasserstoff als Energieträger zu verwenden. Diejenigen Politiker, die heute Wasserstoff propagieren, sollten sich einmal über die Hindenburg-Katastrophe informieren. Oder ist es angesichts der viel diskutierten Cancel Culture, welche historische Ereignisse aus einer aktuellen „werteorientierten" Perspektive heraus neu interpretiert und einordnet, gar nicht mehr politisch korrekt, Hindenburg zu nennen, so dass wir aus der Geschichte nicht mehr lernen dürfen? Das wäre fatal!

Schwierigkeiten beim Transport

Kommen wir nach der Gefährlichkeit zum zweiten Argument, das gegen eine Wasserstoffwirtschaft spricht: Der Transport ist extrem schwierig und damit viel zu teuer.

Um Wasserstoff für den Transport in Tankern vorzubereiten, muss er entweder verflüssigt oder in ein Trägermedium, wie Ammoniak oder Methanol, umgewandelt werden. Für den Transport von komprimierten Wasserstoffgas ist ein hoher Druck erforderlich – standardmäßig 700 bar.[53] Alternativ lässt sich der Wasserstoff verflüssigen. Aber dafür sind tiefkalte Temperaturen von unter minus 230 Grad Celsius vonnöten. Selbst dann ist er nur unter immensen Investitionen in die Infrastruktur transportierbar.

Mit einer Wasserstoffwirtschaft wären also enorme Kosten verbunden und die bereits vorhandenen Infrastrukturen ließen sich dafür nur sehr eingeschränkt nutzen. Hinzu kämen erhebliche Risiken. Man denke nur an die notwendige Stabilität der Druckbehälter und an das Nachfüllen an den Tankstellen – sowohl beim Befüllen der Tankbehälter als auch beim Betanken eines Fahrzeugs. Die Gefahr, dass es dabei zu verheerenden Explosionen kommt, ist hoch. Kurzum: Wasserstoff ist höchst gefährlich, vom Transport über die Durchleitung in den Erdgasnetzen bis hin zum Tanken.

Dennoch versucht die deutsche Energiebranche, wie schon erwähnt, die bestehende Infrastruktur für Erdgas auf Wasserstoff umzustellen. 2021 wurden rund 1.017 TWh Erdgas verbraucht, 2022 waren es 882 TWh[54], 2023 etwa 810 TWh[55]. Es gibt also seit einigen Jahren einen leichten Rückgang. Das mag im Frühjahr 2024 den amtierenden Wirtschaftsminister dazu veranlasst haben, einen Plan zum Rückbau des Gasnetzes vorzulegen. Laut einem 23-seitigen Papier des Wirtschaftsministeriums mit dem Titel „Transformation Gas/Wasserstoff-Verteilernetze" soll das Gasnetz bis 2045 drastisch verkleinert werden mit der Begründung: „Gasverteilernetze für die bisherige Erdgasversorgung werden dann in der derzeitigen Form und ihrem Umfang nicht mehr benötigt."[56] Jeder zweite Haushalt in Deutschland, der bislang mit Gas heizt, wäre davon betroffen – ebenso weite Teile der Industrie. Die Ankündigung wirkte im Frühjahr 2024 gerade so, als ob der Minister die schleichende Deindustrialisierung des Landes mit einem Paukenschlag beschleunigen wollte. Die Einschränkungen bei der Gasversorgung werden bekanntgegeben, während ein Ersatz durch eine Wasserstoffversorgung noch alles andere als gesichert ist. In den Vorstandsetagen, in denen sich die Autoren im Rahmen ihrer Tätigkeit für die BWA bewegen, rief die öffentliche Ankündigung, der Hälfte der Bevölkerung und Teilen der Industrie binnen 20 Jahren den Gashahn zudrehen zu wollen, ungläubiges Kopfschütteln hervor.

Mangelnde Kapazitäten zur Wasserstoffherstellung

Neben der Gefährlichkeit und den Transportschwierigkeiten beim Wasserstoff gibt es aber noch einen dritten Punkt, welcher den Glauben an eine leistungsfähige Wasserstoffwirtschaft bei einer rationalen Betrachtung zunichte macht. So bestehen auch erhebliche Bedenken hinsichtlich der Verfügbarkeit ausreichender Kapazitäten zur Herstellung von Wasserstoff. Dies gilt umso mehr, wenn dieser mittels regenerativer Energien erzeugt werden soll – dem zentralen Ziel der Wasserstoffstrategie der Bundesregierung.

Lassen wir zur Verfügbarkeit von Elektrolysekapazitäten zur Erzeugung von grünem Wasserstoff das Potsdam-Institut für Klimafolgenforschung (PIK) zu Wort kommen, einer 1992 gegründeten Regierungsforschungseinrichtung der Leibniz-Gemeinschaft und einer Dachorganisation, die mehrere Forschungsinstitute in Deutschland verbindet. Die Aussagen lassen sich wie folgt zusammenfassen: Grüner Wasserstoff wird noch sehr lange sehr rar bleiben – weltweit und in Deutschland.

Berechnungen zufolge wird er bis 2035 nur ein Prozent des weltweiten Energiebedarfs decken können.[57] Ausdrücklich wies das Institut 2023 auf eine kurzfristige Knappheit und eine langfristige Unsicherheit bei der Verfügbarkeit von grünem Wasserstoff hin.

Das gelte selbst dann, wenn die Elektrolysekapazitäten in Zukunft so schnell wachsen würden wie in der Vergangenheit Wind- und Solarenergie. Das Institut hat hierzu den Aufbau einer Wasserstoffwirtschaft auf der Grundlage von ökonomischen Modellen für neue Technologien extrapoliert. Demnach müsste die Elektrolysekapazität – die Aufspaltung von Wasser in Wasserstoff und Sauerstoff durch elektrischen Strom – bis zum Jahr 2050 um das 6.000- bis 8.000-fache ansteigen. Parallel müssten sich die Kapazitäten für die Stromerzeugung aus erneuerbaren Quellen etwa verzehnfachen.

Mit den derzeit verfolgten Ausbauplänen der Wasserstofferzeugung würde die Europäische Union bis 2030 höchstens ein Prozent des Gesamtenergiebedarfs mit grünem Wasserstoff decken können. Weltweit rücken vergleichbare Ausbauziele sogar erst 2035 in Reichweite. Erst ab 2040 könne ein Anteil von 3,2 bis 11,2 Prozent in der EU und 0,7 bis 3,3 Prozent weltweit erreicht werden.

Die Wasserstoffwirtschaft hat also keinen Platz in einer vernünftigen Strategie zur nachhaltigen Energieversorgung, sollte man meinen. Doch das Potsdamer Institut als regierungsnahe Forschungseinrichtung zieht einen völlig anderen Schluss: Wasserstoff ist demnach sehr wohl ein Energieträger der Zukunft – allerdings müsste er dazu mit quasi-diktatorischen Maßnahmen erzwungen werden.

Politische Maßnahmen wie im Krieg

Ein Blick auf die vom Potsdamer Institut aufgezeigte Vorgehensweise ist entlarvend. Dort heißt es wörtlich: „Historische Analogien deuten darauf hin, dass notfallähnliche politische Maßnahmen zu wesentlich höheren Wachstumsraten führen könnten, was den Durchbruch beschleunigen und die Wahrscheinlichkeit der zukünftigen Verfügbarkeit von Wasserstoff erhöhen würde.“ Und weiter: Beispiele für ein solches Engagement sei etwa „die Mobilisierung in Kriegen wie beim Aufbau der US-Liberty-Flotte im Zweiten Weltkrieg oder massive öffentliche Investitionen mit zentraler Koordinierung wie der Bau des Schnellbahnnetzes in China.“

Es wird also ein Szenario gezeichnet, das einem kriegsähnlichen Notfall gleichkommt, so dass diktatorische Maßnahmen gerechtfertigt erscheinen. Das kommt dem politischen Duktus „Im Notfall ist alles erlaubt“ – bis hin zur Abschaffung physikalischer Gesetze und Einschränkungen der Demokratie – sehr nahe. Lassen wir noch einmal das Potsdamer Institut zu Wort kommen: „Diese Analyse des Hochlaufs der Wasserstoffversorgung zeigt, dass allein die Kräfte eines freien Marktes kaum zum Erreichen der Klimaziele etwa im Schiffs- und Flugverkehr ausreichen werden.“

Doch damit nicht genug: Selbst eine mit quasi-diktatorischen Kräften durchgesetzte Wasserstoffwirtschaft sollte nach Aussage der regierungsnahen Forscher nicht als Vorwand dienen, um die Einführung anderer, leicht verfügbarer sauberer Optionen wie Elektromobilität oder Wärmepumpen zu verzögern. Im Klartext: Wir sollen heute Elektroautos kaufen und Wärmepumpen in Betrieb nehmen und die damit verbundenen Energieengpässe werden schon „irgendwann“ durch Wasserstoff behoben, wenn wir uns nur alle der kriegsähnlichen Mobilisierung der Regierung unterwerfen. Doch tatsächlich ist die vom Potsdamer Institut und der deutschen Bundesregierung skizzierte Wasserstoffwirtschaft gar nicht geeignet, um eine vernünftige Strategie zur nachhaltigen Energieversorgung sicherzustellen.

Um zu verstehen, warum die fast ausschließliche Fokussierung auf Strom als Energiequelle und die Schwerpunktsetzung auf Wasserstoff bei allen, die sich schon länger mit dem Thema befassen, auf Unverständnis stößt, empfiehlt sich ein Rückblick auf die Energieplanung für Deutschland. Schon vor über 20 Jahren hatte die damalige Bundesregierung eine am Umweltschutz ausgerichtete Energieversorgung des Landes angestrebt – und zwar auf der Basis von Gas.

Gas ist umweltfreundlich

Die Grundlage zur Anerkennung von Gas als umweltfreundliche Energiequelle war die Einführung des sogenannten „Kohlendioxid-Minderungsprogramms“ durch die deutsche Bundesregierung im Jahr 1987. Um dieses Ziel zu erreichen, war die Umstellung von Kohle und Öl auf Erdgas angesagt. 1990 waren noch rund 120 Kohlekraftwerke in Deutschland in Betrieb; bis 2024 wurden etwa 40 stillgelegt. Spätestens 2028 soll das letzte Kohlekraftwerk in Deutschland den Betrieb einstellen.[58]

Die Verbrennung von Erdgas erzeugt nämlich im Vergleich zu Kohle und Öl deutlich weniger CO2, Stickoxide und Schwefeldioxid. Darüber hinaus ist die Effizienz von Erdgas bei der Stromerzeugung höher als die von Kohle und Öl, was zu einer weiteren

Verringerung der Emissionen führt. Aufgrund dieser umweltfreundlichen Einstufung, die von Experten, Politikern und der Energiebranche geteilt wurde, hat sich der Einsatz von Erdgas in Deutschland stetig erhöht, sowohl in der Industrie als auch auf dem privaten Sektor.

Nun ist Erdgas zwar umweltfreundlicher als Kohle und Öl, aber dennoch ein fossiler Brennstoff und hat damit verbundene gravierende Umweltauswirkungen. Daher betonte die deutsche Regierung später die Rolle von Erdgas als Brückentechnologie, während sie gleichzeitig den Ausbau erneuerbarer Energien wie Wind- und Solarenergie vorantrieb. Erdgas galt indes noch lange Zeit als wichtiges Instrument, um die Energiewende in Deutschland zu unterstützen und eine zuverlässige Energieversorgung sicherzustellen, bis erneuerbare Energien den Großteil des Energiebedarfs decken könnten. Vor diesem Hintergrund ist auch die über Jahrzehnte hinweg kontinuierlich ausgebaute Abhängigkeit von russischem Gas zu verstehen, die das ohnehin wankelmütige Energiekonzept Deutschlands, spätestens mit Ausbruch des Ukraine-Krieges, in eine schwere Krise stürzte.

Die deutsche Abhängigkeit von russischem Gas

Die Abhängigkeit von russischem Gas, die Deutschland mit dem Einmarsch Russlands in die Ukraine Anfang 2022 in die Bredouille brachte, war eine unmittelbare Auswirkung der Fehleinschätzung hinsichtlich der energetischen Zukunft des Landes. Werfen wir dazu einen kurzen Blick auf die Geschichte.

In den 1960er und 1970er Jahren begann Deutschland, Erdgas aus der Sowjetunion zu importieren, um seinen wachsenden

Energiebedarf zu decken. Der Gasimport wurde als wirtschaftlich und politisch vorteilhaft angesehen, da er dazu beitrug, die Diversifizierung der Energiequellen zu fördern und die Abhängigkeit von Ölimporten, insbesondere aus dem Nahen Osten, zu verringern. Doch anstatt eine Balance herzustellen, kam es zu einer unverhältnismäßigen Priorisierung von Gas.

Nach dem Zusammenbruch der Sowjetunion und der Wiedervereinigung Deutschlands Anfang der 1990er Jahre stieg die Nachfrage nach Erdgas hierzulande weiter an. Dabei wurde Russland zum Hauptlieferanten für Deutschland. Um die Gasversorgung zu sichern und den Transport von Gas durch Transitländer wie die Ukraine zu umgehen, wurden die Pipelines Nord Stream 1 und 2 gebaut, um russisches Gas direkt nach Deutschland zu transportieren. Man konnte den Eindruck gewinnen, als ob es die Bundesregierungen geradezu darauf anlegten, von Russlands Gas soweit wie möglich abhängig zu werden.

In den frühen 2000er Jahren stammte etwa ein Viertel des in Deutschland verbrauchten Gases aus Russland. Das war schon viel und hätte eigentlich in der deutschen Politik die „Alarmglocken“ laut schrillen lassen müssen. Doch stattdessen wurden der Umwelt zuliebe der heimische Kohlebergbau zurückgefahren und inländische Gasfelder geschlossen. So kam es dazu, dass russisches Gas im Jahr 2021 beinahe die Hälfte des gesamten Erdgasverbrauchs in Deutschland ausmachte. Erdgas wiederum trug 2021 etwa 25 Prozent zur gesamten Primärenergieversorgung in Deutschland bei. Wenn man die Abhängigkeit von russischem Gas in Bezug auf die gesamte Energieversorgung betrachtet, lag der Anteil im Jahr 2021 bei etwa elf bis 12,5 Prozent. Diese Zahlen zeigen, wie Deutschland binnen rund 20 Jahren zunehmend von russischem Gas abhängig geworden war – mit verheerenden Folgen für unser Land. Denn der steigende Gasverbrauch war eine unmittelbare Folge der fatalen politischen Entscheidung, als einziges Land auf der Welt aus Kernenergie und Kohle relativ gleichzeitig auszusteigen und auf den rechtzeitigen Ausbau erneuerbarer Energiequellen zu setzen.

Dabei war für Experten schon lange klar, dass wir eine Brückentechnologie benötigen würden. Diese Rolle sollte „eigentlich" Gas übernehmen, zumindest bis die Abhängigkeit von russischem Gas über Nacht zum Politikum wurde. Entsprechende eindringliche Warnungen, insbesondere aus den USA oder osteuropäischen Partnerländern, blieben zuvor auf deutscher Seite ungehört oder wurden als unbegründet abgetan. Das „Aus" für das russische Gas kam übrigens nicht etwa „nur" als Folge der westlichen Sanktionen gegen Russland, sondern schlichtweg durch einen dreisten Sabotageakt. Am 26. September 2022 detonierten am Grunde der Ostsee mehrere Sprengladungen vor der dänischen Insel Bornholm und der südschwedischen Küste und rissen vier große Lecks in die Nordstream-Gaspipelines. Die größte Sabotageaktion der jüngeren Geschichte war vom ukrainischen Militär angeordnet worden; Staatspräsident Wolodimir Selenski wusste nach Recherchen des *Wall Street Journal* darüber Bescheid.[59]

Zuvor war der deutschen Bevölkerung unter dem Label „umweltfreundlich" über Jahrzehnte hinweg geraten worden, auf Gasheizungen zu setzen – und zwar quer durch alle politischen Parteien hinweg. Gasheizungen sind noch bis in das Jahr 2022 staatlich gefördert worden, weil sie nur geringe Mengen an CO2 erzeugen. Es sind teilweise noch dieselben Politiker, die heute den Menschen erklären wollen, warum „Gas out“ und „Elektro in“ ist.

Nun mag man den Politikern zugutehalten, dass sie damals tatsächlich vom Gas überzeugt waren und heute an den Strom glauben. Aber das macht die „Wende von der Wende“ weder für das Land noch für die Bevölkerung besser. Von einer auf Langfristigkeit angelegten Energieplanung für Deutschland war und ist nicht viel zu spüren. Und das gilt leider nicht nur beim Gas, sondern auch beim Diesel.

Diesel ist umweltfreundlich

Das Wort Diesel stand einst für eine umweltfreundliche Alternative im Rahmen einer ökologisch nachhaltigen Verkehrspolitik. Zentrale Faktoren für die ab den 1990er Jahren erfolgte Einstufung von Dieselfahrzeugen als umweltschonend waren technologische Verbesserungen, die dazu führten, dass moderne Dieselmotoren weniger Schadstoffe, wie etwa Kohlenmonoxid, Kohlenwasserstoffe und Stickoxide, ausstoßen. Zudem war der Dieselkraftstoff aufgrund seines höheren Energiegehalts und geringeren Verbrauchs in der Lage, Fahrzeuge effizienter zu betreiben und somit den CO2-Ausstoß pro gefahrenem Kilometer zu reduzieren.

Die deutsche Bundesregierung und die Europäische Union förderten die Nutzung von Dieselkraftstoff als umweltfreundlichere Option, indem sie steuerliche Anreize und eine geringere Mineralölsteuer auf Diesel im Vergleich zu Benzin einführten. Diese Maßnahmen führten zu einer Zunahme von Dieselfahrzeugen bei den Neuzulassungen und zu einer größeren Akzeptanz von Dieselautos als ressourcenschonende Alternative.

In den 2000er Jahren wurden jedoch die negativen Umweltauswirkungen von Dieselmotoren, insbesondere die Emissionen von Feinstaubpartikeln und Stickoxiden, zunehmend an den Pranger gestellt. Die Enthüllung des Dieselskandals im Jahr 2015, bei dem zahlreiche Automobilhersteller bei Abgastests manipuliert hatten, führte zu einer Neubewertung der Umweltverträglichkeit von Dieselautos. Mit Stand 2024 gilt der Diesel politisch längst als eine „Dreckschleuder" und wurde durch das Elektroauto als vermeintlich sauberes Fahrzeug abgelöst. Dabei kann kein Zweifel daran bestehen, dass die aktuellen Diesel-Modelle sauberer sind als alle jemals zuvor gebauten Fahrzeuge mit Dieselantrieb. Die Technik hat sich weiterentwickelt, aber die politische Stimmung hat sich gedreht. Es steht demnach zu befürchten, dass es ebenso unsinnig sein wird, uns vollständig von Gas oder Diesel abzuwenden, wie zuvor, als wir uns zu stark von beiden Energieträgern abhängig gemacht haben.

Streitfrage Kernkraftwerke

Wohl kaum ein Aspekt der deutschen Energiepolitik ist so umstritten wie der Betrieb von Kernkraftwerken.

Der Ausstieg Deutschlands aus der Kernkraft und der Aufstieg der politischen Partei „Die Grünen" sind untrennbar miteinander verbunden. Die Wurzeln reichen weit zurück bis zum 7. April 1968. An diesem Tag war der *Club of Rome* gegründet worden, der in seinem 1972 veröffentlichten Bestseller „Die Grenzen des Wachstums" deutlich machte, warum der Schutz unserer Umwelt für das Überleben der Menschheit unabdingbar ist.[60] Der *Club of Rome* wurde damit zum Vorreiter einer weltweiten Umweltbewegung und zum Ideengeber für die in den 1970er Jahren entstandene gesellschaftliche Anti-Atomkraft-Bewegung in Deutschland, die sich unter anderem mit dem Logo der „lachenden Sonne“ oder „roten Sonne“ sowie dem Slogan „Atomkraft? Nein, danke!“ jahrzehntelang gegen die Nutzung der Kernenergie zur Energieerzeugung zu Wehr setzte.[61]

Organisierter Widerstand gegen die Kernkraft

In Garching bei München wurde 1957 der erste Forschungsreaktor in der Bundesrepublik gebaut.[62] Seit Mitte der 1960er Jahren gingen wirtschaftlich genutzte Kernkraftwerke ans Netz. Sie galten als sichere, umweltfreundliche und wirtschaftliche Möglichkeit zur Lösung des Energieproblems. Nach der Ölkrise 1973 plante die damals amtierende Bundesregierung den großzügigen Ausbau der Kernenergie, um den prognostizierten, ständig steigenden Energiebedarf zu sichern. Bis 1985 sollten nach der damaligen Planung 40 neue Atommeiler gebaut werden. Doch gegen den Bau eines Kernkraftwerkes in der kleinen südbadischen Gemeinde Wyhl kam es 1975 zur ersten großen Protestaktion von Atomkraftgegnern in der Bundesrepublik.[63] Dieser Widerstand hat sich über die nachfolgenden Jahre und Jahrzehnte verstärkt – Stichworte: Brokdorf, Gorleben, Grohnde, Castor-Transporte.

Das (vorläufig) endgültige Aus für die friedliche Nutzung der Kernenergie wurde 2011 nach einem Unfall im japanischen Atomkraftwerk bei Fukushima besiegelt. Aufgrund eines starken Seebebens kam es hier zu einem Tsunami, welcher zu schweren

Störfällen im Kraftwerk führte, in dessen Folge große Mengen an radioaktivem Material freigesetzt wurden. Drei Monate später beschloss der Deutsche Bundestag den Ausstieg aus der Atomenergienutzung bis Ende 2022. Der Krieg in der Ukraine und die damit einhergehende Neubewertung von russischem Gas war zu diesem Zeitpunkt natürlich nicht absehbar. Doch auch angesichts des Angriffs Russlands auf die Ukraine im Februar 2022 mit den daraus resultierenden gravierenden Unsicherheiten bei der Versorgungssicherheit änderte die Bundesregierung ihre Atomstrategie nicht.[64]

Wie die EU Atomstrom grün machte

Zum Jahreswechsel 2021/22 stellte die EU-Kommission im Rahmen des sogenannten Green Deal einen Plan vor, um Gas- und Atomkraftwerke als nachhaltig zu klassifizieren. Beide Energieträger erhielten damit ein "grünes" Etikett. Der Hebel dazu war die sogenannte Taxonomie, ein Bürokratiemonster, das Finanzanlegern eine Richtschnur für nachhaltige Investitionen an die Hand geben soll. Demnach wären Investitionen in Gas- und Kernkraftwerke also nachhaltig, ökologisch sinnvoll, sauber und damit eben auch „moralisch vertretbar“.[65]

In der Taxonomie gibt es drei Kategorien. In der ersten befinden sich alle Aktivitäten, die direkt zur Vermeidung von CO2-Emissionen beitragen – etwa der Aufbau von Wind- und Wasserkraftwerken oder Solarpanels. In die zweite Kategorie gehört alles, was derartige Aktivitäten ermöglicht oder unterstützt. Auf der dritten und damit untersten Stufe stehen Technologien, die nur für eine begrenzte Zeit den Übergang in eine klimaneutrale

Zukunft ebnen sollen. In diese dritte Kategorie ordnet die EU-Kommission auch die Kernkraft ein.

Für die meisten europäischen Länder stellte die kernkraftfreundliche Weichenstellung der EU-Kommission kein Problem dar, weil sie ohnehin eine Atomstrategie verfolgen. Anders Deutschland, Österreich, Dänemark, Portugal und Luxembourg – in diesen fünf Nationen ist Kernkraft verpönt, die Regierungen haben sich vom Atomstrom verabschiedet.

Doch viele andere Länder rund um den Globus – in Europa vor allem Frankeich – stufen Kernkraft keineswegs als eine Übergangs-, sondern als eine Zukunftstechnologie ein.[66] Sehr vieles deutet auf eine verstärkte friedliche Nutzung der Kernenergie in den 2030er Jahren hin. Sie wäre trotz aller Risiken und natürlich nur, solange keine gravierenden atomaren Unfälle auftreten, eine Antwort auf die zunehmende Umweltbelastung durch die fossile Energiegewinnung. Neue Technologien deuten auf eine Renaissance der zivilen Atomenergienutzung hin. Das Spektrum reicht von großindustriellen Kernfusionsreaktoren bis hin zu Mini-Atomkraftwerken aus der Massenproduktion.

So verkündeten 2023 ausgerechnet auf der Weltklimakonferenz COP28 in Dubai 22 Staaten, darunter 13 europäische, eine „globale Atom-Allianz“ mit dem Ziel, die Produktion von Atomstrom bis 2050 zu verdreifachen. Die US-Regierung ließ dazu erklären: „Man kann das Ziel von Netto-Null Treibhausgas-Emissionen bis 2050 ohne Atomkraft nicht erreichen. Das hat nichts mit Politik oder Ideologie zu tun, das ist reine Wissenschaft: Mathematik und Physik.“[67]

Bei einem von der Internationalen Atomenergiebehörde IAEA organisierten Atomgipfel in Brüssel im Frühjahr 2024 trafen sich der französische Präsident, der ungarische Regierungschef, die Ministerpräsidenten aus Schweden, den Niederlanden, Bulgarien, Serbien, der Tschechischen Republik, der Vizepremier aus China, der Außenminister aus Japan und eine große Delegation aus den USA sowie weitere hochrangige Repräsentanten aus mehr als 30 Staaten, um ihr Bekenntnis zur Kernkraft zu bekräftigen.[68]

Pikant: Einige dieser Länder wie etwa Serbien oder Rumänien verfügen über keinerlei Know-how auf dem Gebiet der Kernenergie und fordern daher EU-Finanzierungshilfen für den Aufbau von Atommeilern. Damit steht für Deutschland als größtem Geldgeber der EU die Gefahr im Raum, den Auf- und Ausbau der Kernkraft in Europa mitzufinanzieren, während man die Atomkraft aus dem eigenen Land verbannt hat.[69] „Die Atomkraft wird in Europa unterschiedlich gesehen", erklärt Kommissionschefin Ursula von der Leyen zum Brüsseler Gipfel. Aber dort, wo man offen dafür sei, könne sie eine wichtige Rolle auf dem Weg zur sauberen Energie spielen. Schon 2021 hatte sie erklärt, dass erneuerbare Energiequellen alleine nicht ausreichen würden für Europas nachhaltigen Umbau, den „Green Deal", der Hunderte Milliarden Euro kostet. Dazu sagte Ursula von der Leyen „Daneben brauchen wir eine verlässliche Quelle – Kernenergie".[70]

Die deutsche Regierungspolitik weiß es vermeintlich besser. Physikalische Gesetze, die Einsicht in die Notwendigkeit einer stabilen und bezahlbaren Energieversorgung, die Zusammenhänge zwischen Wohlstand, Sozialstaat und dem Demokratieverständnis innerhalb der Bevölkerung – Deutschlands politische

Spitze erscheint hier in einem hohen Maße beratungsresistent. Damit koppelt sich Deutschland von einer technologischen Entwicklung ab, die weltweit gerade erst am Anfang steht, von der Erschließung der Kernfusion für zivile Zwecke bis hin zum Bau neuer innovativer Kraftwerksarten, wie auf den folgenden Seiten dargestellt wird.

Die Sonne auf Erden

2021 gelang es in China und 2022 in den USA, in einem Kernfusionsreaktor die Fusion sekundenlang aufrecht zu erhalten.[71] Dieser Vorgang, der bisher nur sehr selten glückte, könnte die Zukunft der Energieerzeugung verändern. Kernfusion ist der Prozess, der unserer Sonne und anderen Sternen ihre unbändige Energie verleiht. Dabei verschmelzen zwei gleich geladene, leichte Atomkerne zu einem größeren Atom – ein Prozess, bei dem extrem viel Energie freigesetzt wird. Um die Fusion zu bewerkstelligen, muss jedoch zunächst sehr viel Energie aufgewendet werden. Denn ähnlich wie zwei Magnete, bei denen sich die beiden gleichen Pole einander abstoßen, stoßen sich auch gleich geladene Atomkerne gegenseitig ab. Um sie fusionieren zu lassen, machen Sterne sich ihre massive Größe zunutze, die einen immensen Druck in ihrem inneren Kern erzeugt.[72]

In den 2030er Jahren könnten erstmals Technologien auf der Erde verfügbar werden, um diesen immensen Druck zu erzielen, der für Kernfusionsreaktoren benötigt wird. Man muss dazu extreme Temperaturen in der Größenordnung von 100 Millionen Grad Celsius erzeugen. Genau dies war China 2021 mit dem Fusionsreaktor EAST (Experimental Advanced Superconducting Tokamak) gelungen, der eine Kernfusion für zehn Sekunden aufrecht erhalten konnte. 2022 hatten die USA einen anderen, aber ebenso beeindruckenden Rekord zu vermelden. Der staatlichen Forschungseinrichtung National Ignition Facility (NIF) am Lawrence Livermore National Laboratory in Kalifornien war es erstmals gelungen, beim Verschmelzen von Atomkernen mehr Energie zu gewinnen als verbraucht wurde.[73] Genau darum geht es schließlich bei der Nutzung der Kernfusion: den wachsenden Energiebedarf der industriellen und digitalen Welt zu decken.

Bis zu einer industriellen Nutzung werden noch Jahre der Forschung notwendig sein. Doch wenn es gelingt, eine Möglichkeit zur Erzeugung einer stabilen Kernfusion zu finden, wären unsere Energieprobleme wahrscheinlich gelöst. Wichtiger Vorteil dabei: Bei diesem Vorgang entsteht kein radioaktiver oder anderweitig gefährlicher Abfall. Des Weiteren kann ein solcher Fusionsreaktor mit Meerwasser betrieben werden – eine erneuerbare, nachhaltige Ressource.[74]

Auch in Europa wird die friedliche Nutzung der Kernenergie durch Fusionsreaktoren schon seit längerem vorangetrieben.[75] Bereits im Jahr 1985 wurde die Idee für den Bau des Fusionsreaktors ITER im südfranzösischen Kernforschungszentrum Cadarache geboren. ITER wird als gemeinsames Forschungsprojekt der EU, der Schweiz, der USA, Chinas, Japans, Russlands und Indiens entwickelt.[76] 2007 wurde der Baubeginn angekündigt und seit Anfang der 2020er ist er in vollem Gange. Doch die Fertigstellung von ITER ist bei Drucklegung dieses Buches noch ungewiss. Eine zwischenzeitlich ins Auge gefasste Inbetriebnahme in 2025 ist wohl eher unrealistisch, weil weitere Verzögerungen als wahrscheinlich gelten; die erste Fusion soll frühestens in 2036 stattfinden.[77] So ließ das Betreiberkonsortium EUROfusion schon 2023 anklingen, dass man nicht auf den Forschungsreaktor ITER warten wolle, sondern parallel dazu ein erstes Demonstrationskraftwerk errichten will. „Noch nicht gebaut, schon nicht mehr gebraucht“ titelte das renommierte Wissenschaftsmagazin *Spektrum der Wissenschaft* süffisant.[78]

Atomkraftwerke wie am Fließband

Parallel zu diesen Großprojekten scheint sich ab den 2030er Jahren die Inbetriebnahme kleiner modularer Atomkraftwerke, die wie am Fließband produziert werden, anzubahnen. Die Mini-AKWs brauchen nur wenige Hektar Fläche und produzieren zwischen 30 und 450 Megawatt. Anfang der 2020er waren zwei atomare Kleinkraftwerke bereits in Betrieb. Sie befanden sich an Bord des Schiffs „Akademik Lomonossow“ und versorgten die sibirische Stadt Pewek und ihre 100.000 Einwohner mit Wärme und Strom. Auch die USA und Kanada setzen auf diese neue Generation der „Smart Modular Reactors“, die ab 2025 Strom liefern sollen. China verfolgt ebenfalls entsprechende Pläne.[79]

In den USA machte 2020 ein Startup auf sich aufmerksam, das unter dem Projektnamen „Aurora“ kleine Atomreaktoren entwickelt, die mit Atommüll betrieben werden sollen. „Aurora“ ist gerade mal so groß wie ein Einfamilienhaus und soll Strom für bis zu 1.000 Haushalte liefern.[80] Zahlreiche weitere Entwicklungsansätze zur friedlichen Nutzung der Kernenergie stehen für die 2030er Jahre bereit.[81]

Es würde den Rahmen dieses Buches sprengen, das Potenzial der zivilen Kernkraftnutzung ausführlich zu beleuchten. Immerhin war es bemerkenswert, dass China 2023 den ersten Thorium-

Reaktor in Betrieb nahm.[82] Um eine lange Geschichte auf den Punkt zu bringen: Thorium-Reaktoren funktionieren mittels Kernspaltung, wobei kein Risiko einer gefährlichen Kernschmelze besteht. Die Technik dazu wurde bereits in den 1960er Jahren entwickelt. Sie konnte sich nicht durchsetzen, weil sich die damalige US-Regierung für die konkurrierende Uran-Technologie entschied. Das hatte einen einerseits banalen und andererseits furchtbaren Grund: Das aus uranbetriebenen Kernkraftwerken gewonnene Plutonium ließ sich zur Herstellung von Bomben verwenden – was in der damaligen Phase des Kalten Krieges für die USA von hoher Bedeutung war.[83]

Doch ohne diese politische Bürde und mit neuen Technologien ist für die Zukunft mit einer steigenden Bedeutung der Kernkraft für die Energieversorgung in zahlreichen Ländern rund um den Globus zu rechnen – allerdings wohl auf absehbare Zeit nicht in Deutschland.

Zwar kamen 2023 zahlreiche Experten zu dem Schluss, dass sich acht der in Deutschland stillgelegten Kernreaktoren innerhalb von zwei Jahren – einige sogar binnen weniger Monate – wieder hochfahren ließen. Das wäre angesichts des Zusammenbruchs der Gasversorgung aus Russland immerhin ein überdenkenswertes Szenario gewesen. Indes, es fehlte am politischen Willen dazu. Und natürlich wäre eine Spaltung der Gesellschaft an der „Atomfrage“ absehbar. Dieser deutsche Weg ist umso bemerkenswerter, als unsere Nachbarländer teilweise auf mehr statt weniger Kernkraft setzen – nicht nur Frankreich. So legte Polen 2023 Pläne vor, nach denen Kernkraftwerke in den nächsten Jahrzehnten geradezu wie Pilze aus dem Boden schießen sollen. Dabei setzt Polen sowohl auf große Anlagen als auch auf eine neue Generation modularer und kompakter Reaktoren.[84]

Alle Energieprobleme der Menschheit lösen

Die friedliche Nutzung der Kernenergie birgt das Versprechen, die Energieprobleme der Menschheit zu lösen und die durch das Verbrennen fossiler Energieträger mitverursachte Erwärmung der Erde und die dadurch drohende Klimakatastrophe abzuwenden oder jedenfalls abzumildern. Ob dieser Durchbruch bei der Kernenergie tatsächlich gelingt, bleibt ungewiss. Auf sehr lange Sicht betrachtet, scheint jedoch sogar die Etablierung eines Fusionskraftwerks im Weltraum nicht ausgeschlossen. Deutschland nimmt an diesem Wettrennen um die Zukunft nicht teil. Es war ein Zeichen für die Branche und für Deutschland, als das deutsche Start-up für Fusionstechnologie Marvel Fusion 2023 verkündete, seine nächste Forschungsanlage in den USA aufzubauen. Die Begründung: In Europa und erst recht in Deutschland ist die Nutzung der Kernfusion für friedliche Zwecke vor allem eine politische und mediale Diskussion, während in den USA die Forschung mit der Aussicht auf eine unternehmerische Umsetzung einen viel höheren Stellenwert einnimmt.[85] Mit anderen Worten: Wir diskutieren, während andere vorankommen.

BusinessEurope, der Dachverband europäischer Industrie- und Unternehmensverbände, mahnte im Sommer 2024: Eine wettbewerbsfähige Energie- und Klimawende sei nach wie vor noch möglich, aber dafür müsse seitens der EU-Gesetzgeber schnell gehandelt werden. Die Sicherung von Energie zu wettbewerbsfähigen Preisen wird für den Erhalt der industriellen Basis Europas von zentraler Bedeutung sein, heißt es aus dem Verband.[86]

Das gilt auch und insbesondere für Deutschland. Die ungelöste Energiefrage in Deutschland wird viele Konsequenzen haben, von hohen „Nebenkosten“ für die Bürger über die Abwanderung energieintensiver Produktionszweige bis hin zu Einschränkungen bei neuen Technologien wie Künstlicher Intelligenz. Die an anderer Stelle in diesem Buch beleuchtete KI hat nämlich einen enormen Energiehunger. So ist es schwer vorstellbar, woher die von OpenAI und Microsoft angekündigten KI-Superrechenzentren, die beide Unternehmen in den nächsten Jahren errichten wollen, die für den Betrieb benötigte Energie nehmen werden, wenn nicht aus der Kernkraft.[87]

Schon sorgt sich die deutsche Medienlandschaft darum, ob KI „der nächste große Klimasünder“ wird – aufgrund des hohen Stromverbrauchs, aber auch aufgrund des erheblichen Wasserbedarfs für die Kühlung der Rechenzentren.[88] Sollte die Verdammung der KI als „Klimakiller“ Schule machen, würden wir uns gleich von zwei globalen Entwicklungen entkoppeln – der Energieversorgung aus Kernkraft und der Künstlichen Intelligenz.

Doch zunächst wollen wir uns einem anderen, ebenso wichtigen Thema für die Zukunft Deutschlands widmen: Bereits seit Jahren fehlen uns qualifizierte Arbeitskräfte – eine Entwicklung mit dramatischen Folgen.

Maßnahmen gegen Fachkräftemangel

In mehr als 350 von über 800 Berufsgruppen herrscht in Deutschland ein Fachkräftemangel, hat das Bundeswirtschaftsministerium nachgezählt. Das entspricht 44 Prozent aller Berufsgruppen. Bis 2035 gehen dem deutschen Arbeitsmarkt Studien zufolge rund sieben Millionen Arbeitskräfte verloren.[89] Bis 2050 soll die Zahl der Erwerbstätigen in Deutschland um rund 18 Millionen Menschen zurückgehen, sofern nicht gegengesteuert wird – beispielsweise indem Ältere länger im Job gehalten, die berufliche Entwicklung von Frauen gestärkt oder qualifizierte Zuwanderer angezogen werden.[90]

Wir werden immer kränker

Die Personalleiter in der deutschen Wirtschaft reagieren auf den demografischen Wandel mit vielerlei Maßnahmen. Das betriebliche Gesundheitsmanagement steht exemplarisch dafür. Viele Personalabteilungen sind mit gezielten Programmen zur Förderung der Gesundheit ihrer Belegschaft befasst. Das mag im Einzelfall erfolgreich sein, doch in der Summe lässt sich das Gegenteil feststellen.

Der Krankenstand in Deutschland lag 2023 im zweiten Jahr in Folge auf Rekordniveau. Es gab 13 Prozent mehr Ausfälle als im Vorjahr. Weit über die Hälfte der Arbeitnehmer hatte von Januar bis Dezember 2023 mindestens eine Krankschreibung. Im Gesamtjahr waren es im Durchschnitt 20 Fehltage pro Kopf. Ausschlaggebend für das hohe Aufkommen waren vor allem Atemwegserkrankungen wie Erkältungen, Bronchitis und Grippe. Zudem gab es einen merklichen Anstieg bei den psychischen Erkrankungen, mit einem Plus von 7,4 Prozent. Der Krankenstand lag insgesamt bei 5,5 Prozent.[91]

Im Kampf gegen den Fachkräftemangel erweist sich das betriebliche Gesundheitsmanagement also nicht als besonders erfolgreich. Betrachten wir andere Faktoren, mit denen sich die Wirtschaft gegen die Folgen des demografischen Wandels stemmt – nicht immer, aber doch häufig erfolgreicher als beim betrieblichen Gesundheitsmanagement.

Das Damoklesschwert des demografischen Wandels

Die Unternehmen schnüren seit Jahren ein ganzes Bündel an Maßnahmen gegen den demografischen Wandel. So sind die Veränderungen in der Altersstruktur auch bei der Planung betrieblicher Karrierewege zu berücksichtigen. Hierzu gehören ebenfalls gezielte Weiterbildungsmaßnahmen für ältere Beschäftigte. Eine altersheterogene Beschäftigungsstruktur bringt viele Vorteile mit sich, zumal dann, wenn die Unternehmen lebenslanges Lernen fördern.

Die Autoren haben bei ihren Beratungsprojekten festgestellt, dass das Bewusstsein für den demografischen Wandel hoch ist, aber es häufig bei der konkreten Umsetzung gezielter Maßnahmen noch hapert. Das gilt insbesondere im Hinblick auf eine systematische demografieorientierte Personalplanung. Immerhin hat ein wachsender Anteil der Unternehmen ein System zum Wissenstransfer geschaffen, um das Know-how ausscheidender

Kolleginnen und Kollegen so weit wie möglich im Unternehmen zu halten.

Für Firmen, die zusehends unter der Alterung ihrer Belegschaft leiden bzw. sich darauf vorbereiten wollen, bietet sich eine externe Demografieberatung an. Die wachsende Generation älterer Arbeitnehmer bedarf einer altersgerechten Personenpolitik, was ein Umdenken in der Personalarbeit erfordert.

Dazu gehört auch die Gestaltung einer individuellen Personalentwicklung für die Generation 50+ im Unternehmen. Hierzu sollten firmenspezifische Modelle erarbeitet werden, um die Potenziale älterer Arbeitnehmer effektiv in die Arbeitsabläufe zu integrieren. Neben der Motivationsarbeit mit rentennahen Beschäftigten gehört auch die Entwicklung adäquater Weiterbildungsstrategien. Die Ressourcen Älterer können nicht nur im fachlichen Bereich erfolgsorientiert eingesetzt werden, sondern auch in Teambuilding-Prozessen, in denen die Sozialkompetenzen der älteren Generation von hoher Bedeutung sind.

Fachkräftemangel häufig hausgemacht

Neben externen Faktoren wie der demografischen Entwicklung ist der Fachkräftemangel in Deutschland zum Teil hausgemacht. Die Ursachen liegen weit zurück.

Die Konzerne haben über Jahrzehnte hinweg viel zu wenig selbst ausgebildet und sich vornehmlich auf den Mittelstand verlassen. Es war wie eine Spirale: Die mittelständische Wirtschaft bildet aus, um neue Fachkräfte zu bekommen. Die Großunternehmen werben die gut ausgebildeten jungen Leute mit attraktiven Jobangeboten ab und der Mittelstand bildet die nächste

Generation aus in der Hoffnung, dass er dieses Mal zum Zuge kommt und so weiter. Das hat so lange funktioniert, bis im Mittelstand die Bereitschaft gesunken ist, die Ausbildung für die Konzerne zu übernehmen und gleichzeitig immer weniger junge Menschen verfügbar wurden.

Personalabteilungen ausgedünnt

Im Vertrauen auf einen nie versiegenden Zustrom gut ausgebildeter Fachkräfte hat die Großindustrie ihre eigenen Personalabteilungen über Jahrzehnte hinweg auf ein Mindestmaß reduziert und die Aus- und Weiterbildung in den eigenen Betrieben sträflich vernachlässigt. Viele Personalabteilungen sind heutzutage derart ausgedünnt, dass über das Tagesgeschäft hinaus keine Zeit für strategische Personalmaßnahmen besteht. Es ist nicht ungewöhnlich, dass sich drei oder bestenfalls vier Personaler um mehr als 1.000 Beschäftigte kümmern sollen. Da bleibt nur Zeit für die Bearbeitung von Urlaub, Krankheit, Rente und sonstigen Tagesaufgaben, die unbedingt getan werden müssen.

Die Erstellung einer Personalmatrix, die einen Überblick über die Fähigkeiten der eigenen Belegschaft gewähren würde, ist für die meisten Personalabteilungen jenseits ihrer Möglichkeiten, weil schlichtweg die Zeit dazu fehlt. Das führt zu der paradoxen Situation, dass die meisten Firmen über viel mehr Know-how in ihren Betrieben verfügen als der Personalabteilung, geschweige denn der Konzernleitung, bewusst ist.

Was nicht in der Personalakte steht, ist nicht bekannt. Und die Personalakten werden nach der Einstellung kaum noch aktualisiert, abgesehen von den zwingend notwendigen Einträgen. Ein

Beispiel: Das Potenzial eines Werkarbeiters, der ein Maschinenbaustudium abgebrochen hat, wird in der Regel überhaupt nicht erkannt. Viele Vorgesetze beschäftigten sich nicht mit den Hintergründen und Potenzialen ihrer Mitarbeiter, sondern legen nur einen einzigen Maßstab an: ob derjenige auf der aktuellen Position eine gute Leistung erbringt.

Diese kurzsichtige Personalstrategie rächt sich im Angesicht der aktuellen Herausforderungen etwa durch die Digitalisierung. Der Zustrom neuer, gut ausgebildeter junger Menschen versiegt, und die Unternehmen schaffen es häufig nicht, ihre internen Potenziale zu nutzen. Das führt zu einer Personalkatastrophe in weiten Teilen der deutschen Wirtschaft. Auch deshalb ist Deutschland bei Zukunftsthemen wie autonomem Fahren, Künstlicher Intelligenz oder dem Internet der Dinge personell äußerst dürftig aufgestellt.

Gezielte Aus- und Weiterbildung ist dringend

Mehr Engagement bei Aus- und Weiterbildung ist der einzige Weg für die deutsche Wirtschaft, dem zunehmenden Fachkräftemangel entgegenzuwirken. Vor allem dem Mittelstand stehen angesichts der Personalknappheit schwere Zeiten ins Haus. Großunternehmen locken mit höheren Vergütungen oder verlagern Tätigkeiten, für die hierzulande das Personal fehlt, ins Ausland. Doch der mittelständischen Wirtschaft sind diese beiden Wege in der Regel versperrt.

Wenn dem Mittelstand das Personal auf Dauer ausgeht, steht der industrielle Kern Deutschlands im Feuer. Soziale Sicherungssysteme wie das Bürgergeld helfen den Betroffenen zwar, aber sie motivieren nicht dazu, sich durch Qualifikation für den Arbeitsmarkt vorzubereiten. Indes sind nicht nur der Staat, sondern vor allem auch die Unternehmen gefordert.

Die Wirtschaft verschenkt ungewollt ein enormes Maß an Produktivität, weil sie ihre Beschäftigten nicht gezielt aus- und weiterbildet. Viele Unternehmen kennen die Potenziale ihrer Belegschaft kaum und können diese deshalb auch nicht für sich nutzen, haben die Autoren im Rahmen zahlreicher Projekte festgestellt.

Nach Studien des Instituts für Arbeitsmarkt- und Berufsforschung (IAB) könnten rund sechs Millionen Beschäftigte in Deutschland durch gezielte Weiterbildungsmaßnahmen in die Lage versetzt werden, einen höher qualifizierten Arbeitsplatz auszufüllen und damit den Fachkräftemangel in ihren Betrieben abzumildern.[92] Statt über fehlende Arbeitskräfte zu lamentieren, sollten die Unternehmen alles daran setzen, die in ihren eigenen Büros und Fabriken schlummernden Talente zu entdecken und gezielt zu fördern.

HR Business Partner statt Personalchefs

Nach Projekterfahrungen der Autoren im Rahmen ihrer Tätigkeit bei der Bonner Wirtschafts-Akademie sieht die Realität indes ganz anders aus. Viele Firmen haben die traditionellen Personalchefs durch sogenannte „HR Business Partner" ersetzt, die in den meisten Fällen die Aufgabe eines Personalreferenten erfüllen.

Teilweise ist ein einziger HR Business Partner für tausend Angestellte zuständig. Das ist ein Unding, weil er bei diesem Missverhältnis natürlich keinen Überblick über die schlummernden Stärken der Beschäftigten haben kann. Genau dieser Überblick wäre jedoch die Voraussetzung, um herausfinden, wer im Betrieb für gezielte Weiterbildungsmaßnahmen geeignet ist. Daher sollten viele Unternehmen ihre Personalabteilungen aufstocken statt ausgerechnet dort zu sparen.

Bildungsinfrastrukturen für lebenslanges Lernen

In einer sich ständig verändernden Arbeitswelt, in der neue Technologien, Digitalisierung und Globalisierung die Anforderungen an die Belegschaft verändern, ist die kontinuierliche Weiterbildung der Beschäftigten von entscheidender Bedeutung, um wettbewerbsfähig zu bleiben und die Produktivität aufrechtzuerhalten. Die Unternehmen sind also gut beraten, in Bildungsinfrastrukturen zu investieren, Anreize für lebenslanges Lernen zu schaffen und flexible Arbeitsmodelle zu fördern, die es den Beschäftigten ermöglichen, sich weiterzubilden und ihre Fähigkeiten kontinuierlich zu entwickeln.

Stattdessen neigen viele Unternehmen dazu, Fachkräfte in Führungspositionen zu versetzen, um die dortigen Lücken zu füllen. Das geht häufig nicht gut, weil gute Fachkräfte keineswegs automatisch auch gute Manager mit Führungsqualitäten sind.

Wer zum ersten Mal in seinem Leben Personalverantwortung übernimmt, sollte darauf gezielt trainiert werden. In diesen Fällen sollte man den Betroffenen die Gelegenheiten geben, sich in Seminaren und Workshops auf die neuen Herausforderungen vorzubereiten.

Investitionen in Bildung rechnen sich

Zahlreiche Untersuchungen zeigen, dass Investitionen in die Aus- und Weiterbildung der Belegschaft erheblich dazu beitragen, die Produktivität zu steigern, Innovationen voranzutreiben und die Wettbewerbsfähigkeit zu erhöhen. Eine Studie des Instituts der deutschen Wirtschaft (IW) ergab, dass ein Anstieg der Bildungsausgaben in Deutschland um ein Prozent zu einer Erhöhung des Bruttoinlandsprodukts (BIP) pro Kopf um 0,3 Prozent führt.[93] Bei Unternehmen, die eine betriebliche Bildungsinfrastruktur aufbauen, liegt der Produktivitätsschub in der Regel noch deutlich höher.

Doch tatsächlich scheuen viele Unternehmen nach wie vor größere Investitionen in ihre Belegschaften. Als ein typisches Beispiel sei die Online-Kommunikation angeführt. Die Umstellung vom Bürobetrieb auf Home Office haben viele Unternehmen längst vollzogen – die einen mehr, die anderen weniger erfolgreich. Natürlich hängt hier vieles stark von der Firmenkultur und vom jeweiligen Arbeitsplatz ab.

Doch wie sich ein Betrieb effizient führen lässt, wenn viele Beschäftigte nicht mehr ins Büro kommen, ist ein für etliche Firmen noch ungelöstes Rätsel. Daher haben die Autoren schon 2020 ein Programm gestartet, um Unternehmen für Online-Kommunikation fit zu machen. Webinare, Videokonferenzen, Führen aus der Ferne, Motivation per Videochat, Akquise und Kundenbetreuung online – auf Grundlage einer firmenspezifischen Analyse wird ein Konzept für die Online-Kommunikation mit Kunden, Beschäftigten, Lieferanten und anderen Geschäftspartnern entwickelt. Das ist natürlich nur ein Beispiel unter vielen; dass der rasant zunehmende KI-Einsatz in den Unternehmen nach umfangreichen Aus- und Weiterbildungsmaßnahmen verlangt, ist im Grunde selbsterklärend.

Qualifizierungsgeld: Eine gute Sache mit Bürokratie

Da auch dem Gesetzgeber die Umbrüche beispielsweise durch Künstliche Intelligenz und die damit verbundenen Gefahren des Arbeitsplatzverlustes nicht verborgen geblieben sind, führte er im Frühjahr 2024 das sogenannte Qualifizierungsgeld ein. Es soll den Unternehmen und der Arbeitnehmerschaft gleichermaßen einen gleitenden Übergang in die „neue Welt" erleichtern und einem Arbeitsplatzverlust vorbeugen. Als Treiber des Strukturwandels stuft der Gesetzgeber neben der Digitalisierung die politisch angestrebte Klimaneutralität an. Beispielhaft werden von der Agentur für Arbeit die Umstellung eines Betriebes von einer handwerklichen Produktion auf eine computergestützte Fertigung genannt.[94]

Im Kern handelt es sich beim Qualifizierungsgeld um eine sogenannte Entgeltersatzleistung, die Beschäftigten während einer beruflichen Weiterbildung gewährt wird, um ihren Arbeitsplatz zu sichern. Für die Zeit der Qualifizierungsmaßnahme erhalten Arbeitnehmer bis zu 60 Prozent ihres Nettogehalts von der Arbeitsagentur anstelle ihres regulären Gehalts. Ziel ist es, dass die Mitarbeiter bei ihren Unternehmen verbleiben können, aber dort eine zukunftssichere Rolle übernehmen und damit auch zur Zukunftssicherheit der Firma beitragen.[95]

Eine gute Sache, möchte man meinen, und das ist es auch – allerdings nur für bürokratiesichere Betriebe. Um an das Geld zu gelangen, muss das Unternehmen nachweisen, dass es tatsächlich von einem Strukturwandel betroffen ist und im Rahmen einer Betriebsvereinbarung oder in einem Tarifvertrag den strukturwandelbedingten Qualifizierungsbedarf festhalten. Immerhin: Bei Kleinbetrieben mit weniger als zehn Beschäftigten genügt eine schriftliche Erklärung. Doch viele mittelständische Unternehmen haben zwar mehr als zehn Angestellte, aber sind weder tarifgebunden noch verfügen sie über einen Betriebsrat. Das schließt manch eine Firma vom Qualifizierungsgeld aus.

Ebenso unglücklich gestaltet ist die Finanzierung der Qualifizierung: Die Arbeitnehmer dürfen in keiner Weise an den Kosten der Weiterbildung beteiligt werden. Das bedeutet, dass auch die üblichen Rückzahlungsklauseln, die Arbeitgeber in Fortbildungsvereinbarungen mit Arbeitnehmern für verschiedene Fälle des Ausscheidens vereinbaren, unwirksam sein dürften.[96] Doch für viele Unternehmen liegt darin natürlich gerade eine entscheidende Motivation: die Qualifizierung der Beschäftigten für den *eigenen* Betrieb. Immerhin verlangt die Bundesagentur für Arbeit im Antragsformular explizit die Zustimmung zur Aussage: „Die Maßnahme dient dazu, die betroffenen Arbeitnehmerinnen und Arbeitnehmer im eigenen Betrieb nachhaltig zu beschäftigen.“ Klingt zielführend, baut jedoch die Hürde auf, dass die Übernahme in einen anderen Betrieb, der zum selben Unternehmen gehört, ausgeschlossen wird. Es ist ohnehin davon auszugehen, dass das Qualifizierungsgeld überwiegend im Rahmen von Gesamtvereinbarungen zwischen Unternehmen einerseits und Betriebsräten bzw. Gewerkschaften andererseits ausgehandelt wird, wobei auch weitere Bedingungen einfließen werden.[97]

Eine weitere kritische Frage lautet zudem in diesem Zusammenhang: „Wann ist ein Unternehmen bzw. ein Arbeitsplatz vom

Strukturwandel betroffen?“ Das Spektrum ist breit: Es können einzelne Arbeitsschritte durch Künstliche Intelligenz ersetzt werden oder das grundlegende Geschäftsmodell der Firma ist bedroht. Die Bundesagentur für Arbeit hat bereits angekündigt, eine weite Auslegung der Strukturwandelbetroffenheit vorzunehmen. Bei der Beantragung muss allerdings die genaue Anzahl derjenigen Arbeitnehmer genannt werden, die vom strukturwandelbedingten Qualifizierungsbedarf betroffen sind.[98]

Als Fazit lässt sich sagen, dass die Maßnahme zu begrüßen ist; die damit verbundenen bürokratischen Hürden sind zwar unübersehbar, aber nicht unbezwingbar. Die Unternehmen sollten frühzeitig prüfen, ob sie vom Qualifizierungsgeld profitieren können bzw. sich dazu externe Beratung ins Haus holen.

Ähnliches gilt auch in Bezug auf die Weiterbeschäftigung älterer Arbeitnehmer, der sogenannten Golden Workers, die behutsam an neue Technologien herangeführt werden wollen, um ihrer beruflichen Aufgabe länger nachkommen zu können.

Golden Workers

Gelingt es den Firmen, ihre älteren Mitarbeiter längerfristig an sich zu binden, haben sie dadurch in der Regel eine ganze Reihe von Vorteilen. Disziplin und die Bereitschaft, Verantwortung zu übernehmen, sind dabei der größte Pluspunkt der Golden Workers, laut einer Umfrage der BWA – 86 Prozent der befragten Personalverantwortlichen stimmen hierin überein.[99] Außerdem verfügen die älteren Mitarbeiter über eine lange Berufserfahrung (85 Prozent), besitzen spezifisches Wissen zum Unternehmen beziehungsweise über ihre Kunden (81 Prozent) und haben zudem die Familienplanung bereits abgeschlossen (77 Prozent).

Durch die Bindung älterer Mitarbeiter bleibt vielen Firmen zudem die langwierige und kostspielige Suche nach neuen, adäquaten Mitarbeitern erspart. Unter anderem auch deswegen, weil die Golden Workers gut ausgebildete Spezialisten mit umfangreichem Fach- und Branchen-Know-how sind.

Ein weiterer Pluspunkt liegt im Diversity-Ansatz. Dieser besagt, dass gerade in vielen Beratungs- und Dienstleistungsbereichen ältere Mitarbeiter auch von Kundenseite sehr gefragt sind. Zudem sind die Lernbereitschaft, Flexibilität und die Fähigkeit, mit modernen IT- und Kommunikationsmedien umzugehen, viel stärker ausgeprägt als allgemein angenommen wird. Nicht zuletzt verfügen die Golden Workers über langjährig gepflegte Netzwerke. Aus allen diesen Gründen werden die älteren Arbeitnehmer für die deutsche Wirtschaft immer bedeutender. Das gilt auch für Frauen, die in vielen Unternehmen nach wie vor nicht in dem Maße gefördert und eingesetzt werden, das sinnvoll wäre.

Mehr Frauen an die Arbeit

Frauen verdienen in Deutschland durchschnittlich 18 Prozent weniger als Männer. Dieser Gender Pay Gap ist unter anderem auf die Tatsache zurückzuführen, dass Frauen häufiger in Teilzeit arbeiten und in geringer bezahlten Branchen tätig sind. Der bereinigte Gender Pay Gap liegt bei 7 Prozent. Das heißt, bei gleicher Tätigkeit, gleicher Qualifikation und gleicher Erwerbsbiografie, erhalten Frauen rund 7 Prozent weniger Gehalt als Männer. Zudem sind Frauen in Führungspositionen weiterhin unterrepräsentiert. In den Vorständen der 100 größten deutschen Unternehmen beträgt der Frauenanteil lediglich 12,5 Prozent. Im Bundestag liegt der Anteil der Politikerinnen zwar bei 35 Prozent, aber in den Landes- und Kommunalparlamenten ist der Anteil der Frauen deutlich niedriger.[100]

Eine Untersuchung der Bonner Wirtschaft-Akademie hat ergeben, dass die überwiegende Mehrzahl der Unternehmen, insbesondere im Mittelstand, einer Stärkung der Frauen im Betrieb positiv gegenübersteht. Als Vorteilskriterien werden die damit einhergehende weitere Flexibilisierung der Arbeitszeiten, die höhere Anerkennung und die bessere Bezahlung der Mitarbeiterinnen eingestuft.

Im Angesicht des immer dramatischeren Mangels an Fach- und Führungskräften beschreiten die Unternehmen alle Wege, Beschäftigte gleichgültig welchen Geschlechts *(oder: geschlechtsunabhängig),* zu gewinnen und an sich zu binden.

Überforderung, Burn-out, Work-Life-Balance, Talent-Management, lebenslanges Lernen, Mitarbeiterbindung und die Selbstpräsentation als attraktiver Arbeitgeber – das Personalmanagement steht vor vielen Herausforderungen, die es zu bewältigen gilt. Die gezielte Berücksichtigung und Förderung weiblicher Fach- und Führungskräfte stellt eine unter vielen wichtigen Maßnahmen dar, um langfristig eine qualifizierte und motivierte Belegschaft im Unternehmen zu halten.

Doch es gibt noch andere Überlegungen, um gegen den Fachkräftemangel anzugehen. Dazu gehört auch eine bessere Positionierung der Arbeitsagentur.

Arbeitsagentur: Vermittlung und Bildung trennen

Die Bundesagentur für Arbeit (BA) spielt bei der Vermittlung von Arbeitslosen in regulär bezahlte Arbeitsplätze so gut wie keine Rolle. Die für 2022 von der BA vorgelegten Zahlen lassen kaum eine andere Schlussfolgerung zu. So lag die Vermittlungsquote bei arbeitslosen Empfängern von Hartz IV bzw. Bürgergeld bei knapp 6 Prozent. Laut BA-Statistik wurden nicht einmal 25.000 Personen, die Hartz IV bezogen, von der Bundesagentur für Arbeit oder einem Jobcenter in eine sozialversicherungspflichtige Beschäftigung vermittelt. Daneben wurden bundesweit etwa 79.000 Personen vermittelt, die im genannten Zeitraum Arbeitslosengeld bezogen haben, also in der Regel weniger als ein Jahr arbeitslos waren. In dieser Gruppe betrug die Vermittlungsquote 6,6 Prozent. [101] Anders ausgedrückt: Über 110.000 Mitarbeitende vermitteln jährlich etwas mehr als 100.000 Arbeitslose und Sozialhilfeempfänger. Rechnerisch vermittelt jeder BA-Beschäftigte also nicht einmal *eine* Person im Jahr. Der Bundesagentur für Arbeit scheinen diese Zahlen selbst peinlich zu sein – und so rechtfertigt sie sich damit, dass sie noch viele andere Aufgaben übernähme, von der Beratung über die Potenzialanalyse bis zur Aus- und Weiterbildung. Doch genau darin liegt ein Fehlkonstrukt.

Die Bundesagentur für Arbeit sollte die Bereiche Vermittlung und Aus-/Weiterbildung trennen, um dem zunehmenden Fachkräftemangel in Deutschland entgegenzuwirken. Durch nachhaltige Fort- und Weiterbildung ließen sich Millionen von Menschen ausreichend qualifizieren, um Arbeitsplätze zu besetzen. Doch viele dieser Menschen benötigen ein praxisnahes Coaching während dieser Bildungsphase, um zu einem Abschluss zu gelangen.

Die vor allem auf Vermittlung fokussierten Beschäftigten in der Arbeitsagentur können dieses begleitende Coaching gar nicht leisten. Denn Vermittlung ist letztendlich Bürokratie, aber Lernbegleitung ist Psychologie.

Die Autoren haben in Projekten häufig ein bestimmtes Muster angetroffen: Wer arbeitslos wird, kommt in ein Bewerbertraining, findet einen Job für drei bis vier Monate und steckt danach im nächsten Bewerbertraining, weil er den beruflichen Anforderungen nicht standgehalten hat.

Das hat einen einfachen Grund: Die Vermittler in der Arbeitsagentur sind Bürokraten, die überhaupt nicht gelernt haben, Menschen für eine Ausbildung zu motivieren und beim Lernen zu begleiten. Die Bürokratie steckt die Betroffenen von einer Maßnahme in die nächste, aber hilft ihnen nicht, ans Ziel zu kommen.

Es geht jedoch darum, diejenigen Menschen, die in der Lage sind, sich in einer beruflichen Position zu halten, durch Aus- und Weiterbildung erst einmal dorthin zu bringen. Vor allem bei der jungen Generation ist ein erhebliches Potenzial auszumachen. Aber: Junge Menschen, die nicht selbst in den Beruf finden, brauchen häufig eine längere Begleitung, bevor sie einen Arbeitsplatz zufriedenstellend besetzen können.

Es gilt, die Menschen zu motivieren, eine Ausbildung zu beginnen, und sie dann bis zum erfolgreichen Abschluss zu begleiten. Dazu wird ein langfristiger Ansprechpartner benötigt, der häufig Schulden-, Arbeits- und Ausbildungsberatung in sich vereint. Wir reden beispielsweise von Menschen zwischen 24 und 27 Jahren, die von Haus aus Lernen nicht gewöhnt sind, und daher

Anleitung und Unterstützung statt Bürokratie benötigen, um einen qualifizierten Abschluss zu erreichen. Viele sind technisch interessiert und haben die Befähigung etwa zum Maschinen- und Anlagenführer oder einem vergleichbaren Beruf, erreichen dieses Ziel aber nur, wenn man sie auf dem Weg dahin intensiv begleitet.

Die Bundesagentur für Arbeit muss sich natürlich an die ihr vorgegebenen Durchführungsbestimmungen halten. Es läge beim Bundesarbeitsminister, hier für Abhilfe zu sorgen. Die Autoren wissen, dass dieser Problemkreis seit mindestens einem Jahrzehnt allen bekannt ist, die sich politisch damit befassen. Angesichts des immer weiter zunehmenden Fachkräftemangels besteht dringender politischer Handlungsbedarf.

„Azubi-BaföG“ gegen den Fachkräftemangel

Neben der Begleitung bis zum Abschluss bietet es sich an, jungen Menschen zusätzliche Anreize für eine Ausbildung zu geben. Rechnen wir nach: Ein Azubi bekommt zwischen 800 und 1.200 Euro brutto im Monat. Ein Bürgergeldempfänger kassiert – summiert man Regelsatz, Zusatzleistungen und Bedarfe – in der Regel mehr. Das ist also im Grunde ein Negativ-Anreiz, sich nicht um eine abgeschlossene Ausbildung zu bemühen. Diese Differenz zwischen Bürgergeld und Ausbildungsvergütung müsste also mindestens ausgeglichen werden. Noch besser wäre sicherlich eine Aufstockung, um Menschen zu motivieren, eine Ausbildung anzufangen und abzuschließen.

Ein Ausweg wäre eine dem Studenten-BAföG vergleichbare Lösung für Azubis. Dabei könnte die Aufstockung zur Ausbildungsfinanzierung im Unterschied zum Bafög teilweise von der Wirtschaft getragen werden. Viele Branchen suchen derart händeringend nach Fachkräften, dass die Unternehmen sicherlich bereit wären, ihrem fachlichen Nachwuchs finanziell unter die Arme zu greifen, wenn sich der Staat ebenfalls beteiligt.

Indes kommt es nicht nur darauf an, die Aus- und Weiterbildung zu fördern, sondern auch darauf, *was* die jungen Leute lernen.

Berufsausbildung hinkt hinterher

Viele Lehrinhalte in zahlreichen Ausbildungsberufen sind längst überholt. Dadurch bekommen die Heranwachsenden in der Ausbildung häufig einen uralten Stand der Technik vermittelt, der in den Betrieben schon lange obsolet ist. Vor allem bei technischen Berufen, in denen die Innovationsgeschwindigkeit besonders hoch ist, sind die Ausbildungsinhalte häufig hoffnungslos überaltert.

Die Schuld liegt in dem System der Ausbildungsordnungen begründet, das zu starr und wenig praxisnah ist. In früheren Zeiten waren die Berufsschulen nah am betrieblichen Alltag. Aber seit die Digitalisierung in alle Berufssegmente Einzug gehalten hat und damit das Innovationstempo bestimmt, hinken die Berufsschulen hoffnungslos hinterher.

Ein typisches Beispiel stellt die Ausbildungsverordnung zum Fachinformatiker dar, die aus dem Jahr 1997 stammt. Sie war über zehn Jahre lang gültig, bevor Mitte 2018 eine modernisierte und um das Thema IT-Sicherheit erweiterte Ausbildungsverordnung Geltung erlangte, die immerhin 2020 nochmals aktualisiert wurde. Indes: Wir reden also allein für 2016 und 2017 von mehr als 25.000 jungen Menschen, die eine Ausbildung zum Fachinformatiker nach einem rund zehn Jahre alten Lehrplan gestartet haben. Die Abschlussprüfungen waren geradezu lächerlich, weil sie einen uralten Stand der Technik abfragten. Selbst im aktuellen Stand von 2020 entfällt auf das Thema „Diagnose und Störungsbeseitigung in vernetzten Systemen" nur ein Zehntel des bei der Abschlussprüfung abgefragten Wissens.[102] Dabei stellt genau dies – Cybercrime bzw. Cybersecurity – eine Kernaufgabe beim Betrieb von IT-Systemen dar: die Absicherung vor Angriffen aller Art auf Computernetzwerke aus dem Internet. Eine Studie der Beratungsfirma Deloitte mit dem Titel „Cyber Security im Mittelstand" stellt fest: „Die Zahl der Cyber-Angriffe ist in den vergangenen Jahren stark angestiegen. Dabei geraten auch immer mehr mittelständische Unternehmen ins Visier von Cyber-Kriminellen und Hackern. Doch der Großteil des deutschen Mittelstandes ist bislang noch nicht ausreichend gegen IT-Attacken gerüstet und verfügt auch nicht über das nötige Problembewusstsein."[103] Die nach der aktuellen Ausbildungsverordnung zum Fachinformatiker herangereiften IT-Spezialisten sind auf dieses Szenario wenig vorbereitet.

Dieses Schema der veralteten und wenig praxisnahen Materie zieht sich durch sehr viele Ausbildungsberufe hindurch.

Die Aktualisierung der Ausbildungsverordnungen dauert zu lange – das ist die Hauptursache des Problems. Jede inhaltliche Änderung geht von den Fachverbänden, den Organisationen der Arbeitgeber, den Gewerkschaften oder vom Bundesinstitut für Berufsbildung oder einem Landesinstitut aus. Nach Anhörung aller Beteiligten entscheidet das zuständige Bundesministerium in Abstimmung mit den Ländern darüber. Leidtragende des langwierigen Verfahrens sind die Auszubildenden und die Unternehmen, die die Aktualitätslücke im Betrieb füllen müssen. Der Innovationsgalopp in der Digitalisierung und das Schneckentempo bei der Aktualisierung der Ausbildungsverordnungen passt einfach nicht zusammen.

Angesichts des grassierenden Fachkräftemangels wiegen die überalterten Ausbildungen doppelt schwer, weil es die Innovationskraft der deutschen Wirtschaft insgesamt lähmt. Wie sollen wir denn bei stark zukunftsorientierten Entwicklungen wie autonomem Fahren oder Künstlicher Intelligenz mithalten, wenn wir es nicht einmal schaffen, unseren jungen Leuten den heutigen Stand der Technik zu vermitteln?

Zudem ist eine verstärkte Berücksichtigung von Softskills bei der Ausbildung angesagt. Viele Unternehmen haben sich daran gewöhnt, die Auszubildenden fachlich auf den neuesten Stand zu bringen, wünschen sich aber wenigstens eine bessere Vermittlung sozialer Kompetenz durch die Berufsschulen.

Softskills immer wichtiger

Angesichts des weiterhin anhaltenden Fachkräftemangels werden Softskills immer wichtiger, während die formale, beispielsweise kaufmännische, Ausbildung an Bedeutung verliert. Bei einem Bewerber mit ausreichender Sozialkompetenz übernehmen immer mehr Unternehmen die erforderliche Aus- und Weiterbildung. „Durchsetzungs- und kommunikationsstark mit Freude an der Arbeit im Team“ könnte ein heutzutage typisches Anforderungsprofil an die Softskills lauten.

Die Fokussierung auf die Sozialkompetenz reicht über die Facharbeiterschaft bis hoch hinaus in die Führungsebene. Eine Ausbildung oder ein akademischer Abschluss alleine befähigen längst nicht mehr zu einer Führungsaufgabe. Schließlich wird an den Hochschulen und Universitäten in Deutschland vieles gelehrt, aber mit Sicherheit keine Sozialkompetenz. Die Ausbreitung sozialer Inkompetenz beeinflusst zusehends den unternehmerischen Erfolg. Vor diesem Hintergrund ist es nachvollziehbar, wenn immer mehr Unternehmen bei Neueinstellungen den weichen Faktoren einer Person einen deutlich höheren Stellenwert beimessen als je zuvor.

Die Misere der mangelnden Sozialkompetenz hängt unmittelbar damit zusammen, dass in vielen Firmen die Personalabteilungen heutzutage längst nicht mehr den Stellenwert besitzen, den sie einst hatten. Aus Kostengründen haben zunächst vor allem Großunternehmen und dann auch der Mittelstand ihre Personalkompetenz über Jahrzehnte hinweg massiv heruntergefahren. Unter „Human Resources" fällt in vielen Firmen nur noch die Personalverwaltung und die Lohnbuchhaltung, wobei letztere häufig an einen Fremddienstleister in Asien oder Osteuropa vergeben sind. Personal wird seit Langem überwiegend als Kostenstelle eingestuft, statt als Investition in Potenziale für die Zukunft.

Daher verfügen die meisten Unternehmen gar nicht über eine Personalmatrix, in der die Fähigkeiten und Hemmnisse ihrer Beschäftigten festgehalten sind. In keinem Fall gibt die Matrix Auskunft über die Softskills der Mitarbeitenden. Damit kann ein Unternehmen natürlich auch nicht mögliche Entwicklungspotenziale ihrer Mitarbeitenden vollumfänglich ausschöpfen bzw. gezielt fördern.

Ein gutes Beispiel für die Analyse und Förderung von Softskills stellt das Verfahren „Discovery of Natural Latent Abilities“, kurz DNLA, dar. Es umfasst die Messung von insgesamt 17 Erfolgsfaktoren der sozialen Kompetenz. Im Gesundheitswesen gibt es bereichsspezifische Profilvorgaben und Benchmarkinggruppen, beispielsweise für Ärzte auf allen Hierarchieebenen, Pflegepersonal nach Einsatzgebieten, examinierte Fachkräfte, Hilfskräfte, Pflegedienstleistungen und die Krankenhausverwaltung. Als Ergebnisse liefert das Verfahren eine präzise berufsbezogene Potenzialanalyse, zuverlässige Daten über Softskills und den professionellen Potenzialaufbau mit Zukunftsperspektive. Darüber hinaus sind auch umfassende Vergleiche von Abteilungen, Mitarbeitern und Führungskräften intern sowie in Relation zum Durchschnitt in einer Branche möglich.

Typische Anwendungsgebiete sind die Teamförderung, die Optimierung von Zusammenarbeit und internen Abläufen, die Früherkennung von Konfliktpotenzialen sowie die Reduktion oder sogar die Vermeidung von Konflikten. Weitere wichtige Bereiche sind der Aufbau von Sozial- und Managementkompetenz, die Absicherung von Personalentscheidungen, die nachhaltige Personalentwicklung, die Absenkung von Fluktuation und Fehlzeiten sowie die Erhöhung der Arbeitszufriedenheit. Dadurch kommt es zu einer signifikanten Verbesserung der Arbeitsqualität, während gleichzeitig der Personalentwicklungsetat effizienter und zielgerichteter eingesetzt wird. Auf dieser Basis ist auch die Entwicklung präventiver Maßnahmen zur Vermeidung von Burnout-Vorfällen innerhalb der Belegschaft möglich.

Burnout: Wenn die Belegschaft verheizt wird

Schätzungen zufolge haben über drei Viertel aller Unternehmen in Deutschland die Notwendigkeit erkannt, Maßnahmen gegen den um sich greifenden Burnout-Effekt bei Arbeitnehmern zu ergreifen.[104] Die Mehrzahl stuft Burnout als eine „anhaltende Entwicklung“ ein, der es entgegenzutreten gilt.

Über 90 Prozent werten zudem die „psychische Konstitution“ der Beschäftigten als eine „große Herausforderung“ für die deutsche Wirtschaft. Viele Personalverantwortliche nehmen seit Jahren vermehrt psychisch bedingte Krankheitsstände in ihren Betrieben wahr. Diese Entwicklung ist derart alarmierend, dass die Unternehmen dringend gehalten sind, konkrete Gegenmaßnahmen zu ergreifen. Die Herstellung einer vernünftigen Work-Life-Balance bei den Beschäftigten hat eine hohe Priorität. Das gilt umso mehr für die heranrückende Generation Z, die überwiegend von vornherein nicht bereit zu sein scheint, eine – wie auch immer geartete – Karriere in den Fokus ihrer Lebensplanung zu stellen. Die Gen Z, geboren zwischen 1997 und 2012, umfasst in Deutschland ca. 12 Millionen Personen und hat damit einen Anteil an der Gesamtbevölkerung von etwa 14 Prozent. Die ersten Vorläufer sind 2015 ins Arbeitsleben eingetreten, die letzten werden um 2035 herum in die Unternehmen kommen. Ein zwischen Arbeit und Freizeit ausgeglichenes Leben ist dieser Generation – und nicht nur dieser – wichtiger als ein möglichst hohes Einkommen.[105] Die Personalverantwortlichen in den Unternehmen sollten berücksichtigen, dass für einen wachsenden Anteil der Beschäftigten eine Karriere, die sich nur am Gehalt oder am Machteinfluss in der Firma orientiert, wenig attraktiv ist.

Zeitdruck, Überstunden, Arbeitszeiten, Mobbing

Aus verschiedenen BWA-Projekten ist bekannt, dass Zeitdruck die häufigste Ursache für psychische Belastungen ist. An zweiter Stelle stehen Überstunden, an dritter wechselnde oder lange Arbeitszeiten.

Zu den weiteren Gründen für psychische Belastungen am Arbeitsplatz gehören Mobbing sowie keine oder nur geringe Unterstützung durch Vorgesetzte und Kollegen. Weitere Ursachen sind hohe Arbeitsintensität, Großraumbüros, unzureichende Pausenregelungen, häufige Störungen und Unterbrechungen, Arbeit auf Abruf sowie Lärm, Beleuchtung oder Gefahrstoffe.

Die Belastungen werden sich künftig nicht verringern – ganz im Gegenteil. Gespräche mit Personalexperten legen nahe, dass künftig von den Mitarbeitern mehr Know-how verlangt wird als bisher, weil neue Arbeitsabläufe anstehen, etwa aufgrund einer zunehmenden Automatisierung, getrieben von Künstlicher Intelligenz. Dies verlangt geradezu nach einem steigenden Schulungsbedarf, um diesen veränderten Anforderungen gerecht zu werden. Die Unternehmen sind also gut beraten, sich externer Hilfe zu bedienen, um die anstehenden Veränderungsprozesse professionell begleiten zu lassen. Die Verbesserung der Produktivität und die Aufrechterhaltung der Motivation durch eine ausgeglichene Work-Life-Balance gehören dabei zu den wichtigsten Aufgaben externer Berater.

Manche Firmen haben noch das Bild der Baby-Boomer vor Augen, für die es vor allem um den Balanceakt zwischen Beruf und Familie geht. Für die Generation X steht der Ausgleich zwischen Erwerbstätigkeit, Kindererziehung und Freizeit im Sinne abwechselnder Phasen im Vordergrund. Schon die Generation Y hat ein völlig anderes Verständnis von Work-Life-Balance, das sich in der Generation Z noch verstärkt hat. Sie legt weniger Wert auf die strikte Trennung von Erwerbstätigkeit und Berufsleben, sondern zielt vor allem darauf, die eigene Zeit sinnvoll und nützlich zu verwenden. Es geht mithin weniger darum, den Beschäftigten mehr Freizeit einzuräumen, sondern vor allem darum, ihnen mehr Sinnhaftigkeit in ihrem Berufsleben zu geben.

Vor diesem Hintergrund gehört die Burnout-Prophylaxe zu den wichtigsten Maßnahmen, die externe Berater für das betriebliche Gesundheitsmanagement in Unternehmen anbieten. Dazu zählen in erster Linie Stressmanagement-Seminare, Potenzialanalyseverfahren und Strategieplanung.

So können sich Mitarbeiter durch präventives Einzelcoaching oder Workshops rechtzeitig mit Stress-Situationen auseinandersetzen, eigene Werte ermitteln und hilfreiche Strategien, Methoden und Ziele erarbeiten. Dadurch lernen die Teilnehmer beispielsweise, motivierenden Stress zu identifizieren und das eigene Stressverhalten effektiv zu managen. Potenzialanalyseverfahren helfen darüber hinaus dabei, versteckte soziale Kompetenzen aufzudecken und den eigenen Verhaltensstil zu analysieren.

Ein wichtiges Instrument ist in diesem Kontext eine effektive Strategie zur Personalentwicklung: Diese sollte es dem Einzelnen ermöglichen, sich seines Wertesystems bewusst zu werden, eigene Ansichten zu reflektieren und positive Einstellungen zu entwickeln. Dadurch lassen sich psycho-soziale Stressfaktoren frühzeitig erkennen und vermeiden. Dieses Konzept muss allerdings an die neuen Generationen Y und Z insofern angepasst werden, als es sich dabei durchweg um „Digital Natives“ handelt, also Menschen, die beinahe lückenlos am Smartphone „hängen“ und somit im wahrsten Sinne des Wortes kaum „Abschaltphasen“ finden.

Feierabend ist abgeschafft

Die neuen Generationen kennen die klassische Unterscheidung zwischen Arbeitszeit und Freizeit zum Teil gar nicht mehr. Daher gibt es keinen „Feierabend“ im herkömmlichen Sinne, weil man immer und jederzeit für den Arbeitgeber, aber auch für Kollegen und oft auch Kunden erreichbar ist. Das gilt zumindest für die sogenannten „Millennials“, also die zwischen 1980 und 1995 Geborenen, auch „Gen Y“ genannt. Leicht veränderte Prioritäten setzt die jüngste Generation, nämlich die zwischen 1995 und 2010 geborene Gen Z, die sogenannten „Zoomer“: Sie wünscht sich eine klarere Trennung zwischen Privatleben und Beruf, weshalb das sogenannte „Work-Life-Blending“ – das nahtlose Ineinandergehen von Arbeit und Freizeit – bei diesen Jahrgängen eher schlecht als recht funktioniert.

Das Verhältnis der Gen Z zum eigenen Arbeitsrhythmus ist von außen betrachtet komplex und nicht immer schlüssig. Es pendelt zwischen dem Wunsch nach festen Arbeitszeiten (50 Prozent) und dem Bedürfnis nach Flexibilität (50 Prozent) im Hinblick auf ihren zukünftigen Arbeitsalltag. Zwar wollen 78 Prozent der Gen Z (Millennials 81 Prozent) Berufliches und Privates trennen; es ist aber gleichzeitig für 70 Prozent unter ihnen (Millennials 58 Prozent) kein Problem, auch im Urlaub erreichbar zu sein.

Verbote, dass etwa Vorgesetzte ihren Mitarbeitern nach fünf Uhr keine E-Mails schicken dürfen, sind wenig hilfreich. Sie werden bestenfalls noch von der Generation X begrüßt, wirken aber auf die Generationen Y und Z abschreckend. Für Digital Natives ist es weniger eine Frage, *ob* ihnen ihr Chef zu später Stunde noch schreibt, sondern *was* er ihnen schreibt. Die Generationen Y und Z finden es eher befremdlich, wenn ihnen eine Nachricht stundenlang vorenthalten wird, weil es einfach ihrem Lebensstil entspricht, sich jederzeit auf digitalen Medien auszudrücken.

„Krankfeiern" gehört indes offenbar ebenfalls zum Lebensstil der Gen Z. Die jungen Leute melden sich fast doppelt so oft krank wie Baby Boomer, hat eine Studie aus dem Jahr 2024 zutage gefördert. Die jüngste Generation bringt es im Durchschnitt auf 14,3 Krankheitstage pro Jahr, während es die Baby Boomer bei 8,9 Tagen belassen. Die Gen Z legt das Thema Work-Life-Balance damit stärker zu ihren Gunsten aus als je eine Generation vor ihnen.[106]

Diese Einstellung schützt aber natürlich nicht vor Burnout durch zu viel Stress. Experten sehen im Burnout-Syndrom eine der schwerwiegendsten Folgen von chronischem Stress – gleichgültig, ob es sich dabei um die Generation X oder Y handelt. Aus einer Studie der BWA geht hervor, dass beinahe 90 Prozent der Firmen in Deutschland vermehrt psychisch bedingte Krankheitsstände in ihren Betrieben zu verzeichnen haben.

Burnout in der Chefetage

Das Burnout-Syndrom ist seit einigen Jahren in der Chefetage angekommen. Immer häufiger verabschieden sich Vorstände und

Geschäftsführer mit der Diagnose „Burnout“ aus ihrer Leitungsfunktion. Das ist nicht nur schlimm für die betroffenen Topmanager, sondern häufig auch für das ganze Unternehmen, das über Nacht ohne Führung dasteht. Beinahe noch schlimmer ist es, wenn Spitzenmanager über Monate, wenn nicht sogar über Jahre hinweg trotz Burnout einfach weitermachen, mit verheerenden Folgen für die Betroffenen, aber oftmals auch für die Firma. Das Unternehmen segelt dann führungslos wie ein Schiff ohne Steuerung durch Wind und Wellen, aber keiner merkt es, weil noch eine Kapitänsattrappe auf der Brücke steht. Grund für diese Situation ist die Angst vieler Topmanager vor einem abrupten Ende ihrer Karriere, sobald sie sich mit Burnout krankmelden. Die offizielle Einstufung des arbeitsbezogenen Erschöpfungszustands als Krankheit durch die Weltgesundheitsorganisation seit Anfang 2022 ändert wenig daran, dass Burnout bei Führungskräften immer noch als Tabuthema gilt. Das ist aber falsch, denn Burnout hat nichts damit zu tun, dass eine Person schwach ist, sondern viel mit den Arbeitsbedingungen.

Ursachen für den zunehmenden Burnout auf Führungsebene sind die sich zusehends überlappenden Krisen von der Pandemie über gestörte Versorgungsketten bis zur Energieverknappung. Hinzu kommen eine überbordende Bürokratie durch immer neue nationale und europäische Gesetze und Verordnungen (wie zum Beispiel Taxonomie) sowie die rasante technische Entwicklung, etwa bei der Künstlichen Intelligenz. Wer heute auf der Kapitänsbrücke eines Unternehmens steht, muss auf immer neue Stürme reagieren und kann kaum noch Kurs halten. Das ist für jede Führungskraft unbefriedigend, weil die persönlichen Gestaltungsräume immer kleiner werden, und es schwerlich möglich ist, die gesteckten Ziele zu erreichen, egal wieviel Energie der

Einzelne einsetzt. Kommen wir zu einem anderen, ebenfalls wichtigen Thema im Zusammenhang mit dem Fach- und Führungskräftemangel: der Migration in den deutschen Arbeitsmarkt.

Migration als Chance nutzen

Angesichts von rund 1,75 Millionen offenen Stellen zu Beginn des Jahres 2024 stellt sich schon länger die Frage, wie es gelingt, die seit 2015 nach Deutschland gekommenen Flüchtlinge verstärkt in den Arbeitsmarkt zu integrieren. Die Zeit drängt, denn sobald die sogenannten Babyboomer, also die Generation der zwischen 1955 und 1969 Geborenen, in den Ruhestand treten, scheiden rund sieben Millionen Menschen aus dem Arbeitsmarkt aus. Doch der politische Zank, ob, wann, wie und in welchem Umfang Migranten in den Arbeitsmarkt aufgenommen werden sollen, dürfen oder müssen, ist groß. Wer sich bereits in Deutschland befindet, soll ab dem ersten Tag arbeiten dürfen, und zwar parallel zum Asylverfahren – fordern die einen. Eine solche Regelung, bei der Asylbewerber mit wenig Aussicht auf Erfolg einer geregelten Tätigkeit nachkommen können, verlockt Arbeitsmigranten dazu, sich das Asylrecht zunutze zu machen – befürchten die anderen. Politisch wird nämlich zwischen der Fachkräfteeinwanderung und dem Schutz für Geflüchtete unterschieden. Eine sofortige Arbeitserlaubnis für Asylbewerber würde den Anreiz verstärken, sich als Asylbewerber zu melden, um schnell in Deutschland arbeiten zu können.[107]

Lange Zeit gab es eine reichlich komplizierte Regelung, die eher dem deutschen Bürokratiewahn gerecht wurde als eine Lösung für die Probleme darstellte. So gab es für Flüchtlinge in den ersten drei Monaten nach Ankunft in Deutschland grundsätzlich ein Beschäftigungsverbot. Wenn das Asylverfahren nach neun Monaten nicht abgeschlossen war, durfte ein Asylbewerber dennoch arbeiten. Angesichts der durchschnittlichen Länge eines Asylverfahrens von 7,6 Monaten im Jahr 2022 stellte allein dies einen wesentlichen bürokratischen Mehraufwand dar – einige Verfahren wurden vor dieser zeitlichen Grenze abgeschlossen, andere nicht. Weiterhin galt, dass Asylbewerber mit minderjährigen Kindern bereits nach sechs Monaten eine Erwerbstätigkeit aufnehmen durften. Wenn sie zudem – warum auch immer – frühzeitig nicht mehr verpflichtet waren, in einer Aufnahmeeinrichtung zu wohnen, konnten sie schon nach drei Monaten eine Beschäftigungserlaubnis erhalten. Asylbewerber aus sicheren Herkunftsstaaten durften allerdings während des Verfahrens nicht arbeiten, weil in diesen Fällen abzusehen war, dass sie nicht in Deutschland bleiben durften. Abgelehnten, aber geduldeten Asylbewerbern konnte nach sechs Monaten eine Beschäftigungserlaubnis erteilt werden, wenn sie zum Wohnen in der Aufnahmeeinrichtung verpflichtet waren – ansonsten nach drei Monaten. Mit anderen Worten: Es war ein Wust an Vorschriften, die zusammengenommen eine, man möchte fast sagen, maximale Bürokratisierung des Problems darstellten, aber keine praxisnahen Lösungen. Das erkannte offenbar auch die Bundesregierung und einigte sich Ende 2023 auf eine vereinfachte Regelung, wonach Asylbewerber einheitlich nach sechs Monaten arbeiten dürfen – auch Kinderlose. Geduldeten soll im Regelfall eine Arbeitserlaubnis erteilt werden. Die schon zuvor bestehende Möglichkeit einer längerfristigen Duldung für eine Beschäftigung wird demnach auf alle erweitert, die bis Ende 2022 nach Deutschland eingereist sind. Zuvor lag diese Frist im August 2018. Die notwendige Vorbeschäftigungszeit für diese Duldung wird von 18 auf zwölf Monate verringert. Die für die Genehmigung nötige Mindestwochenarbeitszeit sinkt von 35 auf 20 Wochenstunden.[108] Alle diese Vereinfachungen waren zusammengenommen zweifelsfrei eine positive Maßnahme jenseits des politischen Gezänks. „Weiter so" möchte man den Weg zur Vereinfachung beklatschen – wären da nicht noch ganz andere Problemfelder.

Bei der politischen Diskussion weitgehend unbeachtet bleibt die Frage, ob die hierzulande Asylsuchenden überhaupt arbeitswillig oder arbeitsfähig sind. Blicken wir auf die Fakten. Nach Zahlen des Instituts für Arbeitsmarkt- und Berufsforschung sind sechs Jahre nach der Ankunft nur etwa die Hälfte der erwachsenen Flüchtlinge erwerbstätig. Sprachbarrieren, Kulturunterschiede, mangelnde berufliche Qualifikation oder schlichtweg die gute Sozialversorgung auch ohne Arbeit dürften häufig zu den Gründen gehören. Die Schlussfolgerung, dass wer nach sechs Jahren noch keinen Job angetreten hat, nie mehr auf dem Arbeitsmarkt erscheinen wird, sondern von den staatlichen Sozialleistungen lebt, ist wohl gerechtfertigt. Immerhin die Hälfte geht einer geregelten Tätigkeit nach, mag man gutwillig zugestehen. Allerdings liegt die Erwerbstätigenquote in Deutschland insgesamt bei knapp 77 Prozent.[109] Auf den Punkt gebracht: Mehr als drei Viertel aller Deutschen arbeiten, um ihr Leben zu finanzieren, während dies lediglich bei der Hälfte aller Neuankömmlinge der Fall ist. Natürlich sind derartige Rechenexempel immer vereinfacht und damit argumentativ angreifbar – aber das macht diese Art von Überschlagsrechnung nicht per se falsch; die Größenordnung stimmt. Ähnlich erschreckend war die Kriminalstatistik 2023: Es waren so viele Straftaten zu verzeichnen wie seit 2016 nicht mehr – und 41 Prozent der Tatverdächtigen waren Ausländer. Zur Einordnung: Der Ausländeranteil an der Gesamtbevölkerung in Deutschland lag 2023 bei 15 Prozent.[110]

Geradezu den Inbegriff einer völlig fehlgeleiteten Migrationspolitik stellte das als Terroranschlag einstufte Attentat auf dem sommerlichen Stadtfest in Solingen 2024 dar. Ein junger Syrer zückte ein Messer und stach wahllos auf Besucher des Festes ein: drei Menschen starben vor Ort, acht wurden verletzt, fünf von ihnen schwer.[111] Der Täter, ein sunnitischer Moslem, war Ende 2022 nach Deutschland gekommen, hatte einen Antrag auf Asyl gestellt und ein Jahr später subsidiären Schutz erhalten, wie es häufig bei Geflüchteten aus Bürgerkriegsgebieten der Fall ist. Mitte 2023 sollte er nach Ablehnung seines Asylantrags nach Bulgarien abgeschoben werden, weil er über dieses Land in die Europäische Union gelangt war. Doch kurz zuvor tauchte er ein halbes Jahr lang unter. In der Zwischenzeit lief die Überstellungsfrist nach Bulgarien ab, Deutschland konnte ihn nicht mehr dorthin abschieben. Im Anschluss meldete er sich wieder bei den Behörden, erhielt wiederum Schutzstatus und wurde in der Flüchtlingsunterkunft in der Solinger Innenstadt untergebracht.[112] Die Terrormiliz „Islamischer Staat" bekannte sich zu dem Solinger Anschlag; sie hatte den jungen Mann offenbar zum Terroristen ausgebildet, bevor er unter dem Deckmäntelchen des Asylrechts nach Deutschland kam und seine unheilvolle Tat beging.[113] Ein Terrorist, keine Fachkraft – die Befürchtung, dass dies kein Einzelfall ist, lässt sich schwer von der Hand weisen. Andere Stadtfeste im Umkreis Solingens wurden abgesagt und man kann verstehen, wenn die Weihnachtsmärkte als Manifest des Christentums ab 2024 von vielen Menschen mit einem mulmigen Gefühl besucht oder schlichtweg gemieden werden. Politisch ließ das Solinger Attentat einmal mehr den Ruf laut werden, die irreguläre Migration, die 2015 ihren Anfang genommen hatte, besser in den Griff zu bekommen, verbunden mit der Forderung, keine weiteren Flüchtlinge aus Afghanistan und Syrien mehr aufzunehmen.[114] Die Ergebnisse der Landtagswahlen in Brandenburg, Thüringen und Sachsen im Herbst 2024 verdeutlichten, dass die laxe Migrationspolitik der fast zehn vorangegangenen Jahre nicht ohne fundamentale politische Folgen für die Demokratie in Deutschland sein werden.[115]

Allerdings gehört auch zur Wahrheit, dass ganze Branchen in Deutschland auf Migranten angewiesen sind. So arbeiten beispielsweise rund 5.000 syrische Ärzte im Gesundheitswesen hierzulande – so viele Mediziner wie aus keinem anderen Land; das sind knapp zwei Prozent aller Ärzte in Deutschland.[116] Sie gehören zur der Gruppe Migranten, die mit ihren Fähigkeiten (und ihren Steuern) einen positiven Beitrag leisten. Überwiegend sind Migranten in Deutschland allerdings in weniger qualifizierten Berufen tätig.[117] Zu den Branchen, die stark von Migration geprägt sind, gehören die Fleischverarbeitung, der Bau, die Landwirtschaft, der Transport und die Logistik, das Reinigungs- und das Hotel- und Gaststättengewerbe sowie der Pflegesektor.[118]

Während die Politik um die großen Linien ringt, sucht die Wirtschaft nach Lösungen, um die Auswirkungen des demografischen Faktors auf den Arbeitsmarkt abzumildern. Dabei ist das Vertrauen in die Politik gering. Immerhin sieht ein Großteil der Manager und Unternehmer im heutigen Fachkräftemangel in erster Linie ein Politikversagen. Eine schulische Ausbildung, die kaum auf die Anforderungen der Arbeitswelt vorbereitet, sowie eine mangelhafte Zusammenarbeit zwischen Hochschulen und Wirtschaft sind die Hauptvorwürfe. Daher ist es verständlich, dass die Wirtschaft die Neuankömmlinge möglichst rasch in den deutschen Ausbildungsbetrieb und Arbeitsmarkt eingliedern möchte, losgelöst von politischen und verwaltungstechnischen Hürden.

Wer gesund ist und nicht gehandicapt ist, muss arbeiten. Eine Arbeitspflicht muss her, forderte der Deutsche Landkreistag im Herbst 2023 eine Arbeitspflicht für alle Migranten in Deutschland. Dabei sei es egal, ob es sich beispielsweise um gemeinnützige Arbeit oder eine Tätigkeit in der Gastronomie handele. Die Möglichkeit, Asylbewerber für gemeinnützige Tätigkeiten heranzuziehen, gibt es schon seit Jahren im Asylbewerberleistungsgesetz. Aber bisher wurde praktisch nie davon Gebrauch gemacht. Hinzu kommt eine glasklare wirtschaftliche Rechnung.

Seit Ende 2017 bis Mitte 2023 sind rund drei Millionen Menschen aus dem Ausland zugewandert. In diesen sechseinhalb Jahren ist die Produktivität je Beschäftigten um 1,9 Prozent und das reale Bruttoinlandsprodukt pro Kopf um 0,8 Prozent gefallen. Die Zuzügler leisteten also pro Kopf weniger als die Einheimischen, so dass der Zuwachs an Menschen faktisch den Anstieg der Wirtschaftsleistung übersteigt. Setzt sich die Zuwanderung weniger produktiver Arbeitskräfte fort, sinkt die durchschnittliche Produktivität weiter. Auf jeden Einzelnen entfällt ein immer kleinerer Anteil am Wohlstand.[119]

Diese nüchterne Rechnung sollte Unternehmen nicht daran hindern, sich „die Rosinen herauszupicken", also unter den Neuankömmlingen nach geeigneten Fachkräften zu suchen und diesen eine berufliche Zukunft zu geben. Denn losgelöst vom politischen Gezänk sieht die deutsche Wirtschaft Flüchtlinge in erster Linie als Chance, mehr Fachkräfte zu bekommen. Die meisten Firmen stufen die Neuankömmlinge vor allem als Anwärter für

Ausbildungs- und Arbeitsplätze ein. Die Politik wäre gut beraten, diese Motivation aus der Wirtschaft zu nutzen, statt mit bürokratischen Hürden zu mauern.

Die im Frühjahr 2024 beschlossene EU-Asylreform mag unliebsame Asylbewerber abblocken, aber sie ist völlig ungeeignet, die herbeigesehnten qualifizierten Migranten anzulocken.[120] Gleiches gilt sicherlich für die im Herbst desselben Jahres angeordneten (vorübergehenden) Einreisekontrollen an allen deutschen Grenzen.[121]

Dreiklang: Bildung, Arbeit, Wohlstand

Bedenken wir: Es gibt einen Dreiklang zwischen Bildung, Arbeit und Wohlstand. Bei allen wirtschaftspolitischen Entscheidungen ist auf das Gleichgewicht zwischen diesen drei Säulen zu achten. Gerät eine davon ernsthaft ins Wanken, schwankt das Fundament unserer Gesellschaft.

Die Ansprüche neuer Generationen, die Bedürfnisse neuer Zuwanderer oder die Anforderungen neuer Technologien mögen noch so unterschiedlich sein, aber es muss gelingen, sie in das Säulenmodell von Bildung, Arbeit und Wohlstand zu integrieren. Das ist eine zentrale Aufgabe der Wirtschaftspolitik, aber auch der Wirtschaft, also der Unternehmen und übrigens auch der Gewerkschaften.

Das Bürokratiemonster lebt

Am 12. Mai 2000 skizzierte Joschka Fischer als deutscher Außenminister die Vision eines föderalen Europas.[122] In seiner berühmten Humboldt-Rede an der Humboldt-Universität Berlin zur „Finalität der Europäischen Union" bezog sich Fischer auf Robert Schuman. Am 9. Mai 1950 hatte der damalige französische Außenminister die Schaffung einer Europäischen Gemeinschaft für Kohle und Stahl (Montanunion) als „erste Etappe einer europäischen Föderation" bezeichnet.[123]

In der Tat entwickelte sich aus der Montanunion zunächst die Europäische Wirtschaftsgemeinschaft (EWG), dann die Europäische Gemeinschaft und schließlich die Europäische Union (EU). Joschka Fischer gibt damals auf die Frage „Quo vadis Europa?" eine „ganz einfache Antwort", indem er den „Übergang vom Staatenverbund der Union hin zur vollen Parlamentarisierung in einer Europäischen Föderation" fordert, also „ein europäisches Parlament und eine ebensolche Regierung, die tatsächlich die gesetzgebende und die exekutive Gewalt innerhalb der Föderation ausüben."

Die EU-Kommission als europäische Regierung

Die Regierung sollte im Fischer-Modell die EU-Kommission ausüben, während der Europäische Rat als eine zweite parlamentarische Kammer gedacht war, ähnlich dem dualen Prinzip aus Bundestag (erste Kammer) und Bundesrat (zweite Kammer) in Deutschland.

Fischers Vorschlag führte sogar zur Einrichtung eines Konvents, der eine Verfassung für das neue föderale Europa vorlegte. Doch dann wurde das Volk befragt: 2005 fegten Volksabstimmungen in Frankreich und den Niederlanden eben diese Verfassung hinweg.[124] Das Ziel einer europäischen Verfassung wurde fallen gelassen; im „Vertrag von Lissabon zur Änderung des Vertrags über die Europäische Union und des Vertrags zur Gründung der Europäischen Gemeinschaft" wurde 2007 immerhin eine neue Grundlage für Europa geschaffen, allerdings weitaus weniger ambitioniert und nicht mehr auf eine europäische Verfassung oder gar eine europäische Regierung abzielend.[125]

Doch noch am 25. Januar 2012 sagte die damalige deutsche Bundeskanzlerin Angela Merkel im Interview: „Im Laufe eines langen Prozesses werden wir mehr Zuständigkeiten an die Europäische Kommission übertragen", die dann „wie eine Regierung Europas handeln" werde.[126] Rund ein Jahr später kündigte der britische Premierminister David Cameron die Abhaltung eines Referendums über die britische EU-Mitgliedschaft an, die letztlich in Richtung Brexit führte. Anders formuliert: Mitten auf dem vermeintlichen Weg zu einer Europäischen Verfassung begann die EU auseinanderzufallen.

Es mutete geradezu symbolisch an, dass das kleine Island wenige Tage vor der Europawahl 2019 seine Kandidatur für eine EU-Mitgliedschaft offiziell zurückzog: „Den Interessen Islands ist außerhalb der Europäischen Union besser gedient", schrieb das isländische Außenministerium dazu lapidar auf seiner Webseite.[127] Tatsächlich verzeichnete Island 2023 ein Wirtschaftswachstum von 4,1 Prozent[128], während es in der EU lediglich bei 0,5 Prozent lag.[129]

Von der Vision zum Bürokratiemonster

Es war ein langer Weg von der grandiosen Fischer-Vision eines demokratisch vereinten Europas zu einem derart kritischen Zustand, dass Länder die EU verlassen oder sich gar nicht erst dazugesellen wollen. Maßgeblich hängt diese rund 20-jährige Entwicklung damit zusammen, dass sich die EU-Bürokratie dafür bekannt gemacht hat, in das Leben der EU-Bürger möglichst kleinlich einzugreifen. Die lange Liste der EU-Vorschriften ist von Absurditäten geradezu durchtränkt: Gurken müssen eine Mindestlänge von 14 Zentimetern und eine Dicke von 2,7 Zentimetern aufweisen (Richtlinie 1677/88/EWG), lautete eine von 36 Regeln über Bohnen, Blumenkohl, Melonen und eben auch Gurken. Leitern sind so aufzustellen, dass sie während der Benutzung standsicher sind (2001/45/EG), Kondome sollen eine Länge von mindestens 16 Zentimetern, einen Durchmesser von 4,4 Zentimetern und eine Wandstärke von 0,04 Millimetern aufweisen, um bis zu fünf Liter Flüssigkeit aufzunehmen (93/42/EWG).

Die „Richtlinie des Rates zur Angleichung der Rechtsvorschriften der Mitgliedsstaaten über Umsturzvorrichtungen für land- und forstwirtschaftliche Zugmaschinen auf Rädern“, bei der es um die Normung von Traktorsitzen geht, las sich wie ein Schildbürgerstreich. Formulierungen wie „Der Sitz muss sich in der hintersten Stellung eines beliebigen horizontalen Einstellbereichs befinden. ... Das Gestell besteht aus einer Sitzpfanne und aus zwei Brettern für die Rückenpartie“ könnten aus der Feder des Komikers Loriot stammen.[130]

Gleiches galt für die Verordnung EU2396/2001, die vorschrieb, dass bei „Lauch und Porree der Güteklasse I mindestens ein Drittel der Gesamtlänge oder die Hälfte des umhüllten Teils von weißer bis grünlich-weißer Färbung sein muss“. Außer, es handelt sich um Frühporree/Frühlauch. Dann „muss der weiße oder grünlich-weiße Teil mindestens ein Viertel der Gesamtlänge oder ein Drittel des umhüllten Teils“ ausmachen.[131]

Die EU-Richtlinie über Seilbahnen für den Personenverkehr (EU2016/424) schlug sich in Deutschland im Seilbahndurchführungsgesetz (SeilbDG) nieder und führte dazu, dass selbst Flachländer wie Berlin, Schleswig-Holstein und Mecklenburg-Vorpommern, in denen keine einzige Seilbahn in Betrieb ist, dazu ein Landesgesetz einführen mussten.[132]

Fernseher, Heizungen, Glühlampen, Waschmaschinen, Wäschetrockner, Staubsauger, PCs, Laptops, Autoreifen, Fenster, Weinkühlschränke, Wasserhähne, Duschköpfe… es gibt beinahe nichts, was die Ökodesignrichtlinie der EU (2009/125/EG) nicht europaweit normieren wollte.[133] Pommes Frites dürfen nicht zu dunkel werden, Kellnerinnen bekommen Dekolleté-Verbot, Olivenölkännchen im Restaurant werden untersagt, die Pizza Napoletana darf maximal vier Zentimeter dünn sein und einen Durchmesser von höchstens 35 Zentimeter haben, Firmen müssen ihre Beschäftigten über die Gefahr vor Sonnenbrand belehren…[134] Einige der genannten Vorschriften sind zwar mittlerweile außer Kraft gesetzt, aber viele neue sind hinzugekommen und der Ruf der EU als Bürokratiemonster war und ist längst gefestigt.

EU: Weltmacht der Regulierung

Die Europäische Union dominiert die Welt – zumindest bei den Regularien. Hat die EU nach dem Brexit, also dem ersten Fall, dass ein europäisches Land wieder austritt, aus ihren Fehlern gelernt? Ganz im Gegenteil: In den 2020er Jahren beschleunigt die EU-Bürokratie eher ihren Galopp, um mehr Vorschriften in die Welt zu setzen als Amerika oder Asien. Vor allem bei Umwelt- und Sicherheitsnormen ist die EU eine Weltmacht.

Da es sich kein Konzern von Weltformat leisten will, den EU-Markt zu ignorieren, unterwerfen sich beinahe alle Weltfirmen auch den EU-Normen. Dadurch haben es Europas Regeln auf manchen Gebieten, vom Datenschutz bis zum Wettbewerbsrecht, geschafft, eine normative Wirkung für die Welt zu entfalten. In den meisten Fällen wirken die EU-Normen indes nur innerhalb der Europäischen Union. Prominentes Beispiel: Apple unterliegt wie andere Digitalkonzerne auch in der EU dem 2023 in Kraft getretenen Digital Markets Act (DMA). Prompt gab Apple zum spätestmöglichen Zeitpunkt, nämlich im Frühjahr 2024, ein Software-Update für sein iPhone heraus, um den DMA-Anforderungen zu genügen – allerdings nur innerhalb der EU. Wer ein iPhone in der Schweiz in Betrieb nimmt (mit einem Schweizer Account) bekommt ein in vielen Punkten anderes Betriebssystem präsentiert als in den EU-Ländern.[135] Die mit dem jüngsten iPhone-Betriebssystem iOS 18 vom Herbst 2024 eingehende KI-Funktionalität kommt in der Europäischen Union (vorläufig) erst gar nicht zum Einsatz. Die Begründung: Der DMA bringt zu viel Rechtsunsicherheit. EU-iPhones sind somit zumindest zunächst die dümmsten der Welt.[136] Im Sommer 2024 erteilte der Facebook/WhatsApp/Instagram-Mutterkonzern Meta der EU ebenfalls eine Absage in Sachen KI: Das neueste und besonders schlaue KI-Modell „Llama“ wird EU-Bürgern wegen „regulatorischer Unsicherheiten“ in der Europäischen Union nicht zur Verfügung gestellt.[137]

Das sind nur zwei der vielen Beispiele dafür, wie nicht etwa „nur“ die Unternehmen, sondern auch die Bürger unter der EU-Bürokratie zu leiden haben. Und es gibt sehr viele weitere Beispiele.

So wurden viele Verbraucher 2024 damit überrascht, dass die Deckel an Plastikflaschen festgezurrt sind, was das Ausschütten und vor allem das Trinken aus der Flasche erschwert.[138] Grundlage bildet die fünf Jahre zuvor erlassene Richtlinie (EU) 2019/904 zur Reduzierung des Plastikmülls, die in der Bevölkerung kaum Beachtung fand – bis man sie plötzlich am eigenen Mund zu spüren bekam.[139]

Die nächste böse Überraschung hat die EU längst auf den Weg gebracht: Autos, die die Insassen mit nervenden Piepstönen belästigen, sobald der Wagen auch nur einen Kilometer schneller fährt als erlaubt (Verordnung EG 765/2008 und Richtlinie 2006/42/EG). Da niemand permanent genau 30, 50 oder 70 Stundenkilometer fahren kann, bleibt nur der Tempomat oder eine Geschwindigkeit deutlich unter dem Erlaubten, um nicht bei 31, 51 oder 71 vom Piepswahn genervt zu werden. Schlimmer noch: Der Tempowarner arbeitet mit einer Mischung aus Straßenkarten und optischer Schildererkennung, die beide technisch bedingt nicht perfekt funktionieren. Irrt sich das System, piepst es los, obwohl man beispielsweise die 30er-Zone schon längst hinter sich gelassen hat oder die Begrenzung auf 60 Stundenkilometer in der Autobahnbaustelle lange nicht mehr gilt, aber das Schild zur Aufhebung schlichtweg vergessen oder vom System übersehen wurde.[140] Das weiß jeder Autofahrer, der heute schon einen Wagen mit solchen Komfortfunktionen (natürlich ohne Piepser) fährt – aber der EU sind solche Mängel offenbar entweder nicht bekannt oder die Bürokraten scheren sich schlichtweg nicht um die akustische Belästigung der Autofahrer. Flaschendeckel und Piepswahn – beides sind Auswucherungen einer EU-Bürokratie, mit denen sich die Bürger tagtäglich abgeben müssen. Wen wundert es da, wenn sich ein erheblicher Teil der Bevölkerung von einem gemeinsamen Europa der Überregulierung und Bürokratie abwendet. Damit legt die EU das Minenfeld der EU-Feindlichkeit selbst mit großer Akribie und Systematik. Wohlgemerkt: Deckel- und Piepswahn gelten (natürlich) nur innerhalb der EU; andere Länder halten sich kopfschüttelnd angesichts solcher „bürokratischer Innovationen“ zurück.

Die von der EU-Kommission vielbeschworene Globalisierung des EU-Bürokratismus führt zwar sehr wohl dazu, dass sie von Weltkonzernen beachtet wird, aber erweist sich keineswegs als Maßstab für die Regulierungen in anderen Teilen der Welt. Der sogenannte „Brussels Effect“, wonach die EU-Regularien die Welt zum Besseren verändern, stellt die Ausnahme dar, nicht die Regel. Das bremst die Regulierungsoffensiven der europäischen Staatengemeinschaft indes keineswegs aus. Verordnungen, Regeln, Prüfverfahren, Nachweise… die Vorschriftenliste scheint unendlich lang, häufig nutzlos und beinahe immer kostentreibend.

Nehmen wir als Beispiel der 2020er Jahre den „Green Deal“, den weltweit ehrgeizigsten Plan zur Rettung des Klimas. Das am 11. Dezember 2019 vorgestellte Konzept hat das Ziel, bis 2050 in der Europäischen Union die Netto-Emissionen von Treibhausgasen auf null zu reduzieren und somit als erster Kontinent klimaneutral zu werden.

Brüssel produziert Papier über Papier

Man sollte meinen, dass die EU alles daransetzt, diesen äußerst ambitionierten Plan umzusetzen, denn allein dies käme einer Herkulesaufgabe gleich. Aber für Bürokraten ist es viel schöner, Pläne zu entwerfen, zu formulieren und zu verabschieden, statt sich um die Folgen, also beispielsweise die Umsetzung, zu kümmern. Konsequenterweise haben die EU-Bürokraten nach Fertigstellung des Green Deal gleich noch ein zweites, ebenso großes Vorschriftenpaket ausgearbeitet, das im Grunde denselben Zweck der Klimarettung verfolgt: die Taxonomie.

Das neuerliche Bürokratiemonster hat nichts Geringeres zum Ziel, als alle wirtschaftlichen Aktivitäten auf dem Alten Kontinent in grün bzw. nicht grün einzustufen. Dadurch soll Finanzanlegern eine Art Kompass für klimafreundliche Investitionen an die Hand gegeben werden. Das ist erstens monströs und zweitens überflüssig, wenn der Green Deal gelingt; denn dann wird mit der Wirtschaft automatisch auch der Finanzmarkt grün. Und mit der Einstufung von Gas- und Atomkraftwerken als ökologisch, also grün, ist das gesamte Vorhaben zur Farce geworden.

Auf die Frage, ob eine atomare Energiewirtschaft unser Klima rettet oder unseren Planeten zerstört, kann man politisch, ideologisch, gesellschaftlich, wirtschaftlich und wissenschaftlich fundierte Antworten finden, aber es ist keine sinnvolle Antwort denkbar, die sich aus einem Verwaltungsakt ableitet. Es ist ebenso sinnlos wie der EU-Beschluss, nach dem knapp 50.000 Unternehmen im Zuge eines sogenannten Nachhaltigkeitsreportings gezwungen werden, regelmäßig Ökoberichte zu erstellen und abzuliefern.[141] Der Green Deal mag als ein großer politischer Akt der Weltenrettung eingestuft und damit positiv bewertet werden, aber die Taxonomie und die Firmenberichte belasten lediglich die Wirtschaft mit zusätzlichen Kosten, die bei etwa 5 Milliarden Euro jährlich liegen, ohne einen erkennbaren Nutzen hervorzubringen.[142] Und natürlich gilt es, die Nachhaltigkeit der gesamten Lieferkette zu dokumentieren – wovon keineswegs nur die rund 13.000 deutschen Großunternehmen betroffen sind, wie es geplant war, sondern alle Mittelständler, die mit diesen zusammenarbeiten. Es entsteht ein Lawineneffekt an Formularen, Fragebögen und Prüfvermerken.[143]

Bürokratieabbau? Pustekuchen! Bürokratieaufbau lautet die Devise in der EU. Denn während die Wirtschaft noch an der Umsetzung des Green Deal und der Taxonomie verzweifelt, sind die Papierbeschreiber in Brüssel weiter kräftig am Werk: Diesmal geht es um „Mord". „Umweltmord" wird künftig nach EU-Recht mit bis zu zehn Jahren Haft bestraft; damit prescht die EU allen Ländern oder Staatengemeinschaften international voran.[144] Nun klingt „Mord" natürlich dramatisch, aber in der Sache sprechen wir beispielsweise davon, dass bestimmte Fischarten, die als schützenswert eingestuft sind, gefangen werden, oder Wasser an Stellen entnommen wird, an denen dies nicht erlaubt ist.

Hierfür hat die EU den Begriff des „Ökozid" eingeführt, um den Vergleich mit Genozid, also Völkermord, nahezulegen. Nun kann kein Zweifel an der Sinnhaftigkeit des Umweltschutzes bestehen, aber ob Verstöße dagegen moralisch mit Völkermord gleichzusetzen sind, und ob es sinnvoll ist, dass die EU hierbei wie auf vielen, sehr vielen anderen Gebieten an vorderster Front allen anderen Ländern davonprescht, darf bezweifelt werden.

CBAM betrifft weite Teile der deutschen Industrie

Ähnlich ist der Carbon Border Adjustment Mechanism (CBAM) einzuordnen, der weite Teile der deutschen Industrie betrifft. Worum geht es?

Das zentrale Klimaschutzinstrument der EU bildet bereits seit 2005 der Europäische Emissionshandel (EU-ETS). Dieser bepreist in der EU emittierte Treibhausgase. Um eine Verlagerung der Produktion aus der EU in Länder mit niedrig ausgeprägten Umwelt- und Klimaschutzregelungen zu verhindern – das sogenannte „Carbon Leakage“ – wurde der CO2-Grenzausgleichsmechanismus (CBAM) eingeführt. CBAM besteuert schrittweise ab 2026 bestimmte emissionsintensive Waren aus Drittländern bei der Einfuhr in die EU. Dies wird durch die Verpflichtung zum Erwerb sogenannter CBAM-Zertifikate umgesetzt. Der Preis der CBAM-Zertifikate wird sich aus dem wöchentlichen Mittelwert der Zertifikatspreise auf dem EU-ETS errechnen und ist somit eng mit dem europäischen Emissionshandel verknüpft. Wurde bereits ein CO2-Preis im Ursprungsland entrichtet, können die Kosten auf das CBAM-Zertifikat angerechnet werden, um eine Doppelbelastung zu vermeiden.[145] Klingt kompliziert? Ist es auch!

Betroffen sind alle in der EU ansässigen Unternehmen, die Eisen, Stahl, Zement, Aluminium, Elektrizität, Düngemittel, Wasserstoffe sowie bestimmte vor- und nachgelagerte Produkte in reiner oder verarbeiteter Form aus Nicht-EU-Staaten importieren, denn diese müssen seit Herbst 2023 alle Importe quartalsweise melden. Gibt es eine Möglichkeit für die Unternehmen, diesen erneuerten bürokratischen Aufwand zu vermeiden? Natürlich, sie können ihre Produktion aus der EU heraus verlagern, beispielsweise nach Asien oder in die USA.

Hackerabwehr mit neuen Vorschriften

Rund 60 Prozent der Unternehmen in Deutschland, Österreich und der Schweiz sind 2022 und 2023 mindestens einmal Opfer eines Cyberangriffs geworden. Beinahe ein Viertel der Firmen sahen sich in diesen beiden Jahren dreimal einer Hackerattacke ausgesetzt. Die Dunkelziffer schätzen Fachleute um einiges höher ein.[146] Angesichts von mehr als 2.000 Angriffen täglich aus dem Internet ist die Erhöhung der Cybersicherheit zweifellos ein wichtiges Thema und die Unternehmen sind gut beraten, sich im ureigenen Interesse so weit wie möglich gegen Hackerangriffe zu schützen.

Doch das reicht dem Gesetzgeber nicht: Unter dem Namen NIS2 – das Kürzel steht für „Netzwerk- und Informationssicherheit“ – hat die EU eine aktualisierte Bürokratie auf dem Gebiet der sogenannten Cyberresilienz auf den Weg gebracht. Primäre Motivation dahinter war die Absicherung der Betreiber sogenannter Kritischer Infrastrukturen (KRITIS). Polizei, Feuerwehr, Krankenhäuser usw. sollen nicht etwa durch chinesische oder russische Cyberattacken oder kriminelle Cyberbanden, die Lösegeld erpressen wollen, lahmgelegt werden können. Soweit ist die Sache nachvollziehbar.

Doch faktisch betrifft die NIS2-Verordnung einen Großteil der mittelständischen Wirtschaft. Dazu ein Beispiel: NIS2 gilt nicht etwa nur für Krankenhäuser, die völlig zu Recht als kritische Infrastrukturen gelten, sondern für zahlreiche Zulieferer, die Krankenhäuser zu ihrem Kundenkreis zählen. So fallen die Betreiber und Zulieferer in den Branchen Energie, Transport, Bankwesen, Finanzmarktinfrastruktur, Gesundheit, Trinkwasser, Abwässer, digitale Infrastruktur, IKT-Dienstleistungsmanagement, Öffentliche Verwaltung, Weltraum, Post- und Kurierdienste, Abfallwirtschaft, Herstellung, Produktion und Vertrieb von Chemikalien, Lebensmittelproduktion, -verarbeitung und -vertrieb, Produktion und Herstellung von Medizinprodukten, Maschinen, Fahrzeugen und elektrischen/elektronischen Geräten, digitale Anbieter sowie Forschung unter NIS2. Mit anderen Worten: Nur Firmen, die in keiner dieser Branchen aktiv sind und dort auch keinen einzigen Kunden haben, können NIS2 ignorieren. Faktisch bedeutet dies: Wer die Basiskriterien von 50 oder mehr Mitarbeitern sowie einen Jahresumsatz in Höhe von zehn Millionen Euro oder mehr erfüllt, ist von NIS2 massiv betroffen – und die damit verbundenen Auflagen haben es in sich.

Der Anforderungskatalog des Gesetzgebers ist derart umfangreich, dass er für viele Mittelständler kaum erfüllbar ist. So müssen sich die Firmen gemäß NIS2 um Risikobewertungen, Anwendungen der Kryptografie, Sicherheitsvorfälle, IT-Sicherheitstrainings, die Sicherheit bei der Beschaffung von Systemen, Multi-Faktor-Authentifizierung, Mitarbeiter mit Zugang zu sensiblen oder auch nur wichtige Daten, das Management des Geschäftsbetriebs während und nach einem Sicherheitsvorfall, die Sicherheit der Supply Chain und die Bewertung der Wirksamkeit von Sicherheitsmaßnahmen kümmern.

Im Grunde muss sich jedes Unternehmen nicht nur um die eigene Cyberresilienz bemühen, was schon schwer genug ist, sondern auch um die aller Zulieferer und Zulieferer von Zulieferern sowie um die von Kunden und Kunden der Kunden. Faktisch ist das unmöglich. Egal, wie viele Köpfe dieser Bürokratie-Hydra abgeschlagen werden, wachsen angesichts von täglich rund 70 aufgedeckten Schwachstellen in Softwareprogrammen laut Bundesamt für Sicherheit in der Informationstechnologie ständig neue Risikoköpfe nach. Der Gesetzgeber hat ein – einmal mehr – unbezwingbares Bürokratiemonster erschaffen.

Wie soll man mit dem Unmöglichen umgehen? Am besten regelmäßig sogenannte Penetrationstests durchführen, also Selbstangriffe auf die eigene IT-Infrastruktur, um Schwachstellen aufzudecken und zu beheben. Es gibt IT-Dienstleister, die diese inszenierten Angriffe zu einigermaßen mittelstandsfreundlichen Kosten durchführen. Dies kann im Fall der Fälle auch als Nachweis dienen, dass man alles versucht hat, Hacker abzuwehren.

Der größte IT-GAU aller Zeiten – die EU ist schuld

Am 19. Juli 2024 nahm der größte IT-GAU in der Geschichte seinen Lauf. 8,5 Millionen Computer mit dem Windows-Betriebssystem von Microsoft zeigten einen sogenannten „Blue Screen of Death“. Sie waren nach einem kritischen Systemfehler abgestürzt und konnten sich nicht mehr von selbst starten.

Krankenhäuser sagten Operationen ab, Flugzeuge konnten nicht starten, Produktionsbänder blieben stehen, Händler mussten den Betrieb einstellen, Bankautomaten wurden funktionslos, in öffentlichen Verwaltungen herrschte Stillstand. Die Schuldigen: das US-Unternehmen Crowdstrike – und die EU-Kommission. Crowdstrike hatte ein fehlerhaftes Update für eine auf Windows-Rechnern häufig eingesetzte Sicherheitssoftware ausgeliefert. Der Vorfall wäre an sich relativ harmlos gewesen, da ein verbessertes Update hätte nachgereicht werden können. Allerdings bestand die EU-Kommission im Jahr 2009 darauf, dass Microsoft anderen Softwareherstellern den gleichen ungehinderten Zugang zum Windows-System gewähren muss, wie es für sich selbst gilt. Diese Forderung der EU-Kommission zielte darauf ab, den Wettbewerb zu fördern und Monopolpraktiken zu verhindern, indem sie sicherstellte, dass keine bevorzugte Behandlung der eigenen Produkte von Microsoft gegenüber denen anderer Anbieter stattfand. Die EU wollte dadurch sicherstellen, dass Microsoft keinen Vorteil aus seiner Dominanz beim Betriebssystem in anderen Softwarekategorien ziehen würde. Auf den ersten Blick ein nachvollziehbarer Gedanke, aber wenn man etwas länger darüber nachdenkt, öffnet es das Scheunentor zu einer IT-Katastrophe, wie sie sich 15 Jahre später ereignete. Offenbar hatte bei der EU-Kommission damals niemand über mögliche Folgen der Regulierung nachgedacht.

Denn 2009 hatte sich Microsoft zähneknirschend den Anforderungen der EU gebeugt und sich bereit erklärt, Herstellern von Sicherheitssoftware den gleichen Zugang zu Windows zu gewähren wie sich selbst. Dieser Zugang zum sogenannten Kernel, also dem innersten Kern des Betriebssystems, führte im Juli 2024 dazu, dass der Absturz von Crowdstrikes Sicherheitsprogramm das gesamte Windows-System mit sich riss.[147]

Was haben die EU-Kommission und das EU-Parlament daraus gelernt? Nichts, denn 2022 verabschiedeten sie stolz die Verordnung 2022/1925, besser bekannt als Digital Markets Act (DMA), Gesetz über digitale Märkte. Der Kern: Digitalkonzerne, die so mächtig sind, dass sie von der EU als Gatekeeper („Torwächter“)

eingestuft werden, müssen Wettbewerbern den gleichen Zugriff auf die Funktionen ihrer Produkte einräumen wie sich selbst. Die EU-Kommission wurde nicht müde, sich selbst zu loben: „Auf den digitalen Märkten fungieren einige große Online-Plattformen als „Gatekeeper". Das Gesetz über digitale Märkte stellt sicher, dass es auf diesen Plattformen fair zugeht. Gemeinsam mit dem Gesetz über digitale Dienste ist es eines der Kernelemente der EU-Digitalstrategie."[148]

Aber in Wahrheit hat dieses „Kernelement der EU-Digitalstrategie" die digitale Welt deutlich unsicherer gemacht. Denn je mehr Wettbewerber an die Herzstücke der großen Digitalkonzerne mit ihrer Software andocken können, desto größer wird die Gefahr, dass dabei etwas schief geht. Genau diese Bedrohung veranlasste Apple 2024, einen Gutteil seiner KI-Funktionen zunächst aus der Europäischen Union herauszuhalten.[149] Spätestens nach dem Computer-GAU im Juli 2024 wird zumindest die IT-Welt den EU-Bürokraten kaum noch folgen, sondern gegebenenfalls eher den Funktionsumfang ihrer Produkte in der EU beschränken.

Die Welt folgt den EU-Bürokraten… eher nicht

Eines der häufigen Argumente, mit der die EU-Bürokraten ihr unaufhaltsames Produzieren immer neuer Regeln rechtfertigen, lautet: Wer die Standards setzt, gewinnt den Markt. Doch von den hundert wertvollsten Unternehmen der Welt kommen lediglich zwölf aus der Europäischen Union,[150] und übrigens nur noch zwei aus Deutschland.[151] Während Amerika und Asien stark nachgefragte Produkte produzieren, steht Europa in erster Linie bei der Vorschriftenproduktion an der Weltspitze. Über die

Hälfte der in Deutschland geltenden Vorschriften haben ihren Ursprung in Brüssel.[152] Einige Berechnungen gehen sogar davon aus, dass die „Brüssel-Quote“ der deutschen Gesetzgebung bei über 80 Prozent liegt.[153] Und viele der teilweise abenteuerlichen Bürokratievorgaben der EU werden in Deutschland sogar noch verschlimmbessert.[154]

Der Mittelstand ist überfordert

In Deutschland hat Bürokratie ein derartiges Ausmaß erreicht, dass weite Teile des Mittelstands damit hoffnungslos überfordert sind. Auf 65 Milliarden Euro jährlich beziffert der Nationale Normenkontrollrat die jährlichen Bürokratiekosten allein für die Wirtschaft. Ein Bericht dieses unabhängigen Beratungsgremiums für die Bundesregierung stellt fest, dass durch neue Gesetze noch nie so viele Kosten und bürokratischer Aufwand verursacht wurden wie 2023. Hinzu kommt: Immer mehr Regelungen müssen in immer kürzerer Zeit beachtet und umgesetzt werden.[155]

Die Autoren wissen aus zahlreichen Gesprächen mit Unternehmensinhabern, Vorständen und Geschäftsführern mittelständischer Firmen: Viele befinden sich in der Abwägung, ob sie ihren Geschäftsbetrieb aufrechthalten oder den bürokratischen Anforderungen genügen, weil beides zusammen nicht mehr verkraftbar ist.

Diese galoppierende Verbürokratisierung im Mittelstand begann mit der Datenschutz-Grundverordnung und den *Grundsätzen zur ordnungsmäßigen Führung und Aufbewahrung von Büchern, Aufzeichnungen und Unterlagen in elektronischer Form sowie zum Datenzugriff*. Der Datenschutz hat sich zum Albtraum vieler mittelständischer Firmen entwickelt, weil sie auf einen Schlag ihrer Datenbestände beraubt wurden. Hinzu kommen viele Unmöglich-Szenarien wie beispielsweise folgende: Ein Kunde verlangt, dass alle seine Daten gelöscht werden, aber die Finanzverwaltung besteht auf der zehnjährigen Aufbewahrungspflicht für alle Kundendaten.

Die Beispiele gehen nicht aus. Wer Firmenwagen für Dienstfahrten zur Verfügung stellt, muss Sorge tragen, dass die Fahrtenbücher regelmäßig unregelmäßig kontrolliert werden, weil sich die Fahrer bei einer absehbaren regelmäßigen Überprüfung darauf einstellen könnten. Zudem muss sich der Geschäftsführer mehrmals jährlich die Fahrerlaubnis aller Beschäftigen, denen ein Firmenwagen gestellt wird, vorlegen lassen (unregelmäßig), weil er ansonsten dafür haftbar gemacht werden kann, wenn Mitarbeiter ohne Führerschein unterwegs sind. Ob mit oder ohne Firmenwagen hat jedes Unternehmen Gefährdungsbeurteilungen vorzunehmen und zwar für sämtliche Beschäftigten und alle Standorte. Zudem müssen Firmen „schwangerschaftsspezifische Gefährdungsbeurteilungen" erstellen – selbst dann, wenn auf der Stelle gar keine schwangere Frau eingesetzt wird, oder sogar ein Mann dort arbeitet.

Eine Firma, die nur einen einzigen Mitarbeiter einstellt, ist verpflichtet, sich um dessen psychische Gefährdungsbeurteilung zu kümmern, und gibt es auch nur einen einzelnen Büroraum, ist ein Sicherheitsbeauftragter abzustellen, der Notausgänge, Sammelplätze und sonstige Maßnahmen und Vorrichtungen einrichtet und kontrolliert. Wer für seine Werkstatt ein neues Gerät kauft, muss dafür ebenfalls eine Gefährdungsbeurteilung erstellen – selbst wenn nur eine alte Maschine ersetzt wird. Immer mehr Unternehmen fallen unter die Abfallbeauftragtenverordnung und müssen daher einen Abfallbeauftragten benennen. Mit dem seit 2023 geltenden Whistleblower-Gesetz ist für die Firmen die Einrichtung einer Ombudsstelle vorgeschrieben.

Hinzu kommen unzählige branchenspezifische Schikanen, etwa im Backhandwerk. Wer Brötchen und Brote ausfährt, braucht zuvor eine Schulung zum Gefahrgutlieferanten. Die Temperatur der Kühlgeräte in Backstuben muss einmal die Stunde kontrolliert und dokumentiert werden. Halbe Brote dürfen nur verkauft werden, wenn sie zuvor auf einer eigens dafür geeichten Waage gewogen wurden; Waagen und Eichgebühren sind teuer. Bäckereien, die To-go-Becher etwa für Kaffee anbieten, müssen diese extra registrieren.

Vom Bäckerhandwerk zum Baugewerbe: Für Baulaster ab 3,5 Tonnen gilt keine Fahrtenschreiberpflicht. Doch entfernen sich die Lkw nur einmal mehr als 100 Kilometer von der Firma, muss der Schreiber (Kosten rund 1.500 Euro) eingebaut werden. Darüber hinaus müssen die Daten regelmäßig ausgewertet und die Technik muss gewartet werden. Einer noch: Transportiert ein Unternehmer einen wesentlich kleineren Bagger zur Baustelle als ursprünglich genehmigt, muss dieser bei der Behörde trotzdem erneut eine Erlaubnis beantragen.[156]

In allen Fällen muss das Unternehmen nicht nur ständig verfolgen, welche neuen Regelungen auftauchen, sondern sich auch um die normgerechte Umsetzung kümmern und diese haarklein dokumentieren und immer wieder überprüfen.

ESG: Wir retten die Umwelt, die Menschen und alles

Eine neue Bürokratiewelle ist mit der ESG-Gesetzgebung für Umwelt (Environment), Soziales (Social) und Unternehmensführung (Governance) auf die Wirtschaft zugerollt. Den Grundgedanken dahinter kann man wie folgt zusammenfassen: Die europäische Wirtschaft rettet die Umwelt und das Klima, sorgt für Gerechtigkeit und Menschenwürde rund um den Globus und verhält sich selbst besser als jeder Musterschüler, damit alle anderen Firmen auf der Welt davon lernen können. Wie erreichen wir diese hehren Ziele? Indem wir permanent so viele Vorschriften wie möglich beachten und – ganz wichtig – alles niet- und nagelfest dokumentieren. Das ist überzogen formuliert? Mag sein, aber nur ein kleines bisschen, wenn man die geforderte Nachhaltigkeitsberichterstattung gemäß Corporate Sustainability Reporting Directive (CSRD) unter die Lupe nimmt.

Die ESG-Verordnungen betreffen zwar vermeintlich nur Großunternehmen und größere Mittelständler direkt, aber viele kleinere Firmen werden von ihren Lieferanten in die Beweis- und Dokumentationspflichten genommen. Um im Geschäft zu bleiben, müssen sie sich also ebenfalls der ESG-Bürokratie unterwerfen.

Die Berichtspflichten ab 2025 umfassen die Berechnung des ökologischen Fußabdrucks anhand des Energieverbrauchs und der Treibhausgasemissionen, das Wassermanagement (Verbrauch, Quellen, Initiative zur Wassereffizienz), Abfall- und Recyclingquoten, Lieferkette und Lieferantenmanagement (Lieferantenprüfungen, Standards für soziale und ökologische Verantwortung sowie Maßnahmen zur Förderung von Nachhaltigkeit entlang der gesamten Lieferkette), Engagement und Entwicklung der Mitarbeitenden (Schulungs- und Weiterbildungsprogramme, Zufriedenheit, faire Vergütung, Maßnahmen zur Förderung von Vielfalt und Inklusion) sowie soziale Auswirkungen (Maßnahmen zur Förderung von Menschenrechten, Arbeitsbedingungen, Gesundheit und Sicherheit am Arbeitsplatz sowie ihre Rolle in der Gemeinschaft). Das Ausmaß mag einer darauf fokussierten aufgeblähten Behörde angemessen sein – aber für einen Mittelständler, der „nebenbei" noch ein Geschäft zu betreiben hat, ist es völlig überzogen.

Zudem unterlagen 2024 viele Mittelständler einem fatalen Irrtum über den Umsetzungszeitraum. Die CSRD trat Anfang 2023 in Kraft, galt aber bislang nur für Unternehmen, die bereits der Pflicht zur nichtfinanziellen Erklärung unterliegen. Ab 2025 gilt sie für alle großen Unternehmen und ab Anfang 2026 auch für kleine und mittlere Unternehmen. Viele Mittelständler widmeten der CSRD 2024 noch nicht die dringend notwendige Aufmerksamkeit, weil bis 2026 vermeintlich noch über ein Jahr Zeit ist. Das ist ein fataler Irrtum: Wer *ab* 2026 berichtspflichtig ist, muss rückwirkend *für* das Jahr 2025 berichten. Das dazu notwendige Berichtswesen muss also schon 2024 eingerichtet werden, um ab Anfang 2025 mindestens die gesetzlich vorgeschriebenen 82 Minimalangaben mit 127 Kennzahlen zu erfassen.

Allein die Erfassung aller dieser sogenannten Datenpunkte stellt für die Unternehmen eine große Herausforderung dar, die parallel zum Tagesgeschäft bewältigt werden muss. In vielen Firmen ist die Digitalisierung nichtfinanzieller Informationen noch gar nicht umgesetzt, sondern die Daten werden einmal jährlich in den unterschiedlichen Bereichen abgefragt und konsolidiert. IT-Systeme, um die Daten, Ziele und Ambitionen auf den CSRD-

Gebieten zu verfolgen, haben die wenigsten Mittelständler in Betrieb. Zudem ist es mit der Erfassung aller dieser Angaben keineswegs getan. Der Teufel liegt wie so oft im Detail, denn jede Angabepflicht verlangt weitere Details und verweist auf zusätzliche Konkretisierungen und Ergänzungen in den Anwendungsleitlinien. Zudem sind für verschiedene Pflichtangaben mehrere Szenarien durchzuführen und die entsprechenden Daten zu analysieren, um Auswirkungen, Risiken und Chancen zu bewerten. Mehr als 90 Prozent der mittelständischen Unternehmen in Deutschland sind mit den ESG- und CSRD-Pflichten überfordert.

Was ist zu tun? Die Unternehmen müssen wohl darauf vertrauen, dass auf behördlicher Seite kaum die Kapazitäten bestehen, alle Angaben zu überprüfen, und der Staatsapparat in seinem eigenen Bürokratiewahn letztendlich steckenbleibt. Es dürfte also in vielen Fällen auf absehbare Zeit genügen, wenn der Nachhaltigkeitsbericht einigermaßen glaubwürdig aussieht.

Keiner weiß, wie viele Gesetze es überhaupt gibt

Es lässt sich nicht genau feststellen, wie viele Gesetze und Verordnungen überhaupt in Deutschland gelten, weil diesbezüglich keine zentrale Erfassungsstelle für die Bundesländer existiert. Doch die Größenordnungen lassen sich abschätzen. Demnach gibt es über 1.700 Bundesgesetze mit mehr als 46.000 Einzelvorschriften und beinahe 2.800 Rechtsverordnungen mit nochmals etwa 50.000 Einzelvorschriften.

In jeder Legislaturperiode verabschiedet der Deutsche Bundestag durchschnittlich rund 200 neue Gesetze mit etwa 300 Verordnungen. Hinzu kommen die Gesetze und Verordnungen der 16

Bundesländer. Bund und Länder zusammen bringen es jedes Jahr auf mehr als ein neues Gesetz pro Tag in Deutschland.

Eine Besserung ist nicht absehbar. Ganz im Gegenteil wird beispielsweise der 2024 verabschiedete EU AI Act (AI steht für Artificial Intelligence, also Künstliche Intelligenz, kurz KI) einen weiteren Bürokratieschub beim Einsatz von Künstlicher Intelligenz im Mittelstand auslösen. Allein die Prüfung, ob und wenn ja wie und in welchem Umfang und auf welche Art und Weise KI im Einklang mit den AI-Vorschriften im Betrieb eingesetzt werden darf, wird viele mittelständische Firmen überfordern.

Die Gesetzgebung klassifiziert KI-Systeme in vier Risikokategorien: unannehmbares, hohes, begrenztes und minimales Risiko. Damit ist für jeden KI-Einsatz im Unternehmen herauszufinden und zu dokumentieren, in welche Risikoklasse er fällt. Zur Klarstellung: Das gilt nicht nur für die Hersteller von KI-Systemen, also Milliardenkonzerne wie OpenAI, Google oder Microsoft, sondern für jede Firma, die KI im eigenen Betrieb verwendet. Allein dies wird viele Mittelständler abschrecken, die Produktivitätsvorteile der KI überhaupt für sich zu nutzen.

Doch die Sachlage ist deutlich „komplexer“: In vielen Firmen setzen nämlich die Beschäftigten längst gängige KI-Programme ein, um ihre Arbeit schneller und einfacher zu erledigen, ohne ihre Vorgesetzten zu informieren. Diese Schatten-KI breitet sich seit 2023 in der Wirtschaft aus, ohne dass dies in den Chefetagen überhaupt bekannt ist. Das Problem dabei: Die Beschäftigten laden zuhauf personenbezogene Daten und Betriebsgeheimnisse in die KI-Programme hoch und verletzen damit den Datenschutz und die Corporate Governance. In manchen Firmen sind ganze Personallisten bei ChatGPT gelandet, weil ein Mitarbeiter in der

Personalabteilung eine Analyse des Personalbestands etwa in Bezug auf Alter, Betriebszugehörigkeit, Ausbildung oder Personalverantwortung von der KI erhalten wollte, hat die BWA bei Projekten festgestellt. Verletzungen der Datenschutz-Grundverordnung durch KI sind im Mittelstand wie in großen Unternehmen an der Tagesordnung.

Die Unternehmen sind daher gut beraten, klare und restriktive Richtlinien für den betrieblichen KI-Einsatz zu formulieren. Das mag die Schatten-KI zwar nicht vollständig unterbinden, aber erhöht wenigstens die Sensibilität für das Thema bei der Belegschaft und stellt auch eine rechtliche Absicherung für das Management dar.

Das Jahr 2024 war also durch eine dreifache Welle neuer bürokratischer Herausforderungen für die Wirtschaft gekennzeichnet: Cyberresilienz, ESG und KI. Dieser dreiköpfigen Bürokratie-Hydra stehen über 90 Prozent der deutschen Wirtschaft weitgehend hilflos gegenüber. Es ist in den letzten Jahren häufig von überlappenden Krisen die Rede, aber für weite Teile des Mittelstands stellt die überlappende Bürokratie die wahre Krise dar.

Europa verfolgt eine toxische Agenda

Was den Mittelstand behindert, hat langfristig volkswirtschaftlich verheerende Auswirkungen. Der langjährige Vorsitzende der New Yorker Investmentfirma Rockefeller International, Ruchir Sharma, formuliert das in seinem lesenswerten Buch „What Went Wrong With Capitalism“ wie folgt: „Obwohl das Pro-Kopf-Einkommen vor ein paar Jahrzehnten ähnlich war, ist die Wirtschaft seit 2010 in den USA doppelt so schnell gewachsen wie in den vier größten Volkswirtschaften der EU – Deutschland, Frankreich, Italien und Spanien." Die Ursache hierfür liegt bei einer „Abstiegsagenda", die auf fünf Säulen fußt und eine für Europas Wohlstand toxische Wirkung entfalten: fehlgeleitete Klimapolitik, Deindustralisierung, hohe Staatsquote, Wohlfühlstaat, hohe Steuern und Staatsverschuldung.[157]

Die Klimapolitik versucht in Europa ihre Ziele auf Kosten des Wohlstands zu erreichen. Die EU geriert sich als Vorbild für die ganze Welt. Doch kaum jemand folgt dem Dogma, dass die vermeintliche Rettung des Klimas wichtiger sei als der Wohlstand des eigenen Landes.

Die Deindustrialisierung wird im Rahmen der Transformation in Kauf genommen. Mittlerweile liegt der Anteil der industriellen Produktion an der Wohlstandsgenerierung in Deutschland nur noch bei etwa 25 Prozent. In den 1970er Jahren waren es einst mehr als 40 Prozent. Europa insgesamt ist im Wettbewerb mit Nordamerika und Asien heute der wachstumsschwächste Kontinent. In der modernen Internetwirtschaft hat die EU-Wirtschaft praktisch keinen nennenswerten Anteil.[158]

Die private Wertschöpfung, der Kern des Kapitalismus, wird durch staatliche Aktivität ersetzt. So haben sich in Deutschland beispielsweise die Verwaltungsausgaben des Bundes zwischen 2015 und 2024 von 12,9 Milliarden auf 24,3 Milliarden Euro beinahe verdoppelt. Die Staatsquote in der EU (und in Deutschland) liegt nahezu bei 50 Prozent; in den USA beträgt sie weniger als 40 Prozent.[159]

Die Regierungen versuchen, die Konjunkturzyklen mit Steuergeld zu glätten. Das Auf und Ab gehört in der Wirtschaft wie an den Börsen zur Normalität. Doch die europäischen Regierungen versuchen, diese Wogen so weit wie möglich zu glätten, damit die Bürger nichts davon zu spüren bekommen. Das mag man als ehrenwert einstufen, aber es hat im Laufe der Zeit in praktisch allen EU-Ländern zu einem überbordenden Sozialstaat geführt, der für die Bevölkerung alle Unbillen des Lebens auszugleichen versucht. Das hat den Gedanken, in erster Linie selbst für das eigene Leben verantwortlich zu sein, bei vielen Menschen in den Hintergrund gedrängt: Läuft irgendetwas nicht rund, soll es der Staat richten. „Mehr Lohn, mehr Freizeit, mehr Sicherheit" beschrieb der Deutsche Gewerkschaftsbund mit seinem Motto zum 1. Mai 2024 die hiesige Gesellschaft sehr zutreffend.[160]

Hohe Steuern und Staatsschulden engen den privaten Spielraum ein. Wenn sich der Staat in seinem Selbstverständnis um „immer mehr" kümmern will, braucht er dazu immer mehr Geld. Nachdem die Steuern in Deutschland und vielen anderen EU-Ländern als sprudelnde Einnahmequelle schon vor langer Zeit mehr oder minder am Limit angekommen waren, gewann die Kreditaufnahme zur Finanzierung des Wohlfühlstaates an Fahrt. Doch während vor allem die USA diese Kreditwirtschaft nutzte, um die Steuern zu senken, fährt Europa zweigleisig: hohe Steuern *und* hohe Staatsverschuldung – das ist sozusagen „das schlimmste aus beiden Welten".

Das Gefälle zwischen den USA und Europa dürfte in den nächsten Jahren weiter zunehmen. Als das vorliegende Buch entstand, hieß der US-Präsident noch Joe Biden. Doch am 13. Juli 2024 kletterte laut Polymarket, dem weltweit größten Prognosemarkt, die Wahrscheinlichkeit, dass Ex-Präsident Donald Trump erneut in das höchste Amt der Vereinigten Staaten von Amerika aufsteigt, auf über 70 Prozent.[161] An diesem Samstag überlebte Donald Trump um Haaresbreite einen Mordanschlag. Bei einer Wahlkampf-Veranstaltung feuerte ein 20-jähriger Attentäter aus knapp 130 Metern mit einem Gewehr auf den Präsidentschaftskandidaten. Eine Kugel verletzte Trump am rechten Ohr, der sich daraufhin geistesgegenwärtig zu Boden warf.[162] Doch nur wenige Sekunden später, nachdem klar war, dass der Attentäter außer Gefecht gesetzt war, richtete sich Trump zu voller Größe auf und reckte seine rechte Faust kämpferisch-triumphierend in die Höhe – die Siegerpose eines Mannes, der sich selbst von einer derartigen Nahtoterfahrung nicht beirren lässt. Die Menge schrie frenetisch: „U-S-A! U-S-A!“ Selbst die US-Zeitung *New York Times*, die zu Trumps schärfsten Kritikern zählt, zollte ihm Respekt: Der blutverschmierte Politiker, der trotzig die Faust gen Himmel reckt, sei „ein Bild, das die Geschichte nicht vergessen wird.“[163] Zwar zog Amtsinhaber Joe Biden nur acht Tage nach dem Anschlag auf seinen Konkurrenten seine Kandidatur für eine zweite Amtszeit zurück, um einer Alternative den Weg freizumachen; Biden sprach eine Empfehlung für seine Vizepräsidentin Kamala Harris aus. [164] Im Sommer lag sie in Umfragen zeitweise vor Donald Trump.[165] Doch der Ausgang ist ungewiss und Europa muss sich auf eine mögliche weitere Amtszeit von Donald Trump als US-Präsident einstellen. Und der wird, wie man aus seiner ersten Amtszeit leicht schlussfolgern kann, mit dem „Alten Kontinent“ kein Federlesen machen. Doch egal, wer an der Spitze der USA steht, analysierte das renommierte Magazin *Foreign Affairs* 2024: „Selbst wenn Trump im November nicht gewinnt, hat Europa einiges an Arbeit zu tun. Man kann sich womöglich nicht mehr darauf verlassen, dass die Vereinigten Staaten ein beständiger Partner sind, egal wer dort regiert.“[166]

Natürlich war es nur eine zeitliche Koinzidenz, dass am gleichen Tag, dem 14. Juli 2024, an dem Trump in den USA offiziell als Präsidentschaftskandidat der Republikaner nominiert wurde, in Europa Ursula von der Leyen offiziell für eine zweite Amtszeit als EU-Kommissionschefin gewählt wurde.[167] Es sind zwei Charaktere, die menschlich wie auch in ihren politischen Ambitionen kaum konträrer sein könnten. Von der Leyen ist die „Erfinderin" des „Green Deal", der möglichst alle fossilen Energieträger, die CO2 ausstoßen, vollständig abschaffen will. Trump hingegen verkündete direkt im Anschluss an seine Nominierung, dass er neue Erdölbohrungen in den USA zulassen will.[168] Was häufig übersehen wird: Schon unter „Klima-Präsident" Joe Biden haben die US-Ölfirmen 2023 so viel „schwarzes Gold" aus dem Boden der Vereinigten Staaten geholt wie nie zuvor. Soll heißen: Die USA verfolgen unabhängig von der jeweiligen Regierung grundsätzlich eine "America First"-Strategie, mal diplomatischer, mal offener, aber immer mit dem Blick auf die Vorteile für das eigene Land.

Die Europäische Union hingegen scheint weniger mit der Stärkung Europas befasst zu sein als vielmehr mit überbürokratischer Selbstverwaltung – gleichgültig, was in den USA passiert.

Ausweg: Vereinfachung

Vom Klima bis zu den Steuern: Zugedeckt wird in der EU alles von einer entfesselten Bürokratisierung, die sich wie Mehltau über alle Aktivitäten gelegt hat.

Unsere moderne Welt ist komplex, dementsprechend benötigen wir ausgeklügelte Regeln. Es wäre schön, wenn alles einfacher wäre, aber leider, leider, muss es halt kompliziert sein… so lautet das gängige Argument aller Verwaltungsverfechter. Die Autoren des vorliegenden Buches halten dieses Argument für grundlegend falsch. Gerade weil unsere Welt kompliziert ist, gehört es zu den vornehmsten Aufgaben der Politik, sie für die Bevölkerung möglichst leicht verständlich und einfach handhabbar zu machen.

Was die Politiker von Steve Jobs lernen können

Greifen wir zur Erklärung kurz auf ein Beispiel außerhalb von Politik, Gesellschaft und Verwaltung zurück. Als das zwischenzeitlich verstorbene Tech-Genie Steve Jobs 2007 das iPhone vorstellte, trat dieses seinen Siegeszug nicht aufgrund der technischen Überlegenheit gegenüber konkurrierenden Mobiltelefonen an, wie etwa von Nokia, sondern weil es besonders einfach zu bedienen war. Man sah das Symbol eines Taschenrechners oder eines Briefumschlags auf dem Bildschirm, drückte darauf und konnte seine Berechnung beginnen bzw. den Posteingang kontrollieren. Die dahintersteckende Technologie, der berührungsempfindliche Screen mit Multitouch-Funktionalität und die aufwändigst programmierte Software waren äußerst kompliziert, aber aus Sicht des Nutzers war das Gerät intuitiv bedienbar, also ohne Bedienungsanleitung.

Wenn es der Politik gelingt, entlang dieser Analogie Gesetze und Verordnungen zu entwickeln, die komplexe Sachverhalte für die Bevölkerung vereinfachen statt sie zu verkomplizieren, dann erledigen die gewählten Politiker ihre Aufgabe mit Bravour – andernfalls nicht.

Die Bierdeckel-Rechnung des Friedrich Merz

Im Jahr 2003 präsentierte der damalige stellvertretende Vorsitzende der CDU-Bundestagsfraktion Friedrich Merz die Idee einer dreistufigen Einkommensteuer, die so einfach sein sollte, dass sie auf einen Bierdeckel passt. Das Konzept sah nur drei Steuersätze vor: 12 Prozent bei Einkommen zwischen dem damaligen Grundfreibetrag von 8.000 Euro und 16.000 Euro im Jahr, 24 Prozent bei höheren Einkommen bis 40.000 Euro und 36 Prozent bei Einkommen über 40.000 Euro. Dafür sollten viele Steuervergünstigungen wie die Pendlerpauschale ersatzlos gestrichen werden. Und statt der sieben Einkunftsarten im deutschen Steuerrecht sollte es nur noch vier geben.

Man mag über das Merz'sche Steuermodell politisch und ideologisch streiten, doch der Grundgedanke der Vereinfachung war mutig und vernünftig. Was aus dem Bierdeckel wurde? Nun, statt ihn in Politik umzusetzen ist er heute in einer Vitrine im Bonner Haus der deutschen Geschichte ausgestellt. Selbst der damalige Ideengeber hat ihn in seiner neuen Funktion als Parteivorsitzender nicht mehr aufleben lassen.

Die 25 Prozent-Regel des Paul Kirchhof

Einen ebenso berühmten wie erfolglosen Anlauf zur Vereinfachung des Steuerrechts unternahm der ehemalige Verfassungsrichter Paul Kirchhof, als er 2005 dem Kompetenzteam für den Wahlkampf von Angela Merkel angehörte. Kirchhof hatte vorgeschlagen, eine Einkommensteuer von 25 Prozent für alle Bürger einzuführen. Angela Merkel wurde bekanntlich zur Bundeskanzlerin gewählt, aber erst, nachdem sie sich von Paul Kirchhof getrennt hatte.

Paul Kirchhof gab nicht auf: 2011 meldete er sich mit neuen Ideen zur Reform des Steuerrechts zu Wort. Aus den mehr als 200 Steuergesetzen sollte ein einziges Gesetz werden, und die fast 40 Steuerarten könnten auf vier reduziert werden, nämlich Einkommensteuer, Erbschafts- und Schenkungssteuer, Umsatzsteuer, Verbrauchsteuer. Auf beinahe 1.300 Seiten legte er ein „Bundessteuergesetzbuch – Ein Reformentwurf zur Erneuerung des Steuerrechts" vor.

Ob Merz oder Kirchhof, jede derartige Vereinfachung wurde in einer Kakophonie der Gegenargumente geradezu zertrampelt. Geblieben ist ein Steuersystem, das weiterhin so kompliziert ist, dass es für „Otto Normalverbraucher" völlig unverständlich ist und selbst von Experten in allen seinen Verästelungen häufig nicht in Gänze verstanden wird.

Ohne Parteibuch im Kopf plädieren die Autoren dieses Buches für eine strikte Vereinfachung des Dickichts an Gesetzen, Verordnungen und sonstigen Regelwerken. Es wird immer Argumente geben, die gegen eine Vereinfachung sprechen und die Notwendigkeit eines weiteren Paragraphen oder einer zusätzlichen Verordnung rechtfertigen.

Ein Parlament, das sich um die Zukunft Deutschlands sorgt, und das ist die Aufgabe des Deutschen Bundestages, muss sich nach Auffassung der Autoren daran messen lassen, ob es gelingt, das Regelwerk des Staates auf ein Maß zu stutzen, das überschaubar, verständlich und für die Bevölkerung nachvollziehbar ist. Es wird immer einen konstruierten oder realen Fall geben, bei dem ein Gesetz mehr, eine genauere Präzisierung oder ein Ausnahmetatbestand besser gewesen wäre, zu mehr Gerechtigkeit geführt oder die Sicherheit erhöht hätte. Doch es ist ein Irrglaube, dass immer mehr Gesetze, Verordnungen, Verwaltungsvorschriften, Bußgeldkataloge oder sonstige Regularien, Rechtsnormen oder ausufernde technische Standards zu einer besseren, sichereren und gerechteren Welt führen werden.

Bürokratieentlastungsgesetz: der kleine Wurf

Im Frühjahr 2024 rang sich die Bundesregierung zu einem vierten Bürokratieentlastungsgesetz (BEG IV) durch.[169] Ein gut klingender Ansatz, möchte man meinen. Immerhin sollen damit Wirtschaft und Bürger um fast eine Milliarde Euro entlastet werden. Der kleinste Teil, nämlich 3,7 Millionen Euro, entfällt nach Vorstellung der Regierung auf die Bürger. Außerdem werde damit der Zeitaufwand für Bürokratie um vier Millionen Stunden verringert. Rechnen wir nach: Bei gut 80 Millionen Einwohnern spart also jedermann fünf Stunden Bürokratieaufwand – pro Jahr. Der große Wurf ist das nicht. Immerhin sollen Unternehmen um 944 Millionen Euro entlastet werden. Ein Blick in die Details lässt indes wenig Gutes erahnen. Mit 625 Millionen Euro wird von der Regierung bepreist, dass die Unternehmen Buchungsbelege statt zehn nur noch acht Jahre aufbewahren müssen – wahrlich kein großer Streich. Weitere 62 Millionen sollen Hotels und Pensionen sparen, indem sie zumindest für deutsche Gäste keine Meldeformulare mehr ausfüllen und ein Jahr lang aufbewahren müssen – eine Petitesse im Vergleich zum Bürokratiemonster insgesamt.

Denn beinahe zeitgleich führte die Regierung immer neue Vorschriften ein, etwa beim Bauen, beim Heizen, beim Verkehr und sogar beim Kantinenessen. Als größten Bürokratietreiber des Jahres 2023 hat der Nationale Normenkontrollrat das Gebäudeenergiegesetz identifiziert.[170] Das Bürokratieentlastungsgesetz des Jahres 2024 würde man daher in einem Arbeitszeugnis wohl mit „er hat sich stets bemüht" formulieren – will heißen: gelungen ist ihm wenig. Die Digitalisierung wird häufig als Ausweg gesehen – weniger in der Hoffnung, dass sich die Formulare dann von alleine ausfüllen, aber das Ausfüllen geht am Bildschirm schneller als auf dem Papier- und Postweg oder gar durch persönliches Vorsprechen beim Amt. Die Digitalisierung der öffentlichen Verwaltung befindet sich je nach Amtsbereich noch in einer frühen Phase. In dieser Misere steckt auch eine Chance, nämlich die Verwaltung zu vereinfachen, bevor der Prozess der Digitalisierung abgeschlossen ist. Eine Anfang 2024 vorgelegte Neuauflage des Onlinezugangsgesetzes 2.0 sah vor, dass Bürgerinnen und Bürger ab 2028 das Recht haben sollen, Behördentermine in digitaler Form wahrzunehmen.[171] Doch im Bundesrat scheiterte die neue Fassung (zunächst).[172]

Auf dem Weg zur Digikratie

Die Herrschaft der Schreibstuben, die Bürokratie, wird wohl der Menschheit auf Ewigkeit erhalten bleiben – so hat es den Anschein. Doch es gibt durchaus eine „würdige Nachfolgerin:" die Herrschaft der Digitalisierung, die Digikratie. Wenn die Bürokratie dafür steht, losgelöst von den handelnden Personen und der tatsächlichen Sachlage starr an zuvor festgelegten Regeln festzuhalten, dann sind Computer noch besser als Menschen für ein solches seelenloses Vorgehen geeignet. Im Moment besteht dieser Schritt in erster Linie darin, Verwaltungsvorschriften und Formulare über das Internet zugänglich zu machen, um den in einer von Regeln bestimmten Welt ohnehin überflüssigen persönlichen Kontakt zu reduzieren. Der nächste Schritt wird im zunehmenden Einsatz von Künstlicher Intelligenz zur Bearbeitung der eingegangenen Anträge und Angaben bestehen. Wenn es ohnehin vorrangig um starre bürokratische Regelwerke geht, die dem Bearbeiter nur wenig Ermessenspielräume lassen, warum sollte dann überhaupt noch ein Mensch über einen rechtlichen Sachverhalt entscheiden? Das kann der KI-Computer künftig genauso gut. Die Frage, ob wir – die Gesellschaft – diese Entwicklung überhaupt wollen, sollten allerdings auch wir – die Bürger – entscheiden.

Im Sommer 2024 veröffentliche die Managementberatungsfirma McKinsey eine Studie, wonach bis zu 165.000 Beamte in Deutschland durch KI-Systeme ersetzt werden könnten. Dem stehen allerdings laut derselben Untersuchung rund 550.000 fehlende Vollzeitkräfte gegenüber. Ergo: Künstliche Intelligenz könnte zumindest in diesem Fall zwar den Mangel an Fachkräften lindern, aber eben nur in geringem Maße. Aber 385.000 Stellen blieben selbst bei umfassendem KI-Einsatz, der auf absehbare Zeit kaum zu erwarten ist, immer noch offen.[173] Das Bundesland Baden-Württemberg ist bereits vorgeprescht. Es stellte unter der Bezeichnung F13 eine Behörden-KI vor, die das Heidelberger KI-Unternehmen Aleph Alpha entwickelt hat. Neben der politischen Signalwirkung („KI made in The Länd") soll F13 die Beschäftigten von Routinearbeiten entlasten. Der Sachbearbeiter kann damit mündlich Daten abfragen und das System liefert prompt die Antwort – Fragen stellen statt Akten wälzen. Das Spektrum der zugrundeliegenden Datenbasis ist breit, von

Wohngeldansprüchen bis zum Baurecht, und soll kontinuierlich erweitert werden.[174]

McKinsey geht in seiner KI-Einsatzempfehlung für den Öffentlichen Dienst sogar noch einen Schritt weiter. Demnach soll der Bürger gleich direkt – also ohne Umweg über die Sachbearbeiterebene der Behörde – mit Informationen versorgt werden. Nach Schätzung der Berater könnten KI-Chatbots rund die Hälfte aller Bürgeranfragen automatisch beantworten.[175] Die damit einhergehenden Effizienz- und Kostenvorteile für die öffentliche Verwaltung liegen auf der Hand. Und da es sich dabei letztendlich um Steuergeld handelt, sparen also auch die Bürger, könnte man argumentieren. Doch die Frage, ob wir Bürger bei Anfragen an staatliche Stellen lieber von einer Künstlichen Intelligenz oder von einer natürlichen Intelligenz bedient werden wollen, bedarf zumindest einer gesellschaftlich abgestimmten Antwort. Wer häufig mit Behörden zu tun hat, dem schwant sicherlich in vielen Fällen, dass ein KI-System, das rund um die Uhr arbeitsfreudig ist, viele Vorteile haben könnte. Aber wenn es um Entscheidungen mit möglicherweise weitreichenden Folgen und um Ermessensspielräume geht, wird sich manch einer doch wohler fühlen, wenn eben nicht alles nur hochgezüchteten Computersystemen überlassen bleibt.

Befassen wir uns auf den nächsten Seiten mit den Chancen und Risiken Künstlicher Intelligenz, um ein besseres Verständnis für die Vor- und Nachteile zu bekommen.

Künstliche Intelligenz und die Folgen

Künstliche Intelligenz kann die Menschheit ins Paradies führen oder vernichten. So lassen sich die beiden Pole beschreiben, mit denen über eine der wichtigsten technologischen Entwicklungen unserer Zeit heftig gestritten wird. Eine genaue Definition zum Begriff der Künstlichen Intelligenz, kurz KI, scheitert schon daran, dass es gar keine klare Definition von „Intelligenz“ gibt. Das hindert die KI allerdings nicht daran, sich zunehmend in unserem Alltag breit zu machen – und die Wirtschaft auf den Kopf zu stellen.

Buchdruck, Elektrizität… Computer, Internet, KI

Künstliche Intelligenz – auf Englisch als AI für Artificial Intelligence bezeichnet – markiert eine ähnlich gravierende Zäsur für die Entwicklung der Menschheit wie der Buchdruck, die Dampfmaschine, der elektrische Strom und das Internet. Der Buchdruck legte die Grundlage für die Aufklärung und die Demokratisierung, die Dampfmaschine löste die industrielle Revolution aus, der Strom ist das Fundament unserer modernen Gesellschaft und ohne das Internet… jeder von uns greift durchschnittlich rund 30-mal am Tag zu seinem Smartphone.[176]

In der breiten und vor allem in der publizierten Öffentlichkeit ist KI erst mit dem Jahreswechsel 2022/23 angekommen, als OpenAI ihren KI-Dienst ChatGPT im Internet für jedermann frei nutzbar bereitstellte. Seit Anfang 2023 überschlug sich die Presse mit teilweise faszinierten und zusehends kritisierenden

Veröffentlichungen darüber, wie weit Künstliche Intelligenz heute schon ist, wenn es darum geht, Texte zu verfassen, die über weite Strecken hinweg von menschengeschriebenen Formulierungen kaum zu unterscheiden sind. Doch das ist nicht etwa der Höhepunkt der KI, sondern bestenfalls ein Anfang. Unter dem Namen Gemini bietet Google zwischenzeitlich eine ähnlich moderne KI wie ChatGPT an.

OpenAI und Microsoft kündigten an, in den nächsten Jahren eine Art KI-Superrechenzentrum namens "Stargate" für über 100 Milliarden Dollar aufzubauen. Bereits 2026 soll ein kleiner KI-Bruder in den USA in Betrieb gehen. Vier Jahre später, 2030, soll Stargate ins Laufen kommen. [177] Und wo steht Deutschland?

Im Jahr 2019 hatten rund 17.500 Unternehmen in Deutschland nach den Recherchen des Bundeswirtschaftsministeriums Künstliche Intelligenz im betrieblichen Einsatz. Dies entsprach einem Anteil von knapp sechs Prozent.[178] Heute oder in kürzester Zeit dürfte dieser Anteil eher bei 85 Prozent aller Unternehmen liegen – denn genauso viele haben Microsoft Office im Einsatz.[179] Wer mit Office arbeitet, für den bietet sich die Nutzung eines KI-Tools wie ChatGPT oder Gemini geradezu an.

Noch eine weitere Zahl: Wir alle nutzen Google für die Suche im Internet durchschnittlich drei- bis viermal am Tag. Der Suchmaschinenriese verarbeitet weltweit 64.000 Anfragen – pro Sekunde! Eine mit KI ausgestattete Google-Suchmaschine bringt Künstliche Intelligenz also zum permanenten Alltagseinsatz. Denn darum geht es: KI wird zur Selbstverständlichkeit. Selbst wenn ein Unternehmen noch gar keine KI-Strategie formuliert hat, setzen die Beschäftigten im Büro KI-Software ein, um sich die Arbeit zu erleichtern. Die KI-Revolution kommt von unten.

Künftig wird sich also nicht die Frage stellen, *ob* man mit KI arbeitet, sondern *mit welchen* oder mit *wie vielen* KI-Systemen. Doch die digitale Disruption war schon lange im Gange, bevor Künstliche Intelligenz auf breiter Front zum Einsatz kam.

Digitale Disruption aller Orten

Über Jahre hinweg war sich die Politik mit dem größten Teil der Gesellschaft beim Thema Digitalisierung einig: So schlimm wird es schon nicht kommen. Diese Einstellung verkennt den Unterschied zwischen linearer und exponentieller Entwicklung. Die lineare Betrachtung geht davon aus, dass sich die bisherige Welt Jahr für Jahr in kleinen Schritten voran bewegt. Das Smartphone wird immer etwas besser, der Akku hält immer etwas länger, bei den sozialen Netzwerken kommt immer mal wieder ein neuer Player hinzu. Die Politik überträgt ihre eigene Vorgehensweise der kleinen Schritte in die digitale Welt.

Diese Einstellung ist falsch und fatal. Sie verkennt, dass die digitale Entwicklung exponentiell verläuft und damit disruptiv auf alle Aspekte der Politik, Wirtschaft und Gesellschaft wirkt. Schlimmer noch: Sie ignoriert Machtverschiebungen und damit den Verlust der Macht, selbst zu gestalten. Die nach Marktkapitalisierung weltweit größten Unternehmen des Jahres 2000 waren (in dieser Reihenfolge): Microsoft, General Electric, Cisco, Walmart und Exxon Mobil – *zwei* Konzerne mit dem Fokus auf Digitalisierungskonzepten. Die gleiche Auflistung im Jahr 2020 stellte sich wie folgt dar: Apple, Microsoft, Amazon, Alphabet (Muttergesellschaft von Google) und Saudi Aramco – *vier* Digitalisierungskonzerne.

Machen wir uns klar: Der Beruf des Hufschmieds wurde nicht abgelöst, weil sich die Pferde veränderten, sondern weil das Transportwesen mit der Erfindung des Automobils keine Pferde mehr brauchte. Nokia wurde nicht binnen weniger Jahre hinweggefegt, weil Apple die besseren Handys baute, sondern weil Apple grundlegend andere Geräte – Smartphones – auf den Markt brachte.

Der aktuelle Trend zur Nutzung sogenannter Smart Glasses, also digitaler Brillen, die über in den Gläsern integrierte Minidisplays den Träger in Echtzeit fortlaufend mit Daten und Informationen unterstützen, hat das Potenzial, eine ähnlich grundlegende Entwicklung wie bereits das Smartphone einzuleiten.[180]

Alle Branchen werden betroffen sein

Bei selbstfahrenden E-Autos beschleicht derzeit viele Menschen eine Ahnung, dass dies zu ebenso disruptiven Veränderungen führen könnte, die eine ganze Branche an den Abgrund führen wird. Es mag vielleicht länger dauern, als von manch einem Tech-Visionär propagiert, aber kaum jemand zweifelt ernsthaft daran, dass Autos eines Tages ohne Fahrer auskommen werden.

Die Google-Tochtergesellschaft Waymo, die Robotertaxis in einigen US-Städten kommerziell betreibt, meldete im Frühjahr 2024 rund 50.000 bezahlte Fahrten pro Woche. Im Herbst 2024 waren es bereits 100.000 fahrerlose Fahrten pro Woche.[181] Im dazwischenliegenden Sommer stellte Waymo die sechste Generation seiner selbstfahrenden Autos vor. Statt der zuvor eingesetzten 29 Kameras sind seitdem nur 13 nötig. Die Anzahl der Laser-

Radare wurde von fünf auf vier reduziert. Dadurch sollen die Kosten für die selbstfahrenden Taxis deutlich niedriger liegen.[182]

Es wird nicht bei dieser einen Branche bleiben. Der weltweit größte Anbieter von Fahrdienstleistungen – Uber – besitzt gar keine eigene Wagenflotte. Der weltweit führende Anbieter von Übernachtungen – AirBnB – betreibt kein einziges Hotel. Der mit Abstand führende Medienkonzern – Facebook – stellt gar keine eigenen Inhalte bereit. Der größte Einzelhändler der Welt – Amazon – kommt völlig ohne Ladengeschäfte aus.

Es ist sicherlich schwierig, derartige Entwicklungen im Alltagsbetrieb vorauszusehen. Keine der großen Hotelketten mit all ihren Experten war auf AirBnB vorbereitet. Dem kometenhaften Aufstieg Amazons vom einstigen Online-Buchhändler zum Vollsortimenter hat eine ganze Branche über Jahre hinweg hilflos zugesehen. Die traditionellen Medienkonzerne haben die Ausbreitung ihrer eigenen Konkurrenz konsequent durch eine ausgiebige Berichterstattung gefördert, von den Suchmaschinen bis hin zu den sozialen Medien. Die Herausforderung als Firmenlenker solche Entwicklungen vorauszusehen, ist also immens.

Viele Berufsbilder werden sich grundlegend ändern

Dass die Tage von Fahrern – Bus, Lastwagen, Taxi – sich dem Ende nähern, gilt längst als ausgemacht, weil sie bei selbstfahrenden Fahrzeugen schlichtweg nicht mehr benötigt werden. Weniger offensichtlich scheint es zu sein, dass Berufe wie Makler, Verwaltungsangestellte, Allgemeinmediziner, Verkäufer, Bankangestellte, Journalisten, Händler oder Anwälte sich grundlegend ändern werden.

Überall dort, wo es um Rollenspiele nach festgelegten Regeln geht, sollte man sich Künstliche Intelligenz vorstellen, nicht wegdenken: Algorithmen statt Sachbearbeiter. Das heißt, der Großteil dieser Tätigkeitsfelder wird künftig von Software mit Künstlicher Intelligenz bearbeitet werden. Es sei beispielhaft auf die Oxford University verwiesen, die schon in einer Studie aus dem Jahr 2017 zu dem Schluss gelangte, dass über alle Branchen hinweg 47 Prozent aller Berufe durch Computer bzw. Software ersetzt werden können. In der Versicherungswirtschaft veranschlagt dieselbe Studie eine „Computerisierbarkeit" von weit über 90 Prozent aller Aufgaben.

Jede Branche und jedes Unternehmen stehen also über kurz oder lang vor der Herausforderung, zu entscheiden, welche Aufgaben von einer KI erledigt werden sollen und welche besser bei einem Menschen verbleiben. Ein Ziel sollte es dabei sein, die Beschäftigten möglichst weitgehend von bürokratischen Routineaufgaben zu entlasten, damit sie ihre eigentliche Befähigung zum Einsatz bringen können.

Wohlgemerkt: Es wird immer noch Steuerberater, Makler oder Anwälte geben – aber deutlich weniger als heute, und mit anderen Kompetenzen, in einem anderen Umfeld und mit anderen Verdienstaussichten. Das World Economic Forum ging in seiner Studie „The Future of Jobs" bereits 2018 davon aus, dass im Jahr 2025 mehr Aufgaben von Computern und Robotern erledigt werden als von Menschen. Man mag darüber spekulieren, ob es 2025 oder erst 2030 soweit ist, doch dass es dazu kommen wird, gilt als sicher.

Digitalisierung mit dramatischen Herausforderungen

Die zunehmende Digitalisierung der Arbeitswelt stellt Arbeitnehmer wie Arbeitgeber vor dramatische Herausforderungen, die bei weitem unterschätzt werden. Zahlreiche Berufsbilder stehen davor, sich derart grundlegend zu verändern, dass man nicht davon ausgehen kann, dass die Beschäftigten einfach so den neuen Arbeitsplatz befriedigend ausfüllen können. Modellrechnungen des Zentrums für Europäische Wirtschaftsforschung gehen davon aus, dass schon bis 2026 rund 920.000 Arbeitsplätze zwischen Berufsbildern „umgeschichtet“ werden. Das heißt konkret: 490.000 Arbeitsplätze sollen abgeschafft und 430.000 Arbeitsplätze neu geschaffen werden. Die damit verbundenen Herausforderungen für die Beschäftigten und die Unternehmen sind gewaltig.

Viele Arbeitsprozesse werden zunehmend digitalisiert und automatisiert und stellen dadurch stark veränderte Anforderungen an die Qualifikation der Erwerbstätigen. Die dazu notwendige, bedarfsorientierte und digital befähigende Qualifizierung der Arbeitnehmer ist unumgänglich. Hierzu genügt es allerdings nicht, die Betroffenen auf einen Digitalkurs zu schicken, sondern es müssen im Betrieb die Rahmenbedingungen geschaffen werden, um die Arbeitnehmer gezielt für die anstehenden Änderungen zu sensibilisieren und sie zu motivieren, sich auf das notwendige lebenslange digitale Lernen einzulassen.

Für diese Anforderungen haben die Autoren dieses Buches ein umfassendes und bereits vielfach erprobtes Vorgehensmodell entwickelt, um die aus einem herkömmlichen Berufsbild kommenden Beschäftigten für einen digitalisierten Arbeitsplatz zu befähigen. Um Akzeptanz zu finden, wird dabei auf ein firmeninternes Vorgehen gesetzt. Den Schlüssel dazu stellen sogenannte „Beschäftigungsberater 4.0“ dar, die aus den eigenen Reihen der Betriebe kommen und somit die Arbeitsprozesse und die Potenziale von Kolleginnen und Kollegen realitätskonform einschätzen können.

Den meisten Personalabteilungen und auch vielen Arbeitnehmern ist durchaus bewusst, dass Veränderungen auf sie zukommen. Aber sie wissen nicht, wie sie damit umgehen sollen. Sie unterschätzen die Umstellung und gehen davon aus, dass jemand, der eine Maschine mit Hebeln bedienen kann, auch das Nachfolgemodell dieser Maschine beherrscht, das mittels Computer gesteuert wird, um ein konkretes Beispiel zu nennen. Doch genau das ist falsch. Die Annahme, dass die Einführung der Digitalisierung per se die Produktivität im Betrieb erhöht, gehört zu den größten Irrtümern unserer Zeit. Fortschritte stellen sich nur ein, wenn es gelingt, die Arbeitnehmerschaft auf dem Weg in die Digitalisierung mitzunehmen.

Dringender Handlungsbedarf ist gegeben

Es ist dringender Handlungsbedarf bei der Digitalbildung geboten. Laut Studie des Zentrums für Europäische Wirtschaftsforschung arbeiten in Deutschland 42 Prozent der Beschäftigten in Berufen, für die eine hohe Automatisierungs- und Digitalisierungswahrscheinlichkeit besteht. Unternehmen, die heute diesen Wandel nicht aktiv angehen, werden morgen vor unlösbaren Problemen stehen.

Die digitale Unsicherheit reicht weit in die Führungsspitzen der Unternehmen hinein, verdeutlicht der Arbeitsmarktreport

„New Work“ der Bonner Wirtschafts-Akademie.[183] Demnach ist die überwältigende Mehrheit der Manager mit der fortschreitenden Digitalisierung der Wirtschaft mehr oder minder überfordert oder stoßen zumindest an ihre Grenzen.

Die Unternehmen sind dringend gefordert, ihr Führungspersonal besser als bisher auf die digitalen Herausforderungen vorzubereiten. Dabei geht es keineswegs nur darum, Technologien zu verstehen und Geschäftsprozesse zu verbessern und zu beschleunigen. Vielmehr ruft der Technologiewandel in vielen Branchen völlig neue Wettbewerber auf den Plan, die den Markt häufig mit innovativen Geschäftsmodellen auf den Kopf stellen.

Vor allem müssen sich die Firmen auch in der Arbeitswelt auf die Digital Natives einstellen, die völlig andere Erwartungen an ihren Arbeitgeber haben und etwa ein Social-Media-Verbot während der Arbeitszeit als untragbar einstufen, um nur ein Beispiel zu nennen. In den Digital Natives liegt zugleich die Chance, die digitale Führungsschwäche der deutschen Wirtschaft zu überwinden.

Vor allem die Generation Y, auch Millennials genannt, also alle zwischen den frühen 1980er und den späten 1990er Jahren Geborenen, sind kommunikativer als alle Generationen zuvor. Zudem ist bei dieser Gruppe noch nicht die häufig arbeitsaverse Haltung der Generation Z zu erkennen. Für Menschen, die mit dem Smartphone groß geworden sind, ist die ständige Erreichbarkeit eine Selbstverständlichkeit und der fortwährende Austausch in sozialen Netzwerken ihr Lebensalltag. Es bleibt zu hoffen, dass diese Generation auch die deutsche Wirtschaft mit innovativen Arbeitsplatz- und innovativen Geschäftsmodellen voranbringen wird. Allerdings stellt es eine Herausforderung für die Unternehmen dar, sich für diese Zielgruppe attraktiv zu machen. Das gilt erst recht für die Generation Alpha (α), also alle ab 2010 Geborenen.

Die „Alphas“ werden wie folgt gekennzeichnet: Die Arbeitswelt 2.0 (Home Office, flexible Arbeitszeiten, Work-Life-Balance) ist eine Selbstverständlichkeit, der Umgang mit digitalen Medien, Chatbots, 3D-Druck, Künstlicher Intelligenz, Deep Learning und autonomem Fahren ist so natürlich wie Essen und Trinken, und die Verantwortung für Nachhaltigkeit liegt ihnen von Kindesbeinen an im Blut.[184] Vieles spricht dafür, dass sie sich wenig mit der Kritik an neuen Entwicklungen aufhalten als vielmehr von klein auf lernen, diese für sich zu nutzen.[185]

Wandel der Arbeitsplatzkultur dringend notwendig

Hierzu ist in vielen, eher tradierten Firmen ein grundlegender Wandel der Arbeitsplatzkultur notwendig, um beispielsweise Soziale Medien nicht als Hemmschuh für die Produktivität, sondern als Schub für die Kommunikation zu verstehen. Die Unternehmen müssen sich daher zu Magneten für Digital Natives entwickeln, um ihre digitale Führungsschwäche zu überwinden.

Dazu gehört eine Firmenkultur des vernetzten Arbeitens. In der heutigen Zeit lässt sich mit jedem Smartphone eine Telefon- oder Videokonferenz herstellen, ohne dass – Internetzugang vorausgesetzt – hierfür irgendwelche Kosten anfallen. Es ist weder eine Frage der Technik noch der Kosten, wie agil und vernetzt in einem Unternehmen gearbeitet wird. Vielmehr geht es einzig und allein um die Firmenkultur und damit um die Frage, inwieweit moderne Arbeitsformen eher gefördert oder abgelehnt werden.

Dazu gehört der Trend „Bring Your Own Device" (BYOD). Das bedeutet, dass die Beschäftigten eigene mobile Endgeräte wie Laptops, Tablets oder Smartphones zu dienstlichen Zwecken nutzen und ins Firmennetzwerk integrieren können. Dies ermöglicht eine größere Wahlfreiheit und erlaubt der Firma eine bessere Orientierung an den persönlichen Bedürfnissen. Dementgegen stehen häufig handfeste Sicherheitsbedenken durch das „Einschleusen" privater Geräte ins Computernetzwerk der Unternehmen.

Vernetztes Arbeiten hat zur Folge, dass Arbeits- und Freizeitphasen immer weniger unterschieden werden können. Ältere Jahrgänge mögen diese Vermischung von Arbeit und Freizeit eher als Dauerbelastung empfinden. Jüngere dürften aufgrund der höheren Flexibilität zufriedener sein.

Die Förderung des vernetzten Arbeitens, eine moderne BYOD-Firmenpolitik, maximale Flexibilität und immer häufiger die Zulassung von WhatsApp und Co. auch für die betriebliche Kommunikation sind indes kaum zu vermeiden, um junge und talentierte Arbeitnehmer an das Unternehmen zu binden.

Insbesondere die Flexibilität am Arbeitsplatz ist für die Mehrzahl der Beschäftigten heutzutage wichtiger als die langfristige Arbeitsplatzsicherheit, haben Untersuchungen der Bonner Wirtschafts-Akademie gezeigt. Demnach gehören flexible Arbeitszeiten zu den besonders attraktiven Angeboten eines Arbeitgebers. Gleich an zweiter Stelle kommt ein flexibler Arbeitsort bzw. die Möglichkeit zum Arbeiten im Home Office. Demgegenüber wird die langfristige Sicherheit des Arbeitsplatzes heutzutage als nicht mehr ganz so wichtig eingestuft.

Für den Wunsch nach mehr Flexibilität über den klassischen 9-to-5-Job im Büro hinaus sprechen gleich mehrere Gründe. So wird häufig angeführt, dass viele Arbeitnehmer in einer anderen Umgebung kreativer sind als im Büro. Zudem ist es zu befürworten, wenn Arbeitnehmer ihre individuellen „geistigen Höchstphasen" zum Beispiel am frühen Morgen, am späten Abend oder gar nachts zugunsten des Arbeitgebers einsetzen können. Nicht zu vernachlässigen ist der Aspekt, dass die Arbeitnehmer durch die erhöhte Flexibilität zufriedener werden und dadurch freiwillig mehr arbeiten als im Büro.

Zunehmende Flexibilisierung unerlässlich

Um junge Talente anzuziehen und High Performer zu halten, ist jedenfalls eine zunehmende Flexibilisierung unerlässlich. Es sollte sich nicht mehr die Frage nach dem *ob* stellen, sondern nur noch nach dem *wie*. Unternehmen, die diesbezüglich keine attraktiven Angebote unterbreiten, drohen künftig an der demografischen Struktur im Betrieb zu scheitern.

Allerdings sind die Unternehmen auch gefordert, Maßnahmen gegen die Nachteile der Flexibilität zu ergreifen: gemeinsame Meetings lassen sich schwerer arrangieren und der informelle Wissenstransfer etwa an der Kaffeemaschine geht verloren. Ebenso gibt es die Befürchtung einer verstärkten Ablenkung von der Arbeit außerhalb des Büros, und viele Vorgesetzte vermissen schlichtweg die unmittelbare Kontrolle vor Ort. Aber im Zeitalter von Telefonkonferenzen und Messaging lässt sich Kommunikation auch ohne eine permanente Anwesenheit im Büro organisieren. Allerdings müssen die Personalabteilungen Wege finden, das soziale Geflecht im Unternehmen nicht auseinanderbrechen zu lassen. Hierzu gibt es ein ganzes Spektrum an Teambuilding-Maßnahmen, auf welche die Personalverantwortlichen zurückgreifen können. Schließlich bleibt Teambuilding auch in Zukunft essenziell für die Motivation der Belegschaft.

Besonders wichtig ist zudem ein interessantes Angebot an Weiterbildungsmaßnahmen für die Beschäftigten. Ebenfalls von Bedeutung sind der Dienstwagen, gerade angesichts der zunehmenden Flexibilität, attraktive Bonusprogramme sowie Unterstützung bei der Kinderbetreuung.

Bei aller Flexibilität in den aktiven Arbeitsjahren stellt die finanzielle Absicherung im Alter ein wesentliches Argument bei der Wahl des Arbeitgebers dar. Daher ist eine betriebliche Rente unerlässlich, um qualifizierte Mitarbeiter zu gewinnen und zu halten. Das Gespenst der Altersarmut macht sehr vielen Beschäftigten Angst, die ihnen ein Arbeitgeber ein Stück weit nehmen kann.

Zurück zur Flexibilität am Arbeitsplatz: Die Nutzung von KI-Tools stellt seit 2023 ein wichtiges Kriterium dar, nach dem vor allem junge Menschen verlangen, um sich in „ihrem" Betrieb wohlzufühlen.

KI und die Arbeitswelt der Zukunft

Künstliche Intelligenz hat zweifelsohne das Potenzial, den Arbeitsmarkt vielschichtig zu verändern. So kann KI eine Vielzahl von Aufgaben übernehmen, von sehr einfachen, routinemäßigen

Aufgaben wie automatisierten Produktionsprozessen bis hin zu komplexeren Aufgaben wie etwa der Erstellung von Analysen und Verfahren zur Kreativitätsentwicklung.

Diese Automatisierung wird sowohl neue Arbeitsplätze schaffen als auch zum Verlust von Arbeitsplätzen führen. Einerseits werden Fachleute benötigt, um KI-Systeme zu entwickeln, zu verwalten und zu warten. Es werden zudem sicherlich neue Arbeitsplätze in Bereichen wie Datenanalyse und KI-Ethik geschaffen. Es werden aber auch Arbeitsplätze durch KI-Technologie verloren gehen, und es besteht zudem die Gefahr, dass neue Beschäftigungsoptionen nicht in den Bereichen oder Regionen entstehen, in denen bestehende Arbeitsplätze abgebaut werden.

KI wird auch dazu führen, dass sich bestehende Rollen ändern. Zum Beispiel könnten Ärzte KI-Systeme verwenden, um Patientendaten zu analysieren und Diagnosen zu stellen, was bedeutet, dass sie ihre Zeit für mehr Patientenkontakt nutzen können.

Da KI immer mehr Aufgaben übernehmen kann, steigt die Nachfrage nach hochqualifizierten Fachleuten, die KI-Systeme nutzen und verwalten können. Dies wird zu einer Verschiebung in der Art der benötigten Ausbildung und Qualifikation führen.

Das Argument, dass KI dazu beitragen könnte, den Fachkräftemangel zu beheben, ist indes nicht stichhaltig. Wer sich die Zahlen anschaut, erkennt sehr schnell, dass der größte Mangel an qualifiziertem Personal im Handwerk und im Pflegebereich besteht. Das sind jedoch zwei Segmente, die auf absehbare Zeit gerade nicht von Künstlicher Intelligenz betroffen sein werden. Dafür dürften die Auswirkungen auf vielen anderen Gebieten verheerend sein.

Verwüstungen auf dem Arbeitsmarkt

Der breitflächige Einzug von Künstlicher Intelligenz wird einen Kahlschlag auf dem Arbeitsmarkt auslösen, auf den Deutschland nicht vorbereitet ist. Studien gehen davon aus, dass bis zu 80 Prozent aller gewerblichen Arbeitsplätze in Deutschland der KI zum Opfer fallen werden.[186] Selbst wenn diese Zahlen zu hoch gegriffen sind und nur ein Drittel aller Jobs durch KI vernichtet wird, würde das zu Verwüstungen auf dem Arbeitsmarkt führen.

Überall dort, wo es um Rollenspiele nach festgelegten Regeln geht, wird Künstliche Intelligenz auf Dauer Einzug halten: Algorithmen statt Sachbearbeiter. Das bedeutet, dass beinahe jeder Computer-Arbeitsplatz gefährdet ist. Über alle Branchen hinweg soll die „KI-Vernichtungsquote“ bei knapp 50 Prozent liegen. Es stehen auf jeden Fall viel zu viele Jobs im Feuer, als das wir diese Entwicklung als Gesellschaft einfach so hinnehmen können.

Natürlich führt Künstliche Intelligenz zu massiven Produktivitätssteigerungen und wird auch neue Berufsbilder schaffen. Im Herbst 2024 läutete OpenAI unter dem Kürzel „O1“ eine neue KI-Ära.[187] Denn zum ersten Mal gleicht sie Antworten mit ihrem Wissen über die Welt ab, statt nur die wahrscheinlichste folgende Buchstabenkombination zu ermitteln. „Die KI denkt nach, bevor sie antwortet“, könnte man diese Vorgehensweise beschreiben. Alle dies wird dafür sorgen, dass der KI-Kahlschlag auf dem Arbeitsmarkt über viele Jahre hinweg nicht ausgeglichen werden kann.

KI-Einzug hat eine historische Dimension

Ordnen wir den breitflächigen Einzug von Künstlicher Intelligenz in einer historischen Dimension ein, vergleichbar mit der industriellen Revolution im 19. Jahrhundert. Damals wurde die menschliche Muskelkraft durch Maschinen abgelöst, mit den bekannten Folgen. Heute stehen wir an der Schwelle zur Ablösung des menschlichen Denkens durch Algorithmen. Im Endeffekt hat die Industrialisierung erst die Grundlage für unseren heutigen Wohlstand in weiten Teilen der Welt wie auch in Deutschland geschaffen. Aber die Jahrzehnte auf diesem Weg waren für viele Menschen schwere Zeiten.

Eine ähnliche Entwicklung steht jetzt vor uns: Am Ende mag KI den Wohlstand weiter erhöhen. Aber die Bewältigung der damit verbundenen Umwälzungen wird für die heutige und auch die nächsten Generationen nicht leicht werden.

Die Roboter rücken an

Wenn wir mit Stand 2024 auf das Phänomen der Künstlichen Intelligenz blicken, denken die meisten von uns an Bildschirmtätigkeiten, bei denen KI unterstützt oder die durch KI ersetzt werden. Doch das ist viel zu kurz gedacht: Alsbald werden Roboter mit KI-Fähigkeiten in unseren Alltag eindringen. Das Zusammengehen von Künstlicher Intelligenz und Robotik wird einer der nächsten großen Schritte sein. Ganz ähnlich, wie Ende 2022 viele Menschen von den Fortschritten der KI überrascht wurden, wird es wohl im Bereich der Robotik sein: Zwar ist die Entwicklung sehr lange vorher bereits absehbar, aber wenn sie schließlich auf dem Markt durchgesetzt ist, ist die Überraschung groß.

Die Organisation der Vereinten Nationen für Erziehung, Wissenschaft und Kultur (Unesco) kam bereits in ihrem Wissenschaftsbericht 2021 zu dem Schluss, dass KI und Robotik die wichtigsten Gebiete wissenschaftlicher Forschung darstellen.[188]

OpenAI, die Firma, die 2023 mit ChatGPT weite Teile der Welt überrascht hatte, stellte bereits 2017 eine KI-gesteuerte Roboterhand vor, der es 2019 gelang, mit dem „Zauberwürfel" *Rubik's Cube* umzugehen.[189] Studien zufolge kann nicht einmal sechs Prozent der Weltbevölkerung den „Zauberwürfel" lösen. Die KI-gesteuerte Roboterhand ist also – zumindest in dieser einen Disziplin – 94 Prozent der Menschheit überlegen.[190] Wenn OpenAI eine zweite Hand, einen Korpus und Beine hinzufügt, entsteht ein Roboter – und genau das kündigte das Unternehmen 2023 an.[191]

Diese Entwicklung zeichnet sich schon lange ab. Bereits 2013 stellte das US-Unternehmen Boston Dynamics der staunenden Öffentlichkeit unter dem Namen „Atlas" einen Roboter vor, der wie die Kopie eines Menschen aussah – und sich auch in vielerlei Hinsicht so verhielt. Tech-Vorreiter Elon Musk betrat 2022 zusammen mit einen Roboter namens Optimus die Bühne. Der KI-Chiphersteller Nvidia präsentierte 2023 eine Plattform für die Zusammenführung von KI und Robotik. Die Branche spricht von humanoiden Servicerobotern, die künftig im Haushalt und natürlich auch in den Betrieben einen Großteil der Arbeit erledigen werden.[192]

Zugegeben, das klingt heute noch wie Science Fiction. Aber Hand aufs Herz: Wer hätte sich ein Smartphone vorstellen können, bevor es 2007 von Steve Jobs vorgestellt wurde? Heute, nicht einmal 20 Jahre später, nehmen wir dieses „Zaubergerät" durchschnittlich 30-mal am Tag zur Hand, weil wir uns ein Leben ohne Smartphone kaum noch vorstellen können. Vieles deutet darauf hin, dass der Siegeszug der KI-Roboter wesentlich schneller vorangeht.[193]

Die EU begegnet der KI-Revolution – mit einem Amt

Und wie bereitet sich Europa auf die anstehende KI-Revolution vor? Mit einer neuen Behörde. Stolz verkündete die Europäische Kommission im Frühsommer 2024: „Mit dem Europäischen Amt für künstliche Intelligenz hat die EU-Kommission eine zentrale Stelle zu allem mit der neuen Technologie verwandten Themen eingerichtet. Das KI-Amt soll die Rolle eines themenspezifischen Kompetenzzentrums einnehmen und diesbezüglich eine Schlüsselrolle in der gesamten EU spielen.“ Und weil KI ein großes Thema ist, muss auch die Behörde entsprechend groß sein. Das neue KI-Amt umfasst gleich fünf Referate und zwei Berater: Die Referate Exzellenz in KI und Robotik, Regulierung und Einhaltung (zur Koordinierung der Regulierung), KI-Sicherheit, KI für das Gemeinwohl, KI-Innovation und Politikkoordinierung sowie einen leitenden wissenschaftlichen Berater und einen Berater für internationale Angelegenheiten.[194]

Als Überschrift für den neuen bürokratischen Apparat wählte die EU „Gestaltung der digitalen Zukunft Europas“. Treffender wäre wohl „Verwaltung der digitalen Zukunft Europas“ gewesen.[195] Wobei es um die „digitale Zukunft Europas“ ohnehin nicht gut bestellt scheint. So wie es schon lange keinen einzigen Handyhersteller mehr in Europa gibt und heute keinen einzigen Smartphonehersteller, so wenig ist wohl zu erwarten, dass in Zukunft ein KI-Roboter made in Europe die Welt erobern wird.

Rescaling – das Paradoxon

Massenentlassungen sind in immer mehr Industrieunternehmen an der Tagesordnung, während die Wirtschaft gleichzeitig vom anhaltenden Fachkräftemangel geplagt wird. Diese auf den ersten Blick paradoxe Situation wird sich künftig weiter verschärfen.

Die Gründe dafür sind rasch aufgezählt: die Deindustrialisierung Deutschlands sowie der steigende internationale Innovations-, Wettbewerbs- und Kostendruck. Die Unternehmen müssen darauf mit Rescaling – also der strategischen Neuausrichtung ihres Personals auf allen Ebenen – reagieren. Doch die meisten Personalabteilungen sind dafür nicht gut aufgestellt.

Autoindustrie und Chemie wandern ab

Nehmen wir ein Beispiel für den Bedarf an Rescaling: Das Umschwenken der Automobilindustrie vom Verbrenner auf E-Mobilität macht viele hochbezahlte Spezialisten auch bei den Zulieferern überflüssig. Diese Fachleute werden nicht etwa umgeschult, sondern zuhauf auf den Arbeitsmarkt entlassen. Doch sie kommen durchweg von einem hohen Gehaltsniveau und finden schwerlich neue Arbeitgeber, die ähnlich gut bezahlen. Das wird zu einem Kaufkraftverlust in Deutschland auf breiter Front führen.

Neben der Automobilbranche steht die Chemische Industrie angesichts der anhaltenden Unsicherheit, ob langfristig eine ausreichende und bezahlbare Energieversorgung für die kostendeckende Produktion in Deutschland sichergestellt werden kann, vor dem Aus. So ist in den Jahren 2022 und 2023 das Produktionsvolumen der deutschen Chemieindustrie bereits um etwa 20 Prozent zurückgegangen. Für das Jahr 2024 wird ein weiteres Minus beim Branchenumsatz in Höhe von drei Prozent erwartet.[196]

Wir sehen seit einiger Zeit nur noch Ersatzinvestitionen in Deutschland. Neuinvestitionen finden überwiegend im Ausland statt. Daher stehen auch in der Chemie viele hochbezahlte Fachkräfte vor einem Karriereknick, weil die „Auffangquote" für diese Spezialberufe in anderen Branchen niedrig ist. Die Abwanderung der Chemie wird nicht mehr aufzuhalten sein, weil diese Branche eine Planungssicherheit von mindestens zehn Jahren benötigt, die sie in Deutschland nicht findet.

Wie eine ganze Industrie, die in Deutschland ihre Ursprünge hat, unser Land verlässt, lässt sich am Beispiel der Photovoltaik anschaulich darstellen.

Das Menetekel mit Photovoltaik

Die Geschichte der Photovoltaik reicht zurück bis in die 1970er und 1980er Jahre, als erste Forschungsprojekte und Pilotanlagen entstanden. Die Ölkrise in dieser Zeit führte zu einem verstärkten Interesse an alternativen Energiequellen, und die Sonnenenergie rückte ins Rampenlicht. Ingenieure entwickelten die ersten Solarzellen, die Sonnenlicht in elektrische Energie umwandeln konnten.

In den 1990er und 2000er Jahren wurde die Photovoltaik-Technologie durch politische Maßnahmen wie das Erneuerbare-Energien-Gesetz (EEG) von 2000 stark gefördert. Infolgedessen erlebte Deutschland einen massiven Boom bei der Installation von Solarmodulen, und deutsche Unternehmen wurden zu wichtigen Akteuren auf dem globalen Markt. Doch trotz des starken Wachstums der Photovoltaikindustrie in Deutschland begann in den späten 2000er und frühen 2010er Jahren eine Verlagerung der Produktion von Solarmodulen nach China. Dies geschah aus mehreren Gründen: Kostenvorteile, Skaleneffekte und Industriepolitik. Am Ende hat China die Führung in der Solarindustrie übernommen, in Deutschland ist von dieser Branche nichts übrig geblieben – wenn man davon absieht, dass wir nunmehr die Solarmodule aus dem Fernen Osten beziehen.

Das Desaster mit der Photovoltaik in Deutschland kam nicht von ungefähr. Genau wie die heutige Regierung hatten auch schon frühere Regierungen bei Energiefragen wenig Augenmerk auf die globalen Entwicklungen. Über Jahrzehnte hinweg lag der Fokus der deutschen Industriepolitik stark auf der Inlandsnachfrage und den Einspeisevergütungen.

Der deutschen Industriepolitik fehlte eine langfristige Strategie, um die Photovoltaikindustrie und ihre Wettbewerbsposition auf dem globalen Markt zu stärken. Weder die Fördermaßnahmen noch die staatlichen Subventionen wurden an die sich ändernden Marktbedingungen angepasst. Hinzu kamen eine schwerfällige Bürokratie mit einem Hang zur Überregulierung, die den Photovoltaikmarkt gebremst hat, etwa durch langwierige Genehmigungsverfahren und dem Versäumnis, einen günstigen Rahmen für den weiteren Ausbau der Photovoltaikkapazitäten zu schaffen. Letztendlich ist heute ein Großteil der Photovoltaikindustrie in China ansässig, ein weiterer Teil in den USA.

Die Zitterpartie um den Fortbestand der Schweizer Solarfirma Meyer Burger in Deutschland 2023/24 glich geradezu einem Krimi. Die letzte verbliebene Fertigung von Solarmodulen in Deutschland erwies sich im internationalen Vergleich als nicht mehr wettbewerbsfähig. Die Option: Werkhalle und Maschinen in Deutschland abbauen, auf Containerschiffe verladen und eins zu eins in den USA wieder aufbauen.[197] Die Kosten für die Verlagerung wurden auf 50 bis 80 Millionen Euro geschätzt. Viel Geld, möchte man annehmen, doch tatsächlich ist es wenig gegenüber einer förderfähigen Summe von 1,4 Milliarden US-Dollar, die das Unternehmen in den USA zu erwarten hat. Meyer Burger nutzt dabei den Advanced Manufacturing Tax Credit, der Teil des Inflation Reduction Acts ist. Die entsprechende US-Gesetzgebung zielt nämlich erheblich darauf ab, Unternehmen ins Land zu locken, anstatt sie, wie in der EU üblich, mit immer neuen Regularien zu vertreiben.[198] Im Frühjahr 2024 kündigte Meyer Burger das endgültige Aus für die Solarfertigung in Deutschland an.[199]

Man muss wohl von einem Desaster für die in Deutschland vorherrschende Ideologiepolitik sprechen: Ausgerechnet in dem Land, in dem die Nutzung der Sonnenstrahlen (neben dem Wind) als das wesentliche Fundament für die Transformation zu einer nachhaltigen Energieversorgung favorisiert wird, ist es nicht mehr rentabel, Solarmodule zu produzieren.

Innovations-, Wettbewerbs- und Kostendruck

In immer mehr Branchen ist der wachsende Wettbewerbs- und Kostendruck aus Osteuropa, China und den ASEAN-Staaten zu spüren. Hinzu kommt das hohe Innovationstempo der US-

Wirtschaft. Viele deutsche Konzerne und Großunternehmen reagieren darauf mit einer radikalen Verschlankung beim Personalbestand, vor allem im mittleren Management. Durch den Abbau ganzer Hierarchiestufen wollen die Firmen nicht nur im großen Stil Kosten sparen, sondern auch die Entscheidungsgeschwindigkeit in ihren Organisationen signifikant verbessern, um ihre Wettbewerbsfähigkeit zu stärken.

Das Aufblähen der Organisationsstrukturen um immer neue Managementebenen ist in weiten Teilen der Wirtschaft schon seit Jahren als Problemkreis bekannt. Jetzt packen es die Firmen endlich an, weil viele Topmanager die Angst umtreibt, am Ende wie der letzte CEO von Nokia dazustehen, der mit einer viel zu großen Organisation am Innovationstempo des Wettbewerbs gescheitert ist. Unter Tränen beendete er seine Rede zur Übernahme durch Microsoft mit den Worten: „Wir haben nichts falsch gemacht, aber irgendwie haben wir verloren.“[200] Das klang zwar rührend, aber im Grunde muss man wohl sagen: Fast alles falsch gemacht!

Nadelöhr ist die Ressource Mensch

Das „Nadelöhr“ beim Rescaling – der besseren Nutzung der „Ressource Mensch“ – stellen die Personalabteilungen dar. Die meisten HR-Departments haben längst ihre strategische Ausrichtung verloren und sind nur noch Handlanger des Controllings. Daher sind die Personalleiter in der Regel gar nicht in der Lage, das Potenzial der vorhandenen Belegschaft in Bezug auf Know-how, Leistungsfähigkeit und -bereitschaft sowie Entwicklungsmöglichkeiten zu bewerten.

Es ist jedem Unternehmen zu empfehlen, seine Personalabteilung so rasch wie möglich wieder in die Lage zu versetzen, beim anstehenden Rescaling eine aktive Rolle zu übernehmen. Dazu gehört eine strukturierte Planung dahingehend, welche Personalstärke mit welchen Fähigkeiten in den nächsten zehn Jahren benötigt wird.

Nur wer eine klare Vorstellung von der Zukunft hat, kann seine Belegschaft systematisch auf dieses Ziel hin entwickeln – ein Grundsatz, den die Autoren in Gesprächen mit HR-Verantwortlichen des Öfteren hören. Doch die meisten Personalabteilungen haben nicht einmal die Kapazitäten, um den Ist-Zustand („wer kann was im Unternehmen?") festzustellen, geschweige denn ein Soll-Ziel zu formulieren („welche Fähigkeiten benötigen wir künftig in welcher Personalstärke?").

Diffuse Klarheit über Künstliche Intelligenz

Mit Künstlicher Intelligenz ist ein weiterer Unsicherheitsfaktor bei der Personalplanung hinzugekommen. Auf Vorstandsebene gibt es in der Regel eine diffuse Klarheit darüber, dass KI das ganze Unternehmen durchschütteln wird. Aber die Auswirkungen auf die Personalplanung liegen überwiegend völlig im Dunkeln.

Vor diesem Hintergrund raten die Autoren den Unternehmen zu einer aktiven Rescaling-Strategie statt sich von den Entwicklungen überrollen zu lassen und nur auf Kostensenkung durch Massenentlassungen zu setzen.

Die Schlüsselelemente für diese zielgerichtete Ausrichtung von Management und Belegschaft auf die Zukunft sind eine systematische Bestandsaufnahme der vorhandenen Mitarbeitenden über alle Hierarchien hinweg und darauf basierend eine Weiterbildungsbedarfsanalyse. KI wird über kurz oder lang bei Fach- und Führungskräften auf allen Ebenen ankommen. Also sind die Unternehmen gut beraten, ein breit angelegtes KI-Schulungskonzept zu entwickeln und auszurollen. Dabei geht es weniger darum, den Umgang mit einem spezifischen KI-Tool zu vermitteln als vielmehr die Sensibilität dafür zu wecken, wo und wie sich KI in der Organisation einsetzen lässt, um Produktivität, Kundenzufriedenheit und Wettbewerbsfähigkeit zu stärken.

Politischer Plan für den Strukturwandel unerlässlich

Wenn die Autoindustrie und die Chemie mit ihren umfangreichen Zuliefernetzwerken aus Deutschland abwandern und parallel dazu zigtausende Arbeitsplätze durch Künstliche Intelligenz vernichtet werden, dann ist ein wirtschafts- und sozialpolitischer Plan für diesen Strukturwandel zwingend erforderlich. Die Politik muss erkennen, dass sich Fachkräftemangel und Massenentlassungen nicht ausgleichen, sondern beides eigenständige Problemfelder darstellen.

Die Zusammenhänge sind offensichtlich, denn unser gesamter Sozialstaat hängt von einer starken Wirtschaft ab: Rente, Krankenversicherung, Sozialleistungen. Ohne eine leistungsfähige Wirtschaft in Deutschland wird der Wohlfahrtsstaat, wie wir ihn kennen, nicht zu erhalten sein. Die anstehenden Umwälzungen sind vergleichbar mit dem Strukturwandel innerhalb der ehemaligen Montanunion. Sie sind aber nicht allein auf das Revier beschränkt, sondern haben bundesweit massive Auswirkungen. Im Grunde braucht ganz Deutschland ein umfassendes Rescaling.

Machen wir uns nichts vor: Wenn wir unseren Wohlstand verlieren, wird das nicht einfach „nur" so ablaufen, dass es uns schlechter geht, sondern es wird zu erheblichen politischen Verwerfungen kommen. Die Anzeichen dafür sind längst sichtbar in Form der grassierenden Politikverdrossenheit einerseits und den politisch extremistischen Tendenzen andererseits. Eine realitätsferne Energiepolitik, die ideologische Verabsolutierung der Klimapolitik, der Versuch einer bis ins kleinste Detail hineinreichenden politischen Feinsteuerung und die überbordende Bürokratie stoßen schon seit langem auf Widerstand. Doch das scheint weite Teile der Politik wenig zu scheren: Diese agiert wie eine Dampfwalze, die weder auf Experten, etwa aus der Wirtschaft, hört noch Rücksicht auf die Bevölkerung nimmt. Dieser Politikstil schadet unserer Demokratie massiv.

„Wir werden gesteuert von Laien, die nichts gelernt haben", empörte sich Manager-Legende Wendelin Wiedeking im Herbst 2024. Der Topmanager hatte in den 1990er-Jahre aus der damaligen Pleite-Marke Porsche wieder einen kerngesunden Autobauer gemacht. Die Automobilindustrie steht exemplarisch für die wirtschaftspolitischen Fehlentwicklungen, wie im nächsten Kapitel aufgezeigt wird. Die Wiedeking-Analyse dazu: „Die Politik hat Vorgaben gemacht, die unzulässig waren. Man kann sich zwar alles wünschen, aber es muss auch umsetzbar sein. Ich glaube, dass man der gesamten europäischen Autoindustrie zu viel aufgebürdet hat. Man stranguliert den wichtigsten Wirtschaftsfaktor, den Europa hat. … Man hat Gesetze erlassen, die heute bei vielen Unternehmen zu Konsequenzen führen: Es wird Entlassungen geben, es wird zum Schaden der Menschen sein. Wir verlieren den wichtigsten Wirtschaftsfaktor, den wir haben, und damit auch einen Großteil unseres Wohlstandes."[201]

Die Irrfahrt der Autoindustrie

E-Autos sind sauberer, nachhaltiger und umweltschonender – das sind Hauptargumente für die neue Generation der Mobilität. Das gilt allerdings nur, wenn man den Blick auf den Einsatz der Fahrzeuge beschränkt und ihre Produktion außer Acht lässt. Wird die Herstellung der Batterien ebenfalls in Betracht gezogen, ergibt sich ein deutlich anderes Bild. Dafür werden nämlich Rohstoffe herangezogen, die endlich sind, häufig unter umweltverachtenden Bedingungen abgebaut werden und neue Abhängigkeiten schaffen. Noch dramatischer stellt sich die Lage dar, wenn man den Aufwand hinzurechnet, die heute bestehende Infrastruktur für Wagen mit Verbrennermotor auf Elektroautos umzurüsten.

Um es deutlich zu sagen: Der Gedanke, die bestehende Technologie auf einen Schlag als überholt einzustufen und die ganze Welt auf Elektromobilität umzurüsten, kann nur einem Politikerhirn mit viel Ideologie, aber wenig Faktenwissen und noch weniger Lebenserfahrung entsprungen sein. In diesem Kapitel wird dargelegt, warum dies ein Irrweg ist, den wir schnellstens verlassen müssen, und zwar aus zwei Gründen: erstens, um die Umwelt tatsächlich (statt nur ideologisch) zu schützen, und zweitens, um den Industriestandort Deutschland und damit unser aller Wohlstand zu retten. Aber der Reihe nach Punkt für Punkt.

Beim Ruf nach der Elektrifizierung der Fahrzeugwelt mittels Batterien werden zwei Aspekte übersehen: Die Batterieproduktion belastet die Umwelt erheblich und sie verbraucht seltene

Rohstoffe, die es schon bald nicht mehr geben wird. Die Autobatterien benötigen Spezialrohstoffe wie Kobalt, Lithium, Grafit, Nickel und Mangan. Viele dieser Rohstoffe werden unter menschenunwürdigen Umständen in afrikanischen und südamerikanischen Minen abgebaut. Zudem droht Lithium bei weiter steigendem Verbrauch schon im Jahr 2050 knapp zu werden. An diesen grundlegenden Aspekten ändert sich auch nichts, wenn der eine oder andere Fortschritt beim Abbau oder der Nutzung der Rohstoffe zu verzeichnen ist.[202]

Das Elend der Elektromobilität

Die Förderung der für die Batterien notwendigen Rohstoffe ist alles andere als nachhaltig oder umweltschonend. So geht die Gewinnung von Lithium mit einem hohen Wasserverbrauch einher, der sich negativ auf die Ökosysteme in den Förderregionen auswirkt. Auch die oft elenden Arbeits- und Lebensbedingungen der Minenarbeiter, die Lithium und Kobalt aus der Erde holen, stehen beispielhaft dafür, wie „dreckig" die Elektromobilität in Wirklichkeit ist. Das gilt sowohl für die Demokratische Republik Kongo, in der etwa zwei Drittel der Weltproduktion an Kobalt gewonnen wird, als auch für die Minen in Chile und anderen südamerikanischen Ländern, die in ökologisch sensiblen Regionen wie Pilze aus dem Boden schießen. Für die Batterien eines E-Autos werden zwischen zehn und 15 Kilogramm Kobalt benötigt.

Im Kongo sind es in erster Linie die großen Minen der internationalen Rohstoffkonzerne, in denen 80 Prozent des Kobalts abgebaut wird. Aber rund 20 Prozent entfällt auf illegale Kleinminen, den sogenannten „artisanalen Bergbau". In Schächten, die so schmal sind, dass nur Kinder durchpassen, teilweise bis zu

45 Metern tief in der Erde, wird der Rohstoff gewonnen, der die E-Autos antreibt. Viele der Minen und vor allem der Handel mit Kobalt liegen zu weiten Teilen in den Händen chinesischer Firmen, die klägliche Arbeitsbedingungen vor Ort schaffen. Auf Frachtschiffen wird das abgebaute Kobalterz zur Weiterverarbeitung nach China gebracht. Schließlich hat sich China das erklärte Ziel gesetzt, bis 2049 – also hundert Jahre nach der Ausrufung der Volksrepublik China – die technologische Führerschaft der Welt zu übernehmen, noch vor den derzeit führenden USA. Elektronik spielt dabei eine maßgebliche Rolle, und natürlich auch die E-Mobilität. So ist es verständlich, dass die chinesische Regierung bestrebt ist, sich die gesamte Lieferkette für Kobalt und übrigens auch alle anderen für die E-Produktion benötigten Rohstoffe zu sichern.[203]

In Chile wird das Lithium großflächig in Salzseen, sogenannten Salares, gewonnen. Das Absinken des Grundwasserspiegels, die Bedrohung ganzer Tierarten wie den Andenflamingos und die Zerstörung der Landwirtschaft der indigenen Gemeinschaften an den Ufern der Salzseen, fallen der Elektromobilität zum Opfer.[204]

Die Schattenseiten der Elektromobilität werden in der politischen Diskussion in Deutschland wenig beleuchtet. Würde man es tun, käme heraus, dass der wahre Preis der Elektromobilität von anderen Menschen in anderen Ländern getragen wird. Denn es gibt über Kobalt und Lithium hinaus noch weitere Rohstoffe, die unter verheerenden Bedingungen abgebaut werden, weil sie für die moderne Industriegesellschaft von essenzieller Bedeutung sind. Dazu gehören auch Seltene Erden, einer der irreführendsten Begriffe überhaupt: Es handelt sich dabei keineswegs um Erde, sondern um Weichmetalle. Sie sind auch nicht selten, sondern überall in der Erdkruste vorhanden. Allerdings gibt es nur wenige Lagerstätten auf der Welt, wo sie derart konzentriert auftreten, dass sich der Abbau wirtschaftlich lohnt. Es gibt kein modernes Hightechprodukt ohne Seltene Erden.

Geopolitisch ist es also nachvollziehbar, dass sich China ein Quasimonopol auf Seltene Erden gesichert hat – zumal das mit Abstand größte Vorkommen auf chinesischen Boden liegt. Dies zusammen mit menschenunwürdigen und umweltverachtenden Abbaubedingungen hat China genutzt, um ein Monopol für Seltene Erden aufzubauen. Heute stammt rund 90 Prozent aller weltweit in Industrieprodukten eingesetzten Seltenen Erden aus China. Wer also über die Rettung und Schonung natürlicher Ressourcen sinniert, muss wissen, dass dort die giftigen Abfallprodukte bei der Herstellung der einzelnen Elemente nicht fachgerecht entsorgt werden und auch die Luft bei der Verhüttung dramatisch belastet wird. Für politische Entscheidungen muss man sich klarmachen, dass die Abkehr vom Verbrennungsmotor zwar unsere Abhängigkeit vom Öl verringert, aber im Gegenzug die Abhängigkeit von der Volksrepublik China – hier lässt es sich im Unterschied zum Öl tatsächlich auf einen einzelnen Staat reduzieren – dramatisch erhöht.

Mögliche chinesische Exportkontrollen – angesichts der Zuspitzung des Konfliktpotenzials zwischen China und den USA im Grunde absehbar – haben also das Potential, direkte Auswirkungen auf die globale E-Autostrategie zu zeitigen.[205] Diese geopolitischen Implikationen der „Verherrlichung von E-Autos“ durch die deutsche Politik scheinen in den Köpfen der Regierenden indes keine Rolle zu spielen; entweder sind sie dort noch gar nicht angekommen oder werden verdrängt, weil sie nicht ins eigene Weltbild passen.

Verheerende Öko- und Rohstoffbilanz

Die Ökobilanz der E-Wagen sieht nicht viel besser aus als ihre Rohstoffbilanz. So entstehen bei der Herstellung einer Kilowattstunde Speicherkapazität zwischen 150 und 200 Kilo Kohlenstoffdioxid. Damit sich die Umweltbilanz auch nur ausgleicht, müsste das E-Auto also mindestens acht Jahre in Betrieb sein. Nach dieser Zeit hat die Batterie allerdings längst erheblich an Kapazität eingebüßt, nämlich zwischen 20 und 30 Prozent; entsprechend geringer ist auch die Reichweite des Wagens.

Es stellt sich zudem die Frage, wohin mit der Batterie, wenn diese nach einigen Jahren nur noch 70 oder 80 Prozent ihrer ursprünglichen Kapazität aufweist. Die Industrie spricht von einem „Second Life", bei dem die Altbatterien zu großen Stromspeichern zusammengeschaltet werden. Die Nachfrage nach diesen Speicherblöcken dürfte steigen, weil sie als Pufferspeicher für elektrischen Strom geeignet sind. Beispiel Windkraft: Bei starkem Wind erzeugte Überkapazitäten werden in dem Batteriespeicher zwischengepuffert und bei Windstille zu einem späteren Zeitpunkt ins öffentliche Stromnetz eingespeist. Effizient ist diese Art der Stromspeicherung zwar nicht. Aber es wäre immerhin ein – wenn auch nur vorläufiger – Verwendungszweck für die ausrangierten Batterien, bis diese irgendwann endgültig ihre Funktionalität einbüßen und gefährlichen Sondermüll darstellen.

Tatsächlich stellt die Batterieproduktion den Knackpunkt bei der Ökobilanz dar. Für CO2-Neutralität ist es zwingend notwendig, die Batteriezellen in Europa zu fertigen, und zwar mit Strom aus erneuerbaren Energiequellen. Erfolgt die Produktion nämlich in China, entstammt der zur Batterieherstellung notwendige Strom überwiegend aus Kohlekraftwerken. Für ein Auto mit einem Dieselmotor fielen 8,4 Tonnen CO2-Emissionen an, für ein E-Auto mit Batterie aus China etwa 16,8 Tonnen, hat der Verein Deutscher Ingenieure (VDI) in einer Studie aus dem Jahr 2021 ausgerechnet.[206] Was das heißt? Ein Diesel ist in der Regel bei der Herstellung nur halb so umweltschädlich wie ein E-Auto.

Stockende Batterieproduktion in Europa

Doch die Batterieproduktion in Europa kommt seit Jahren nur stockend voran, wie eine Studie des Europäischen Rechnungshofs 2023 feststellte. Im Zeitraum von 2014 bis 2020 hat die Batterieindustrie demnach mindestens 1,7 Milliarden Euro an EU-Finanzhilfen und -Darlehensgarantien erhalten, zusätzlich zu staatlichen Beihilfen von bis zu sechs Milliarden Euro, die zwischen 2019 und 2021 genehmigt wurden – hauptsächlich in Deutschland, Frankreich und Italien. Dennoch hat die Batterieproduktionskapazität in der EU im Jahr 2020 bei lediglich 44 GWh gelegen. Das reichte zwar für die Herstellung von rund 700.000 E-Autos; im gleichen Jahr wurden in der EU jedoch 1,4 Millionen E-Wagen neu zugelassen, also doppelt so viele.

Nun hat sich die EU als Ziel gesetzt, bis 2030 eine Batterieproduktionskapazität von rund 1.200 GWh aufzubauen. Das wäre eine Versiebenundzwanzigfachung innerhalb von zehn Jahren. Ob das gelingt, steht mit Stand 2024 in den Sternen. Es könnte allein an den Rohstoffen scheitern. Schließlich ist die EU bei der Batteriefertigung in hohem Maße von Rohstoffeinfuhren abhängig – hauptsächlich aus einigen wenigen Ländern, mit denen es keine Handelsabkommen gibt. 2020 stammten 87 Prozent der Rohlithium-Importe aus Australien, 80 Prozent der Mangan-Importe aus Südafrika und Gabun, 68 Prozent der Einfuhren von Rohkobalt aus der Demokratischen Republik Kongo und 40 Prozent der Einfuhren von natürlichem Rohgraphit aus China. Zudem ist absehbar, dass die Wettbewerbsfähigkeit der Batterieproduktion in der EU durch steigende Rohstoff- und Energiepreise gefährdet ist. Schon Ende 2020 waren die Kosten für einen Batteriesatz (200 Euro pro kWh) mehr als doppelt so hoch wie geplant gewesen. Zwar verfügt Europa über einige Vorkommen, doch für ihre Erschließung werden mindestens zwölf bis 16 Jahre benötigt, sodass die steigende Nachfrage nicht schnell gedeckt werden kann. Lassen wir den Europäischen Rechnungshof zu Wort kommen: „Die EU darf im Batteriebereich nicht in Abhängigkeit geraten, so wie es beim Erdgas der Fall gewesen ist – ihre wirtschaftliche Souveränität steht auf dem Spiel. Mit der Absicht, den Verkauf neuer Benzin- und Dieselfahrzeuge bis 2035 einzustellen, setzt die EU ganz klar auf Batterien. Was den Zugang zu Rohstoffen, die Attraktivität für Investoren und die Kosten betrifft, befindet sie sich jedoch möglicherweise in einer Position der Schwäche.“[207]

Mit anderen Worten: Durch den besonders intensiven Klimaschutz aufgrund der rigorosen Umstellung auf erneuerbare Energien und die damit verbundenen, exorbitant hohen Energiekosten sowie eine ungeklärte Rohstoffversorgung in der EU wird die Produktion von Batterien für die vermeintlich besonders klimaschutzfreundlichen E-Autos aus Europa vertrieben. Das ist wohl eine von vorne bis hinten konsequent irregeleite Politik.

Wie wenig konsequent die deutsche wie auch die europäische Politik bei der Zielsetzung in Richtung E-Mobilität handelt, wurde im Sommer 2024 erneut deutlich, als der Entwurf einer neuen EU-Batterieverordnung mit potenziell verheerenden Konsequenzen für den Produktionsstandort Deutschland publik wurde. Die „Idee“ der EU-Bürokraten: Bei der CO2-Bilanz der Batterien soll ab 2027 der nationale Strommix als Berechnungsgrundlage dienen.[208] Dabei würde Deutschland aufgrund seines höheren Anteils an Kohle- und Gasstrom im Vergleich etwa mit Ländern mit Atomkraft, die gemäß der EU-Taxonomie als „grün“ gelten, deutlich schlechter abschneiden. In diesem Fall stünde wohl die Batterieproduktion in Deutschland vor dem Ende – ausgerechnet eine der wichtigsten Schlüsseltechnologien für die Zukunft der Automobilindustrie.[209]

Hinzu kommt: Was bei all diesen Diskussionen wohlweislich kaum Beachtung findet, ist der heutige Fahrzeugbestand.

Eine Milliarde Fahrzeuge verschrotten

Eine konsequente E-Mobilität, wie aus ideologischen Gründen gefordert, macht im Grunde über eine Milliarde Fahrzeuge zu Schrott – denn ungefähr so viele Autos gibt es auf der Erde, und die meisten davon fahren mit Benzin oder Diesel.[210] Eine „Nachhaltigkeitsstrategie“, die mehr als eine Milliarde Fahrzeuge zum Alteisen erklärt, mutet wie ein schlechter Witz an.

Viele von uns gehören zu den Betroffenen, denn wir fahren einen Benziner oder einen Diesel. Damit verbunden ist die

Ungewissheit, wie lange man damit noch in welche Städte oder Regionen fahren darf – kommunale und regionale Fahrverbote für vermeintlich „dreckige“ Wagen, die EU-Grenzwerte etwa für Stickoxide überschreiten, sind nicht vom Tisch. Wer mit einem E-Auto die Seite gewechselt hat, kämpft dort vermutlich mit den Herausforderungen der neuen Technologie. Die Frage nach der noch verbleibenden Reichweite ist dabei wie ein Damoklesschwert, das über jeder längeren Reise schwebt. Hinzu kommt die Befürchtung, dass genau dann, wenn man sie benötigt, gar keine Ladesäule frei ist. Das ist übrigens keineswegs auf Europa beschränkt. Wer in den USA unterwegs ist, weiß, dass selbst in Ballungsräumen wie Los Angeles die Suche nach einer freien und funktionierenden Ladesäule ebenso mühsam ist wie die nach einem Parkplatz in praktisch jeder deutschen Innenstadt.[211] Wenn wir indes schon in den Industrienationen mit diesen Schwierigkeiten kämpfen, wie kann man dann ernsthaft erwarten, dass wirtschaftlich schwächere Länder auf E-Mobilität umsteigen?

Das in der europäischen und vor allem in der deutschen Politik häufig geäußerte Narrativ, wenn wir bei der Elektromobilität voranschreiten, werde die Welt schon folgen, ist an Naivität kaum zu überbieten.

Dieseldesaster und Klimakatastrophe

Auf die Frage nach dem *warum*, nämlich warum unsere Gesellschaft diese vermeintliche automobile E-Revolution überhaupt eingeläutet hat, gibt es zahlreiche Antworten und eine Nicht-Antwort. Fangen wir mit letzterer an: Die deutschen Automobilhersteller, über Jahrzehnte hinweg ein Rückgrat der heimischen Wirtschaft und ein weltweit bewundertes Symbol für deutsches

Ingenieurswesen mit Marken, die überall auf der Welt Begehrlichkeit weckten, haben die Reise in Richtung E-Mobilität nicht initiiert, sondern ganz im Gegenteil zu verhindern versucht, bis sie am Ende mit ihrer Blockadehaltung gescheitert sind. Und das hat vor allem zwei Gründe.

Erstens haben sich die deutschen Autohersteller mit dem Dieseldesaster selbst um jedwede Glaubwürdigkeit gebracht. Zwar fielen die Betrügereien der Hersteller erst im Jahr 2015 auf, doch begonnen hatte das Spiel mit Lug und Betrug schon lange vorher. Zweitens hat die bis in die 1970er Jahre zurückgehende Sorge um den Erhalt der natürlichen Ressourcen unseres Planeten, mit der seit 2018 um sich greifenden Angst vor einer Klimakatastrophe, zu einer Verdammung des automobilen Verbrennungsmotors als Inkarnation der Zerstörung unserer Umwelt geführt. Beide Aspekte – das Dieseldesaster und die Angst vor der Klimakatastrophe – spielen eine Schlüsselrolle für den Siegeszug der Elektromobilität. Denn die deutsche Autoindustrie ist mit dem Dieseldesaster über Jahre hinweg sehenden Auges in Richtung Abgrund gerast. Sie hat damit nicht nur sich selbst, sondern auch dem Qualitätslabel „Made in Germany" und dem Wirtschaftsstandort Deutschland schweren Schaden zugefügt. Die Dreistigkeit, mit der sie sich kurz, nachdem der Schwindel aufgeflogen war, von dieser Vergangenheit distanziert hat, war schwer zu überbieten. Die Chuzpe, mit der die Branche ihre Kunden nicht nur im Regen hat stehen lassen, sondern sogar noch versucht hat, aus dem von ihr verursachten Dilemma ein zusätzliches Geschäft zu generieren, war beispiellos.[212]

Das Ende der deutschen Dominanz beim Auto

Hinzu kommt freilich, dass sowohl die amerikanische als auch die asiatische Industrie ihre Chance sah und sieht, der deutschen Dominanz auf dem Automobilsektor den Garaus zu machen. Die großen Gewinner der E-Mobilität sind US-amerikanische Firmen, allen voran Tesla, und das Gros der neuen chinesischen Autobauer wie beispielsweise BYD. Hingegen scheinen BMW, Daimler und Volkswagen auf der Verliererstraße zu fahren – wenn das Steuer nicht noch herumgeworfen wird. Dabei scheint die Zukunft des Verbrennungsmotors auf globaler Ebene noch längst nicht besiegelt. Erst im Mai 2024 haben die Renault Gruppe und der chinesische Automobilbauer Geely die Gründung eines neuen Verbrennerkonzerns bekanntgegeben. Das gemeinsame Joint Venture firmiert unter dem Namen „Horse Powertrain", kurz Horse.[213] Hier entsteht ein neuer Automobilgigant, der sich das Ziel gesetzt hat, vom ersten Tag an modernste Antriebstechnologien für globale Partner zu entwickeln und zu realisieren. Das Produktportfolio umfasst insbesondere Verbrennungsmotoren, Hybridsysteme, Getriebe, kohlenstoffarme Kraftstoffe und Batterielösungen. Es macht daher den Eindruck, dass die beiden Partner nur darauf gewartet haben, dass sich europäische Autobauer, wie etwa der deutsche VW-Konzern, zunehmend von der Verbrennertechnologie verabschieden.[214]

Die in der Politik und publizierten Öffentlichkeit weit verbreitete Wahrnehmung, dass Verbrennungsmotoren ohnehin am Ende seien und E-Autos mit riesigen Batterien eine bessere Lösung oder gar die einzige Lösung darstellen, um das Klima zu retten, erscheint damit schlichtweg falsch. Allerdings ist der Einsatz von Elektromotoren für den Fahrzeugantrieb zweifelsohne eine sinnvolle Alternative zum klassischen Verbrenner. Der Einbau immer schwererer Batteriepacks in ein Fahrzeug, um eine maximale Reichweite zu erzielen, ist indes keine zufriedenstellende Lösung. Dabei gibt es sehr wohl Alternativen zur reinen Elektrifizierung der Autos.

Der Strom zur Speisung des Elektromotors kann besser mit einem kleinen Verbrenner im Auto selbst erzeugt werden. Doch dabei ist entscheidend, *was* verbrannt wird. Wir müssen sicherlich weg davon, fossile Brennstoffe zu verbrauchen und stattdessen auf grüne E-Fuels und Brennstoffzellen umschwenken.

Brennstoffzellen werden häufig als Alternative zur Elektrifizierung der Autos mit Batterien diskutiert. Dabei kann man manchmal den Eindruck gewinnen, die Brennstoffzelle sei so etwas wie eine bessere Batterie. Doch tatsächlich besteht zwischen beiden Technologien ein fundamentaler Unterschied: Batterien sind Energiespeicher, während es sich bei Brennstoffzellen um Energiewandler handelt. Eine Brennstoffzelle wandelt nämlich die chemische Energie eines Brennstoffs direkt in elektrische Energie (und Wärme) um. Dabei kann Wasserstoff als Ausgangsstoff dienen, der durch die Brennstoffzelle in Strom verwandelt wird. Doch der bessere Ausgangsstoff sind E-Fuels.

E-Fuels sind tatsächlich eine Lösung

In der Schar der E-Anhänger sind „E-Fuels“ verpönt; sie gelten als ein verzweifelter Versuch, an der vermeintlich alten Verbrennertechnik festzuhalten. Doch diese Einordnung ist nur ideologisch zu verstehen.

Zur Erklärung: Bei E-Fuels handelt es sich um synthetische Kraftstoffe, die anstelle fossiler Brennstoffe zum Einsatz gelangen. Die Herausforderung besteht darin, diese Synthese der neuen Kraftstoffgeneration so hinzubekommen, dass im Endeffekt eine Nettoreduzierung der CO2-Emissionen zu verzeichnen ist – von der Herstellung bis zum Verbrauch im Wagen. Und das kann in mehreren Schritten erfolgen. Zunächst wird mittels grüner Energie, also solcher aus erneuerbaren Quellen, eine sogenannte Elektrolyse in Gang gesetzt, die Wasser in Wasserstoff und Sauerstoff spaltet. Der unschädliche Sauerstoff geht in die Luft; er ist unser Lebenselixier zum Atmen. Um aus dem Wasserstoff einen synthetischen Kraftstoff herzustellen, wird Kohlendioxid (CO2) benötigt, das man direkt aus der Luft nehmen oder von Industrieanlagen sammeln kann, die sonst CO2 in die Luft pusten würden. Der Herstellungsprozess *verbraucht* also CO2 – im Grunde der Traum jedes Klimaschützers. Um es mit einfachen Worten zu sagen: Wenn ein Auto E-Fuels verbrennt, wird nur das CO2 wieder freigesetzt, das vorher aus der Luft entnommen wurde; deswegen ist es CO2-neutral. Durch diesen Prozess lassen sich Kraftstoffe herstellen, die in herkömmlichen Autos verwendet werden können, ohne zusätzliches CO2 in die Atmosphäre zu bringen.

Die Technologie zur Herstellung von E-Fuels muss sicherlich noch weiter entwickelt werden – aber für welche technologische Entwicklung gilt das nicht? Und die enorme Menge an grünem Strom, also zum Beispiel mittels Photovoltaik erzeugtem Strom, muss nicht etwa in Europa oder gar Deutschland produziert werden. Die fossilen Energieträger wie zum Beispiel Erdöl oder Erdgas kommen schließlich ebenfalls überwiegend aus anderen Regionen der Welt. Es spricht also alles dafür, dort auch regenerativen Strom zu erzeugen und diesen für die Elektrolyse von E-Fuels einzusetzen. Denn synthetische Kraftstoffe lassen sich über die gleichen Infrastrukturen transportieren und mit den gleichen Einrichtungen nutzen wie fossile Kraftstoffe. Konkret: Motorentechnologie, Tankstellen, Lastwagen, Schiffe… alles, was bereits vorhanden ist, lässt sich weiterverwenden – mit keinen oder mit nur wenigen Anpassungen. Je nach Wagentyp kostet eine Umrüstung auf synthetische Kraftstoffe 200 bis 300 Euro pro Auto. Das Gros davon entfällt auf den Arbeitslohn; die Materialkosten für den Ersatz der Kunststoffteile durch Alternativen ohne Plastik bewegen sich hingegen im Bereich weniger Euros. Angesichts dieser Vorteile ist es geradezu erstaunlich, dass E-Fuels nicht die erste Wahl beim Umweltschutz und der Klimarettung darstellen. E-Fuels statt E-Autos ist angesagt, sollte man meinen.

In politischen Diskussionen wird häufig ein Argument gegen E-Fuels ins Spiel gebracht, das allerdings nur auf den ersten Blick sticht und bei genauerem Hinsehen zerfällt. Der bereits erklärte Prozess der Herstellung von E-Fuels ist energieintensiv und weniger effizient als beispielsweise der direkte Einsatz von Strom in Elektroautos. Das liegt daran, dass – wie ebenfalls schon erläutert – mehrere Schritte notwendig sind, um E-Fuels zu produzieren, und bei jedem dieser Schritte Energieverluste auftreten. Folgen wir der Argumentation: Zunächst muss Strom, idealerweise aus erneuerbaren Quellen wie Wind oder Sonne, erzeugt werden. Der Wirkungsgrad der Stromerzeugung hängt von der Technologie ab und liegt zum Beispiel bei modernen Photovoltaikanlagen bei circa 15 bis 20 Prozent. Der Strom wird genutzt, um Wasser in Wasserstoff und Sauerstoff zu spalten. Dieser Schritt hat einen Wirkungsgrad von etwa 70 bis 80 Prozent.

Der erzeugte Wasserstoff wird mit CO2 in E-Fuels umgewandelt. Dieser Schritt hat einen Wirkungsgrad von etwa 80 Prozent. Der synthetische Kraftstoff wird schließlich im Wagen verbrannt, um Energie zu erzeugen. Verbrennungsmotoren besitzen einen Wirkungsgrad von etwa 25 bis 40 Prozent, ein moderner Diesel bringt es auf rund 45 Prozent. Hingegen schafft ein Elektromotor typischerweise mindestens 90 Prozent Wirkungsgrad. Mit dieser Gegenüberstellung – bestenfalls 45 Prozent Wirkungsgrad beim Diesel versus über 90 Prozent bei Elektro – wird in der Regel gegen Verbrennungsmotoren und für den elektrischen Antrieb argumentiert. Aber dieser Vergleich gilt nur dann, wenn man bloß das fix und fertige Auto betrachtet, aber den Herstellungsprozess und den für den Betrieb der Infrastruktur notwendigen Aufwand außen vorlässt. Der Vergleich ist genauso naiv wie die Vorstellung „wenn hinten nichts raus kommt, ist es sauber."

E-Fuels können fossile Kraftstoffe direkt ersetzen

Gelegentlich wird in diesem Zusammenhang das Thema der Klopffestigkeit angeführt. Diese ist ein wichtiger Parameter und bestimmt, wie gut der Kraftstoff in einem Verbrennungsmotor funktioniert. Die Klopffestigkeit wird oft durch die Oktanzahl (für Benziner) oder die Cetanzahl (für Diesel) angegeben. Ein Kraftstoff mit hoher Klopffestigkeit zündet weniger leicht spontan und ist daher besser geeignet für Motoren mit hoher Verdichtung oder Turboladung. E-Fuels können mühelos so konzipiert werden, dass sie ähnliche chemische und physikalische Eigenschaften wie herkömmliche Kraftstoffe aufweisen. Das bedeutet, dass sie in etwa die gleiche Dichte, Viskosität und Klopffestigkeit haben und auch ähnliche Eigenschaften hinsichtlich der Löslichkeit und Reaktivität mit verschiedenen Materialien aufweisen sollten. Daher können E-Fuels, die als Ersatz für Benzin oder Diesel konzipiert sind, in bestehenden Motoren in der Regel ohne oder mit nur geringen Modifikationen verwendet werden. Allerdings kann es Unterschiede in der Verbrennungscharakteristik und in den Emissionen zwischen herkömmlichen Kraftstoffen und ihren synthetischen Äquivalenten geben. Das Alter des Fahrzeugs spielt dabei eine Rolle, da ältere Fahrzeuge teilweise nicht die neuesten Technologien zur Kraftstoffinjektion und Verbrennungskontrolle haben, die darauf ausgelegt sind, mit einer Vielzahl von Kraftstoffen umzugehen. Ältere Fahrzeuge können auch Materialkompatibilitätsprobleme mit bestimmten Kraftstoffen haben.

Erinnern wir uns an die Einführung von E10-Kraftstoff, der bis zu zehn Prozent Ethanol enthält, und bei dem die Kompatibilität von Kraftstoffen und Fahrzeugen eine Rolle spielte. Auch bei der E10-Einführung gab es zunächst Bedenken hinsichtlich der Kompatibilität mit einigen älteren Fahrzeugen. Ethanol ist aggressiver als Benzin und kann bestimmte Materialien wie bestimmte Arten von Gummi und Kunststoff angreifen, die in älteren Kraftstoffsystemen verwendet wurden. Es kann auch zur Korrosion bei bestimmten Metallen führen. Die meisten modernen Fahrzeuge sind jedoch für den Betrieb mit E10 ausgelegt und haben daher auch keine Probleme mit E-Fuels. Ähnlich wie E10 sollten die Fahrzeughersteller und Kraftstoffproduzenten bei der Einführung neuer Kraftstoffe zusammenarbeiten, um sicherzustellen, dass diese Kraftstoffe mit der breiten Palette von Fahrzeugen auf dem Markt kompatibel sind. Das ist indes bei E-Fuels besonders problemlos. E-Fuels sind nämlich darauf ausgelegt, fossile Kraftstoffe direkt zu ersetzen, und weisen daher eine bessere Materialkompatibilität auf als ein Kraftstoff wie E10, der einen signifikanten Anteil an Ethanol enthält. Im Klartext: War die Einführung von E10 schon weitgehend reibungslos, so könnte die Einführung von E-Fuels noch problemloser erfolgen. An den Tankstellen stünde eine weitere Zapfsäule mit der Aufschrift „green E-Fuel“ zur Verfügung. Die Autohersteller würden Listen herausgeben, welche Fahrzeuge damit bedenkenlos betankt werden können. So einfach wäre es, würde man die ideologischen Hürden überwinden und die entsprechenden politischen und regulatorischen Schritte einleiten.

Diese Argumente scheinen auch die EU-Kommission immerhin zu bewegen. Zwar hatte die EU im Frühjahr 2023 beschlossen, dass nach dem Jahr 2035 in den EU-Staaten nur noch Pkw neu zugelassen werden, die nicht mit Diesel oder Benzin fahren. Anders als beim ursprünglich etwa sechs Wochen zuvor im EU-Parlament verabschiedeten Plan der Kommission, wird es jedoch eine Ausnahme für klimaneutrale, synthetisch hergestellte Kraftstoffe, E-Fuels, geben. Darauf hatte die deutsche Bundesregierung gedrängt. Wie genau die Ausnahmen für E-Fuels geregelt werden, stand bei Drucklegung dieses Buches noch nicht fest.[215] In der Realität könnte das ab 2035 etwa so aussehen: Erkennt ein Neuwagen, dass er mit Benzin oder Diesel betankt wurde, wird der Motor automatisch abgeschaltet – natürlich nur in der EU, in anderen Ländern darf er vermutlich weiterfahren. Doch seit Anfang 2024 kommt noch ein weiterer Aspekt hinzu: In Brüssel beginnt sich allmählich die Erkenntnis durchzusetzen, dass E-Autos keineswegs so sauber sind, wie bislang im politischen Raum häufig dargestellt. Bei einer „urplötzlich“ aufgetauchten Vergleichstabelle zur tatsächlichen Klimabilanz verschiedener Antriebsarten schneidet die Elektromobilität nämlich auffallend schlecht ab. Das Verbrenner-Verbot ist also noch längst keine „sichere Sache“. Doch egal, wie es ausgeht. Für die Industrie sind derartige „Zitterpartien“ aufgrund einer wankelmütigen Politik eine Katastrophe, weil die damit verbundenen Unsicherheiten jedweder Planungssicherheit diametral entgegenstehen. Entsprechende schmerzhafte Erfahrungen haben die deutschen Automobilkonzerne in der jüngeren Vergangenheit bereits gemacht. Allen moralischen Appellen der Politik zum Trotz, mit E-Autos das Klima zu retten, ließ das Interesse der Kundschaft rasch nach, sobald die staatlichen Subventionen wegblieben. So kündigte Volkswagen im Sommer 2024 überraschend einen Kurswechsel an: Statt den Verbrenner aufzugeben und nur noch auf E-Mobilität zu setzen, will der Konzern nun zweigleisig fahren. Bis 2028 plant VW, rund 60 Milliarden Euro in die Weiterentwicklung von Verbrennungsmotoren zu investieren.[216] Im Herbst 2024 wurde klar: Damit verbunden sind drastische Sparmaßnahmen wie seit dem Dieselskandal nicht mehr. Die seit 30 Jahren bestehende Beschäftigungsgarantie steht zur Disposition und zum ersten Mal in der Firmengeschichte könnte ein VW-Werk in Deutschland die Pforten schließen.[217]

Mercedes kündigte 2024 an, seine Ausgaben für die Verbrennungsmotortechnologie überplanmäßig bis weit in die 2030er Jahre hinauszustrecken. Der Konzern will die konventionellen Antriebe auf „höchstem technologischem Niveau“ halten. Eine Vernachlässigung von Benzinern und Dieseln, würde „unser Geschäft mit Verbrennungsmotoren im Jahr 2027 oder 2028 plötzlich abwürgen“, gab sich der Vorstandsvorsitzende reumütig. Noch 2021 hatte die deutsche Edelmarke verkündet, dass Plug-in-Hybride und vollelektrische Fahrzeuge bis 2025 etwa die Hälfte der jährlichen Verkäufe ausmachen sollten. 2024 ist davon nicht mehr die Rede, weil das Ziel völlig unrealistisch war.[218]

Man könnte den Eindruck gewinnen, die Autobosse seien jahrelang auf die Märchen der Grünen-Transformations-Politik hereingefallen und erst aufgewacht sind, als die Autokäufer mit ihrem Portemonnaie ganz anders abgestimmt haben, als man es „politisch korrekt“ von ihnen erwartet hatte. Zumal, wie an anderer Stelle in diesem Buch dargestellt, ausländische Hersteller wie Horse Powertrain längst angetreten sind, das erwartete Vakuum der „Verbrennerautos made in Germany“ für sich zu nutzen.[219] Doch es geht in der Automobilbranche nicht etwa nur um die Erhaltung bestehender Industriekonzepte und Infrastrukturen, sondern auch um völlig neue Ansätze. Das gilt sowohl für den Antrieb als auch für die Produktion. Nehmen wir zwei dieser innovativen Konzepte näher in Augenschein, weil sie exemplarisch für die Weiterentwicklung einer ganzen Branche stehen: das Antriebskonzept HyperHybrid und das Produktionsverfahren Unboxing als Ablösung von Industrie 4.0.

Elektrisch fahren, herkömmlich tanken

Mit einem Elektromotor fahren, aber einen (sehr kleinen) Verbrennungsmotor betanken – dieses Konzept nennt man HyperHybrid. Was auf den ersten Blick widersprüchlich wirkt, funktioniert technisch recht einfach: Im Fahrzeug wird ein äußerst kompakter Verbrennungsmotor verbaut, der nicht etwa den Wagen antreibt, sondern lediglich Strom für den Elektromotor erzeugt, der das Auto vorwärtsbewegt. Dabei wird nur eine sehr kleine Pufferbatterie benötigt; die riesigen Batterieblöcke, die herkömmliche E-Autos benötigen, entfallen. Mehrere umgebaute reine E-Autos, beispielsweise von Tesla, sind bereits auf den Straßen unterwegs. Es liegt an der Automobilindustrie, das Konzept im größeren Stil umzusetzen – vorausgesetzt, der EU-

Gesetzgeber riegelt diese Form des ultrakompakten Verbrennungsmotors nicht ab. Doch tatsächlich dürfte diese Technik gute Chancen auf eine Zulassung haben, weil das Konzept besonders umwelt- und klimaschonend ist. Der Wegfall der bei reinen E-Autos notwendigen großen und schweren Batterieblöcke bringt nämlich zwei Vorteile mit sich: Die CO2-Emissionen und sonstigen Umweltschäden bei der Batterieproduktion sinken drastisch und das Fahrzeuggewicht wird deutlich reduziert. Die im Hyper-Hybrid verbaute Kleinbatterie reicht dennoch für eine elektrische Reichweite von 80 bis 90 Kilometern aus; genug für 90 Prozent aller Fahrten im Alltag. Für größere Reichweiten springt der kompakte Verbrenner an – aber nur, um die Minibatterie nachzuladen, nicht, um den Wagen anzutreiben (das übernimmt ausschließlich der Elektromotor). Bei Testfahrten lag der Spritverbrauch mit rund 1,5 Litern auf 100 Kilometer sehr niedrig, die Reichweite (ohne Nachtanken oder Laden) mit über 1.000 Kilometern überdurchschnittlich hoch. Als Treibstoff kann wahlweise Benzin oder E-Fuel getankt werden. „Elektrisch fahren, herkömmlich tanken, die Umwelt und das Klima schonen" könnte man den Ansatz zusammenfassen. Das sehen wohl auch die Vereinten Nationen so. Jedenfalls hat die United Nations Industrial Development Organization das Hyberhybrid-Konzept 2023 als Gewinner im Bereich der nachhaltigen Mobilität ausgezeichnet.[220] Wenn es die EU mit der Technologieoffenheit ernst meint, sollte sie diesem Ansatz eine Chance geben.

Unboxing statt Industrie 4.0

Es gibt noch ein weiteres innovatives Konzept, das die Autoindustrie auf den Kopf stellen könnte: Unboxing statt Industrie 4.0. Blicken wir kurz sehr weit zurück: Henry Ford revolutionierte vor rund hundert Jahren die Autoproduktion mit dem Fließband, das er sich in einem Schlachthof in Chicago abgeschaut hatte. Die niedrigen Produktionskosten machten Autos massentauglich. Alle nachfolgenden Verfeinerungen bis hin zur Industrie 4.0 basierten im Wesentlichen auf dem Ford'schen Modell.

Einen neuen Ansatz verfolgt Tech-Visionär Elon Musk, wobei nicht vom E-Auto die Rede ist, sondern vom einer neuen Produktionsmethode: Unboxing. Während beim Fließbandprinzip ein Fahrzeug Stück für Stück zusammengebaut wird, werden beim Unboxing wenige vorgefertigte Baugruppen nach dem Baukastenprinzip zusammengesetzt. Beispielsweise werden beim Musk-Verfahren Türen und Kotflügel zunächst gepresst und anschließend einzeln lackiert. Die Karosserie wird erst am Ende der Produktion zusammengebaut. Im Fließbandverfahren hingegen wird die Karosserie komplett montiert und dann lackiert. Mit Unboxing bahnt sich ein grundlegender Wandel an. Im Grunde werden dabei die Autos von innen nach außen statt wie bislang üblich von außen nach innen gebaut. Die neue Fabrikgeneration ohne Fließbänder kommt mit radikal weniger Beschäftigten aus, arbeitet schneller und ist kostengünstiger.[221] Die US-Branchenberatung Caresoft hat ausgerechnet, dass sich eine auf dem neuen Tesla-Prinzip basierende Autofabrik 30 Prozent günstiger bauen lässt, vor allem, weil weniger Fläche benötigt wird. Zudem werden im laufenden Fertigungsprozess dank der modularen Bauweise 40 Prozent weniger Mitarbeiter benötigt. Gleichzeitig wird die Herstellung eines Fahrzeugs um ein Viertel beschleunigt, veranschlagt Caresoft. Noch optimistischer gibt sich Tesla selbst. Der Elektroautobauer nennt einen Flächenvorteil von 40 Prozent für seine Fabriken. Die Materialkosten pro Fahrzeug sollen um die Hälfte sinken und ein Auto 30 Prozent schneller produziert werden können.[222] Es lohnt sich ein Blick auf die dahintersteckende Strategie. 2023 hat Tesla rund 1,8 Millionen Fahrzeuge gebaut, bis 2030 sollen es jährlich 20 Millionen Autos werden. Um dieses überaus ambitionierte Ziel zu erreichen, bräuchte Tesla 36 Fabriken. Durch Unboxing könnte der Hersteller elf Milliarden Dollar sparen und würde zudem 54.000 Beschäftigte weniger benötigen im Vergleich zum heutigen Produktionsverfahren.[223] Man versteht, warum die deutsche Automobilindustrie von Unboxing geradezu elektrisiert ist – unabhängig davon, wie realistisch die Ziele von Tesla sind. Weniger verständlich ist, warum die heimische Branche nicht selbst auf die Idee gekommen ist. Stattdessen produziert selbst die modernste deutsche Fertigungsstätte für Personenwagen, die „Factory 56“ von Mercedes im Grunde nach demselben Prinzip, das Henry Ford vor rund 100 Jahren erfunden hat. Mercedes selbst spricht zwar von der „Autofabrik der Zukunft“, doch wahrscheinlich ist „Factory 56“ die letzte Autoproduktionsstätte im alten Stil.[224]

Wir brauchen in Deutschland mehr Ideen, mehr Innovationen und mehr Mut, diese umzusetzen. Natürlich spielen die wirtschaftspolitischen Rahmenbedingungen eine wesentliche Rolle, wie in diesem Buch dargelegt. Aber ebenso wichtig ist das vorwärts-stürmende Unternehmertum. Der Chef des US-Patentamtes Charles H. Duell im Jahr 1899 wird gerne mit den Worten zitiert: „Alles, was erfunden werden kann, wurde bereits erfunden.“[225] Ein fataler Irrtum; doch gelegentlich hat man den Eindruck, dass der eine oder andere deutsche Wirtschaftskapitän auch nicht erkennt, dass die meisten und größten Erfindungen noch vor uns liegen – verbunden mit neuen Geschäftsmodellen und lukrativen Gewinnen, wenn man es richtig anpackt.

Ideen für den Wohlstand von morgen

Statt mit immer mehr Ideologie das Klima und die ganze Welt retten zu wollen, und mit immer mehr Steuergeld die deutsche Wirtschaft zu stützen, während wir im Bürokratismus einer bis ins kleinste geregelten Gesellschaft versinken, brauchen wir Ideen und realistische Konzepte für den Wohlstand von morgen. Dazu gehören für die Zukunft tragfähige Energiekonzepte, um die vor uns liegenden Aufgaben zu bewältigen: Klimaneutralität der Wirtschaft, stabile Sozialkassen, ausgeglichene öffentliche Haushalte und ein funktionierendes Rentensystem, das dem demografischen Wandel standhält, um nur einige zu nennen.

Dazu brauchen wir eine Stärkung der mittelständischen Wirtschaft, der Industrieproduktion und der Innovationskraft in Deutschland – und zwar ohne, dass die Bevölkerung all dies mit immer höheren Steuern bezahlen muss oder das Land immer mehr Schulden auf sich lädt. Vielmehr ist die Politik aufgefordert, die richtigen Rahmenbedingungen zu schaffen, damit sich Mittelstand, Industrie und Innovationskraft selbstständig entfalten können.

Zukunft Export

Dabei hätte Deutschland durchaus gute Chancen (gehabt), die voraussehbare globale Abkehr von fossilen Energien und die Hinwendung zu regenerativen Energieträgern für sich zu nutzen. Allerdings nicht, indem wir bei uns selbst anfangen, sondern indem wir uns darauf konzentrieren, grüne Technologien zu entwickeln, zu weltmarktfähigen Kosten zu produzieren und dann in die ganze Welt zu vertreiben.

Machen wir uns klar: Das „Geschäftsmodell" der Bundesrepublik Deutschland konnte man über Jahrzehnte hinweg mit einem einzigen Wort zusammenfassen: Export. Kein anderes großes Industrieland verfügt traditionell über einen so hohen „Offenheitsgrad" wie Deutschland. Dieser beschreibt das Verhältnis von Import und Export zur gesamtwirtschaftlichen Leistung eines Landes. Deutschland lag auf dieser Skala über lange Jahre hinweg mit einem Offenheitsgrad von über 90 Prozent international an der Spitze.

Ein Weg in eine ökonomisch und ökologisch nachhaltige Zukunft wäre es (gewesen), das enorme ingenieurtechnische und industrielle Potenzial Deutschlands für die Entwicklung von Technologien zur effektiven Nutzung regenerativer Energien vollumfänglich auszuschöpfen und die daraus abgeleitete Industrieproduktion hierzulande zu festigen. Jetzt gilt es, unsere Position als Exportnation weiter auszubauen, die wirtschaftliche Prosperität im eigenen Land zu fördern und gleichzeitig maßgeblich zum Umwelt- und Klimaschutz beizutragen.

Dazu gehört allerdings, sich nicht den eigenen Energiehahn abzudrehen oder jedenfalls Energie derart zu verteuern, dass die Entwicklung und vor allem die Produktion aus Deutschland abwandern. Denn wenn die deutsche Industrie nicht mehr hierzulande fertigen und exportieren kann, dann geht sie natürlich in die Länder, in denen ihre Produkte (auch) gebraucht werden, und produziert dort vor Ort.

Gute Gründe für Optimismus

Um nicht missverstanden zu werden: Dieses Buch ist kein Klagelied, sondern legt ganz bewusst den Finger in die Wunden, um diese zu identifizieren und Wege zur Heilung aufzuzeigen. Denn es gibt nach wie vor gute Gründe für Optimismus, die sich allerdings nicht immer auf Anhieb erschließen – schon gar nicht, wenn man in Deutschland lebt, wo die Kritik an was auch immer, häufig lauter ist als die Dankbarkeit und der Optimismus.

Nehmen wir als Beispiel die Entwicklung der neuen Bio-Technologie mRNA, wie sie erstmals im großen Stil beim Corona-Impfstoff von Biontech zum Einsatz kam. Mit Biontech besitzt Deutschland ein Juwel, das gar nicht hoch genug eingeschätzt werden kann. Das ist der Beginn einer medizinischen Revolution, die maßgeblich von Deutschland ausgeht. Es ist abzusehen, dass mRNA den Schlüssel zum Sieg über viele Krankheiten darstellen und damit Millionen, wenn nicht Milliarden, von Menschen das Leben retten wird.

Diese epochale Entwicklung wird außerhalb Deutschlands viel stärker gewertet als in der Bundesrepublik selbst. Während hierzulande vor allem die Impfschäden und das staatliche Vorgehen im Kampf gegen Corona im Fokus der Kritik stehen, ist der Biontech-Erfolg weitgehend untergegangen. Dabei ist es eine Erfolgsgeschichte wie aus dem Bilderbuch: Ein Migrantenpaar entwickelt den Impfstoff in Lichtgeschwindigkeit, erhält die notwendigen Zulassungen, baut in Windeseile Produktionskapazitäten in Deutschland auf und exportiert den Stoff in die halbe Welt. Das ist „Made in Germany“ vom Feinsten. Und es ist die Fortsetzung einer sehr langen Tradition der Innovation, die in Deutschland vorherrscht.

Eines der innovativsten Länder

Deutschland ist historisch gesehen eines der innovativsten Länder weltweit. Schließlich ist in Deutschland der Buchdruck entstanden, eine der wichtigsten Erfindungen der Menschheit. Die von Johannes Gensfleisch, genannt Gutenberg, erfundene Technologie des Buchdrucks – 26 Buchstaben, die man immer wieder neu zusammensetzen kann – stellt im Grunde eine Vorstufe dessen dar, was wir heute als Digitalisierung bezeichnen. Es gibt viele weitere bahnbrechende Erfindungen made in Germany wie etwa das Auto, den ersten Computer, den Düsenjet und das Schmerzmittel Aspirin.

Die beiden Deutschen Fritz Haber und Carl Bosch gehören zu den wahrscheinlich wichtigsten deutschen Erfindern. Allerdings dürften sie den meisten Menschen hierzulande unbekannt sein. Das von den beiden Anfang des 20. Jahrhunderts entwickelte großindustrielle chemische Haber-Bosch-Verfahren gilt bis heute als der einzig sinnvolle Weg, den in der Luft enthaltenen Stickstoff chemisch nutzbar zu machen, nämlich als Düngemittel für die Landwirtschaft. Durch die Erfindung der Stickstoffdüngung haben die beiden Deutschen mehr als zwei Milliarden Menschen das Leben gerettet; ohne Kunstdünger wäre es nicht möglich, die heutige Weltbevölkerung zu ernähren.[226]

Auch heute noch liegt Deutschland bei der Forschung auf vielen Gebieten auf den vorderen Rängen. Dazu gehören Fachleuten zufolge sowohl die Künstliche Intelligenz als auch die Quantentechnologie, welche die nächste Computergeneration bestimmen soll.[227] [228] Es mag schon sein, dass die USA und China vor uns sind und wir etwa gleichauf mit Großbritannien auf dem dritten oder vierten Platz liegen – aber das auch schon eine ganze Menge.

Und während beim deutschen Ausbildungssystem beinahe alle Jahre wieder der „Pisa-Absturz“ lauthals beklagt wird, sollte man nicht vergessen, dass uns viele Länder, die USA eingeschlossen, um unser duales Ausbildungskonzept beneiden. Außerdem ist die deutsche akademische Ausbildung im Durchschnitt besser als die amerikanische, von einigen Elite-Universitäten abgesehen. Doch auch dieser Sachverhalt wird in Deutschland häufig kaum wahrgenommen.

Prof. Roslings rosige Welt

Tatsächlich hat der zwischenzeitlich verstorbene Hans Rosling, Professor für International Health und ein regelmäßiger Referent bei den renommierten TED-Konferenzen (das Kürzel steht für „Technology, Entertainment, Design“), in jahrzehntelanger Forschungsarbeit festgestellt, dass wir alle – Normalbürger, Studenten, Journalisten, Politiker, Nobelpreisträger – die Welt viel schlechter bewerten, als sie in Wirklichkeit ist.[229]

Der Forscher hat hierzu Fragen zum Zustand der Welt wie „In den letzten 20 Jahren hat sich der Anteil der Weltbevölkerung, der in extremer Armut lebt…“ mit drei Antwortoptionen versehen: „fast verdoppelt“, „nicht verändert“ und „fast halbiert“. Die Mehrzahl der Befragten entscheidet sich jeweils für die negative Antwort. So beantworten in Deutschland die erste Frage – Entwicklung der extremen Armut – nur sechs Prozent der Befragten korrekt. Doch tatsächlich hat sich der Anteil der Menschen, die in extremer Armut leben, in den letzten 20 Jahren halbiert.

Eine weitere derartige Frage ist beispielsweise: „Wie viele der einjährigen Kinder auf der ganzen Welt sind heute gegen Krankheiten geimpft?“ mit den Wahlmöglichkeiten 20, 50 oder 80 Prozent (richtig sind 80 Prozent).

Noch eine Kostprobe: „Weltweit haben 30-jährige Männer im Durchschnitt zehn Jahre lang eine Schule besucht. Wie lange sind 30-jährige Frauen zur Schule gegangen?“ mit den Optionen „neun Jahre“, „sechs Jahre“ oder „drei Jahre“ (richtig ist neun Jahre). In all diesen Fällen neigt die Mehrzahl der Menschen dazu, stets vom Schlimmsten auszugehen. Rein theoretisch: Ein Schimpanse, der die Antworten zufällig auswählt, würde mit einer rechnerischen Trefferquote von 33,3 Prozent viel besser abschneiden als selbst die gelehrtesten Menschen.

Warum schätzen wir Menschen die Welt viel schlechter ein, als sie nachweislich ist? In seinem Buch „Factfulness: Ten reasons we're wrong about the world – and why things are better than you think“ (der Titel der deutschen Ausgabe lautet „Factfulness: Wie wir lernen, die Welt so zu sehen, wie sie wirklich ist“) identifiziert Rosling zehn zutiefst menschliche, aber oft irreführende Instinkte, die uns permanent das Gefühl vermitteln, die Welt sei schlecht und werde sogar immer schlechter.

Dazu gehört der Straight Line Instinct (auf deutsch in etwa der Geradeaus-Instinkt), der besonders deutlich wird bei der (Fehl-) Annahme, dass die Weltbevölkerung immer weiter wachsen werde. Die Frage „Aktuell leben zwei Milliarden Kinder (null bis 14 Jahre) auf der Welt. Wie viele Kinder werden es im Jahr 2100 sein?“ wird mit den Antwortoptionen vier, drei oder zwei Milliarden versehen. Da die Weltbevölkerung derzeit (2024) scheinbar sehr schnell wächst (die tatsächliche Zuwachsrate ist längst unter einem Prozent), sind wir offenbar beinahe automatisch geneigt zu glauben, dass diese ansteigende Linie immer genauso weitergehen wird. Aber tatsächlich lautet die korrekte Antwort: Es werden 2100 etwa genauso viele Kinder sein wie heute, die Linie wird abflachen. In Deutschland glauben aber 85 Prozent (!) der Befragten, dass die Linie stetig weiter ansteigen wird, es also immer mehr Kinder und damit immer mehr Menschen geben wird, die auf unserer Erde leben und Ressourcen verbrauchen. Natürlich bekommt man angesichts dieser Vorstellung Angst – die völlig unbegründet ist.

Die Rosling'sche Sichtweise und die genannten Positivbeispiele dürfen freilich nicht dazu verführen, die Schattenseiten zu ignorieren und Fehlentwicklungen zu übersehen – deshalb haben wir dieses Buch geschrieben. Und es ist unübersehbar, dass der Energiesektor mit Stand 2024 und vermutlich noch für viele Jahre eines der größten Problemfelder in Deutschland darstellen wird.

Einsicht als erster Schritt zur Besserung

Einsicht ist der erste Schritt zur Besserung, lautet ein altes Sprichwort. Hoffen wir, dass es auf die deutsche Energiepolitik zutrifft. Denn der amtierende Bundeswirtschaftsminister gab im Herbst 2023 unumwunden zu: „Wir verlieren die Industrie und damit nicht nur Arbeitgeber und Branchen, sondern einen maßgeblichen Teil des Wohlstands." In dem von seinem Ministerium veröffentlichten Papier zu einer sogenannten „Industriestrategie" war von „existenzbedrohenden Energiepreisen" die Rede.[230] Desaströser kann eine politische Eigenbilanz kaum ausfallen.

Doch die Hoffnung stirbt zuletzt: Wenn es gelingt, die Energiekosten wieder auf ein im Weltmaßstab wettbewerbsfähiges Maß zu drücken und die Entwicklung und den Export grüner Technologien zu forcieren, dann gibt es noch Chancen.

Andernfalls werden Arbeitsplatzverluste im großen Stil auf Deutschland zukommen. Viele industrielle Arbeitsplätze werden wir wegen der viel zu hohen Energiekosten verlieren, viele Bürojobs werden der Künstlichen Intelligenz zum Opfer fallen. Und über allem hängt das Damoklesschwert der überbordenden Bürokratie, die Deutschland als Standort immer unattraktiver macht.

Ein massiver Abbau von Belegschaften stellt das ohnehin äußerst wackelige Rentensystem Deutschlands in Frage. Wenn in den nächsten Jahren die Babyboomer in den Ruhestand gehen, wird das gelinde gesagt sehr eng und möglicherweise zu eng.

Der Gesetzgeber muss endlich die Zusammenhänge erkennen, statt einzelne politische Ziele mit immer neuen Regularien mal in diese, mal in jene Richtung zu forcieren. Energiepolitik, KI-Regulierung und der Sozialstaat hängen enger zusammen, als das manch einem Politiker klar zu sein scheint.

Eine Maßnahme, um das Ruder herumzureißen, liegt in der stärkeren Nutzung des Unternehmertums – in Deutschland, aber auch in der Europäischen Union, in die die Nationalstaaten nun einmal eingebettet sind.

Unternehmertum statt Bürokratie

Wie zu Anfang dieses Buches angerissen, hinkt Europa auf dem Zukunftsgebiet der Weltraumfahrt trotz milliardenschwerer Anstrengungen eine ganze Generation hinter dem aktuellen Stand der Technik hinterher. Die von der European Space Agency (ESA) erstmals 2024 voller Stolz ins All geschossene Ariane 6 ist eine „Wegwerfrakete", die nur einmal nutzbar ist, während die USA mit der Falcon 9 seit 2010 eine Rakete im Einsatz haben, die weitgehend wiederverwendbar ist (die erste Raketenstufe ist in der Lage, nach der Trennung von der zweiten Stufe auf eine Landeplattform auf dem Meer oder auf dem Land zurückzukehren). Für eine kommerzielle Nutzung stellt diese Wiederverwendbarkeit eine fundamentale Verbesserung dar.

Europa fliegt 14 Jahre hinter den USA hinterher. Das liegt sicherlich nicht daran, dass die USA über die besseren Ingenieure verfügen. Auch die Ausrede, die USA seien schon viel länger mit der Raumfahrt verfasst, verfängt nicht: Die NASA (National Aeronautics and Space Administration) wurde 1958 gegründet, die ESA-Vorgängerorganisation ELDO (European Launcher Development Organisation) im Jahr 1964. Europa hätte also 60 Jahre Zeit gehabt, den Vorsprung von sechs Jahren aufzuholen. Und das US-Unternehmen SpaceX, das die Falcon 9 baut, wurde 2006 gegründet, ist also im Erscheinungsjahr der ersten Auflage des vorliegenden Buches noch nicht einmal 20 Jahre alt.

Politischer Proporz behindert die Innovation

Das Hinterherhinken Europas in der Raumfahrt ist im Wesentlichen im politischen Proporz und den daraus resultierenden bürokratischen Prozessen begründet. Jede der beteiligten Nationen wollte besonders gut dastehen; das nationale Image, die Sonntagsreden, die innenpolitischen Vorteile – alles war wichtiger als „nur“ die Konstruktion einer Rakete. Für den Bau der Ariane 6 mussten mehr als 600 Unternehmen aus 13 Ländern koordiniert werden. Ein Beispiel aus dem „Proporz-Theater“: Voraussetzung für die deutsche Zustimmung zur Rakete war, dass deren Feststoff-Booster nicht nur in Italien, sondern auch in Deutschland gefertigt würden. Doch die Deutschen bekamen das schwierige und angeblich deutlich günstigere Carbonfaser-Verfahren nicht in den Griff. Das Vorhaben wurde alsbald rückgängig gemacht – nicht ohne Deutschland andere Aufträge zuzuschustern.[231] Und es gibt unzählige ähnliche Beispiele dieser Art.

Beim US-Pendant NASA ging es lange Zeit nicht viel vernünftiger zu: politischen Erwägungen wurde der Vorrang vor wirtschaftlichen Überlegungen eingeräumt. So hat das milliardenschwere Raumfahrtprogramm in den USA über viele Jahre hinweg zahlreiche neue qualifizierte Jobs in den Wahlbezirken vieler Mitglieder des Repräsentantenhauses geschaffen. Sich mit der Ansiedlung neuer Arbeitsplätze in seiner Heimat schmücken zu können ist für jeden US-Senator um ein Vielfaches wichtiger, als eine Rakete zu bauen.

Doch die NASA hat daraus gelernt. Bei dem 2011 gestarteten Raumfahrtprojekt Space Launch System (SLS) als Nachfolger für das Space Shuttle explodierten die Kosten. Das ursprüngliche Budget wurde auf sieben Milliarden Dollar veranschlagt, per 2022 waren es jedoch 23 Milliarden Dollar und ein Ende der Kostenlawine war nicht absehbar. Geradezu absurd wurde es jedoch, als die NASA 2022 ankündigte, dass sich die Kosten für jeden einzelnen Start (!) der zu entwickelnden Rakete auf sage und schreibe 4,1 Milliarden Dollar belaufen würden. Da ein derartig hohes Budget ohnehin nicht auf politische Zustimmung hoffen durfte, wählte die NASA einen anderen Weg ins All: die Besinnung auf marktwirtschaftliche Kräfte – ein Weg, der auch für Deutschland (und die EU) in vielen Sektoren beispielgebend sein könnte und sollte.

Innovationskraft der Wirtschaft nutzen

Am Beispiel der Raumfahrt ist deutlich festzustellen, wie es den USA in besonderer Weise gelungen ist, die Innovationskraft des Unternehmertums für staatliche Zwecke zu nutzen. Das dahintersteckende Modell des Zusammenwirkens zwischen Wirtschaft und Staat ließe sich auch auf Deutschland übertragen – sicherlich nicht eins zu eins, sondern an hiesige Verhältnisse angepasst –, aber im Kern eben schon. Dabei geht es in Deutschland natürlich nicht primär um die Raumfahrt; vielmehr ist das Modell auf zahlreiche Gebiete staatlichen Handelns anzuwenden.

Der Grundgedanke besteht schlichtweg in der Anerkennung, dass Unternehmen viel besser als staatliche Stellen geeignet sind, neue Technologien zu entwickeln und zur Marktreife zu führen. Das stellt in einer Zeit, in der technischer Fortschritt die Basis für wirtschaftlichen Wohlstand bildet, den Schlüssel für die Zukunft einer Industrienation wie Deutschland (und Europa) dar.

Dieses Modell wird im Folgenden anhand der Weltraumfahrt skizziert, ist jedoch, wie schon ausgeführt, ohne weiteres auf andere Felder übertragbar.

Die Raumfahrt begann im letzten Jahrhundert als Domäne der Staaten, doch im 21. Jahrhundert wird das All maßgeblich von der Privatwirtschaft erobert. Unternehmen wie Virgin Galactic, Blue Origin und SpaceX haben sich seit Anfang der 2020er Jahre auf den Weg gemacht, den Weltraum zu kommerzialisieren. Sie wetteifern um das künftige Billionen-Geschäft mit Reisen ins All und möglicherweise irgendwann einmal mit einer Besiedlung fremder Himmelskörper oder „Space Mining“, also etwa dem Abbau von Erzen auf Asteroiden durch Roboter.[232]

Dabei ist eine Allianz der staatlichen und der privatwirtschaftlichen Weltraumnutzung unübersehbar. Schon 1997 hoben von den US-amerikanischen Weltraum-Startplätzen mehr kommerzielle als staatlich beauftragte Raketen ab.[233]

Neues Geschäftsmodell für Großprojekte

Man kann ohne weiteres von einem neuen Geschäftsmodell für Großprojekte sprechen, die „in alten Zeiten“ durchweg vom Staat finanziert und durchgeführt wurden, aber seit einiger Zeit dabei sind, von der Wirtschaft übernommen zu werden. Die Weltraumfahrt stellt dabei den Musterfall dar, das Vorbild, angeführt von der Firma SpaceX.

Dieses Geschäftsmodell funktioniert wie folgt: Ein oder gar mehrere äußerst finanzkräftige Unternehmen entwickeln eine großindustrielle Technologie bis zur Serienreife. Der Staat unterstützt diese Entwicklung gerne, weil er erstens selbst davon profitieren will, zweitens die dafür notwendigen Finanzmittel nicht vollständig selbst aufbringen muss, drittens er sich dadurch vor dem Bürger und Steuerzahler politisch nicht rechtfertigen muss, viertens von der Einsicht geleitet wird, dass Unternehmen schneller praxisnahe Resultate hervorbringen, als wenn sich behördlich organisierte Forschungseinrichtungen damit befassen, und fünftens, weil sich der Staat künftig jederzeit Zugriff auf die Ergebnisse genehmigen kann, und sei es schlichtweg durch eine entsprechende Gesetzgebung.

Den wenigen Unternehmen, welche die Finanzmittel, das Know-how und die Risikobereitschaft aufbringen, sich in das Abenteuer des neuen Großprojekts zu stürzen, winken beinahe unermessliche Gewinne. Zum ersten steht nach der Anfangsphase ein steter Geldfluss ins Haus, sobald der Staat an die Machbarkeit glaubt und die Entwicklung mit finanziellen Mitteln unterstützt. Zum zweiten tritt der Staat alsbald als Auftraggeber auf, weil er die entsprechende Technologie für seine eigenen Zwecke benötigt. So ist es SpaceX gelungen, sich zu einem Hauptlieferanten der NASA zu entwickeln. Das macht für das Unternehmen wie auch für die Behörde Sinn – und stärkt die Wirtschaftsmacht der Vereinigten Staaten von Amerika.

Nutzung der Atomkraft wie Eroberung des Alls

Parallel dazu haben mehrere weitere Tech-Unternehmer, darunter der Microsoft-Gründer Bill Gates, begonnen, das geschilderte Geschäftsmodell auf andere Großprojekte zu übertragen. Besonders gut lässt sich das auf dem Energiesektor erkennen, genauer gesagt, bei der Entwicklung einer neuen Generation von Atomkraftwerken. Dazu musste zunächst das Sicherheitsrisiko auf ein wirtschaftlich kalkulierbares Maß begrenzt werden. So ist es gelungen, durch neue Bauweisen für vergleichsweise kompakte Kernkraftwerke, die etwa so groß sind wie ein Einfamilienhaus, die einstige Hochrisikotechnologie zu einer Zukunftstechnologie mit beherrschbarem Risiko umzuetikettieren. Ein herkömmlicher Kraftwerksbau ging stets davon aus, den „größten anzunehmenden Unfall“, den GAU, unter allen Umständen zu vermeiden. Das erforderte einen ins Unermessliche steigenden Aufwand, um das letzte Restrisiko auszuschließen, was letztendlich ohnehin gar nicht möglich ist. Die neuen kommerziellen Kernkraftwerke folgen einem anderen Sicherheitsdenken: Anstatt die Wahrscheinlichkeit des Unfalls zu reduzieren, sollen die Folgen der schlimmsten Katastrophe abgemildert werden.[234]

Dieses neue Sicherheitsdenken verändert die Kostenstruktur von Kernkraftwerken grundlegend und ermöglicht dadurch neue Geschäftsmodelle, im Grunde eine völlig neue atomare Geschäftswelt. Genau diese Entwicklung dürfte entscheidend dazu beitragen, der friedlichen Nutzung der Kernkraft neues (Geschäfts-)Leben einzuhauchen. Diese neuartige Kommerzialisierung der Atomkraft mit einer ausgewogenen Mischung aus Wirtschaftlichkeit und Sicherheit wird maßgeblich für die Rückkehr der Kernenergie verantwortlich sein. Denn es ist offensichtlich, dass die Staaten großes Interesse daran haben werden, diese friedliche Nutzung der „Atomenergie 2.0“ zu verwenden, um die Energieversorgung der Bevölkerung und der Wirtschaft sicherzustellen, wie an anderer Stelle in diesem Buch erläutert.[235]

Ob Weltraumfahrt oder Kernkraft – beides wird durch die Kommerzialisierung ein gutes Stück vom behäbigen Staatswesen abgetrennt und dadurch in der Entwicklung beschleunigt. Gleichzeitig ist auf beiden Technologiesektoren ein starkes staatliches Interesse unübersehbar, so dass der Staat als Co-Financier, Auftraggeber und Abnehmer agiert. Zudem ist klar, dass der

Staat seine Gesetzeskraft einsetzen wird, um diese Entwicklungen zu ermöglichen und voranzutreiben – all dies geschieht bereits auf diesen beiden Sektoren, also der Weltraumfahrt und der Atomenergie.

Digitalisierung, Gesundheitswesen, Satelliten

Die Dominanz der USA bei der weltumspannenden Digitalisierung stellt im Grunde eine Blaupause für das Funktionieren dieser Vorgehensweise dar. Dazu nur ein Beispiel: Etwa 85 Prozent aller deutschen Behörden sind auf Software des US-Konzerns Microsoft angewiesen. Die US-Gesetzgebung wiederum sieht vor, dass die dortigen Behörden jederzeit Zugriff auf die Kundendaten von US-Unternehmen erhalten können – selbst dann, wenn diese Daten außerhalb der Vereinigten Staaten im Ausland gespeichert sind. Allein dieser Umstand ist die Ursache für eine der größten und ernsthaftesten Diskussionen bei der Digitalisierung im öffentlichen Dienst der Bundesrepublik Deutschland. Es würde das Thema des vorliegenden Buches verfehlen, diesen überaus strittigen Diskurs im Detail darzustellen, aber als Beispiel für das Zusammenwirken aus Wirtschaft und Staat, um eine „Technologie von nationaler Tragweite" zu beherrschen, ist es sehr wohl geeignet.

Wohlgemerkt: Wir reden von der Beherrschung der deutschen Verwaltung durch ein Konglomerat aus US-Wirtschaft und US-Regierung. Der „unvorstellbare Fall", dass die Regierung eines anderen Landes den hiesigen Verwaltungsapparat zum Erliegen bringen könnte, ist ebenso „undenkbar" wie die Vorstellung, dass ausländische Behörden auf die Datenbestände deutscher Bürokraten zugreifen können. Immerhin drohte der Facebook-

Mutterkonzern Meta 2022 ernsthaft damit, sich aus Europa zurückzuziehen, da sein Geschäftsmodell durch das hohe Datenschutzniveau hierzulande gefährdet sei. Das war eine leere Drohung, weil ein Rückzug von Facebook, immerhin das weltweit größte soziale Netzwerk, weder die öffentliche Verwaltung noch die Wirtschaft in Deutschland oder Europa gefährdet. Aber was wäre, wenn Microsoft – oder Oracle, IBM und wie die US-Digitalkonzerne alle heißen – auch nur erwägen würden, das Europageschäft einzustellen? Undenkbar? Mag sein, aber unmöglich? Sicherlich nicht! Und natürlich erstreckt sich die US-Digitaldominanz nicht nur auf den öffentlichen Dienst und nicht nur auf Deutschland. Dieses staatlich-privatwirtschaftliche Zusammenwirken, das für die USA bei der Digitalisierung so gut funktioniert, wird auf andere Technologiesektoren von ähnlich fundamentaler Bedeutung übertagen: die Weltraumfahrt, die Kernkraft, Künstliche Intelligenz und das Gesundheitswesen.

Interessanterweise ist der US-Einfluss bei *einem* Thema von internationaler Tragweite gar nicht weiter aufgefallen: Die Impfung der Welt gegen das Coronavirus. Alle wesentlichen Impfallianzen – Cepi (Coalition for Epidemic Preparedness Innovations), Covax (Covid19 Vaccines Global Access) und Gavi (Global Alliance for Vaccines and Immunisation) – standen zweifelsohne unter maßgeblicher Führung der Gates Foundation von Bill Gates. Die Frage, wer bei der Impfstoffversorgung der Welt das Sagen hat, beschrieb Gavi 2020/21 mit „co-leading“; darin steckte immerhin die Anerkennung, dass neben der Gates Foundation auch andere mitreden dürfen, etwa die Weltgesundheitsorganisation WHO (World Health Organisation), die UNO (United Nations Organisation) oder gar die Staatengemeinschaft.

Das globale Gesundheitswesen wird indes nicht nur durch die Impfallianzen amerikanisiert, sondern ebenso stark und vermutlich künftig noch nachhaltiger durch Smartwatches und andere körpernahe Elektronikprodukte, die die Vitalwerte der Träger der Computeruhren fortlaufend ermitteln und via Cloud in digitale Gesundheitsdienste übermitteln. Immerhin tragen mehr als 100 Millionen Menschen rund um den Globus bereits eine Apple Watch am Handgelenk – Tendenz weiter stark steigend.[236] Während Deutschland stolz auf die Einführung der elektronischen Gesundheitskarte und das E-Rezept ist, sammelt Apple längst die Vitaldaten der Menschen millionenfach per Smartwatch ein – ein weiterer Generationenunterschied. Was ist wahrscheinlicher: dass die nächste große Innovationswelle im Gesundheitswesen von einem deutschen Gesundheitsminister oder von einem oder mehreren Technologiekonzernen ausgelöst wird?

Durch all diese Beispiele hinweg zieht sich wie ein roter Faden das Voranschreiten der US-Wirtschaft mit Hilfe der US-Regierung, um einem zukunftskritischen Technologiesektor einen amerikanischen Stempel aufzudrücken. Das Vorpreschen der USA auf dem Weltraumsektor wird übrigens nicht erst in einigen Jahrzehnten oder gar Jahrhunderten Früchte tragen, sondern zeitigt bereits heute handfeste Vorteile. Dank der Wiederverwendbarkeit der Falcon 9 sind Raketenstarts derart kostengünstig geworden, dass es sich rechnet, damit das weltumspannende Satellitennetzwerk Starlink aufzubauen, das heute schon Internetzugang in Gebieten offeriert, die terrestrisch keine Internetversorgung haben. Mitte 2024 umkreisten rund 6.200 Starlink-Satelliten die Erde; insgesamt liegen bereits Genehmigungen für mehr als 19.400 Satelliten vor. Knapp 22.400 weitere hat SpaceX beantragt. In der Endausbaustufe kommt man also auf 48.000

Satelliten. Ein Exotenmarkt? Keineswegs, denn weil die Satelliten recht niedrig über der Erdoberfläche fliegen (etwa zwischen 300 und 600 Kilometern Abstand) und dadurch die Funksignale zwischen Erde und Trabanten sehr schnell übertragen werden, sind sie für zahlreiche Einsätze verwendbar, die bei herkömmlichen Satelliten mit weit höheren Umlaufbahnen nicht praktikabel waren, vom Mobilfunk bis zur großflächigen Überwachung und Steuerung selbstfahrender Autoflotten. Die Deutsche Telekom wird von dieser Entwicklung mutmaßlich ebenso unmittelbar betroffen sein wie BMW, Daimler und Volkswagen. Es entsteht im All eine neue Infrastruktur, die in ihrer fundamentalen Bedeutung vergleichbar sein wird mit der Schlüsselrolle von Microsoft-Programmen für praktisch jedwede Bürotätigkeit.

Eine Behörde gebärt eine „Gaga-Idee“

Was hingegen herauskommen kann, wenn eine Behörde versucht, innovative Ideen zu gebären, wurde im Frühherbst 2024 bei einem Vorschlag der zum Bundeswirtschaftsministerium gehörenden Bundesnetzagentur deutlich: eine Lachnummer. Das Amt hatte tatsächlich einen Plan ausgebrütet, nach dem Firmen ihre Produktion nach Windstärke und Sonnenschein ausrichten sollten. Wenn es sehr sonnig und windig ist, wird viel produziert, bei Flaute oder Wolkendecke dagegen weniger – so die Überlegung. Und wie sah die „Innovationskraft“ der Behörde aus? Über die Stromnetzgebühren sollten die Unternehmen entsprechend belohnt oder bestraft. Produktion bei Windstille oder schlechtem Wetter wäre also teurer.[237]

Der Verband der Chemischen Industrie antwortete prompt: „Unsere Branche leidet jetzt schon unter hohen Stromkosten.

Deshalb müssen auch im neuen System Entlastungen für stromintensive Produktionsprozesse erhalten bleiben. Eine flexible Produktion nach Wetterlage macht technisch und wirtschaftlich nur sehr begrenzt Sinn." Noch deutlicher formulierte der Bundesverband Mittelständische Wirtschaft: „Wetter-Roulette ist völlig gaga. Maschinen und Anlagen brauchen 365 Tage im Jahr rund um die Uhr verlässlich und bezahlbar Strom."[238] Die Fachvereinigung Chemieparks im Chemieverband VCI verdeutlichte die Folgen: „Eine Produktion in Deutschland wäre für viele dann nicht mehr möglich." Viele Anlagen benötigen nämlich eine Auslastung von 80 Prozent oder mehr, um bei den Stückkosten international wettbewerbsfähig zu sein.[239]

Doch die Bundesnetzagentur wehrte sich: „Unflexibles Abnahmeverhalten ist gesamtökonomisch zunehmend nachteilhaft und kann die Integration erneuerbarer Energien in den Strommarkt hemmen." Aus der für jeden Industriebetrieb notwendigen Planbarkeit wurde also mangelnde Flexibilität. Was die Behörde wohl nicht berücksichtigt hat: Viele Unternehmen sind durchaus flexibel genug, Produktionskapazitäten ins Ausland zu verlagern, wo ihre eigene unternehmerische Innovationskraft mehr wert ist als die „Gaga-Ideen" einer Behörde zur Durchsetzung von Ideologien mit Zwangsmaßnahmen.

Um Deutschland und Europa den Anschluss an die Zukunft zu ermöglichen, wären grundlegende Reformen im Zusammenwirken zwischen staatlichem und unternehmerischem Handeln angesagt. In der Praxis sind allerdings bestenfalls „Reförmchen" zu verzeichnen, wie 2024 einmal mehr deutlich wurde.

Das Wachstumsreförmchen 2024

Die Erkenntnis, dass es so nicht weitergehen kann, und die Gefahr besteht, dass Deutschland wirtschaftlich in den Abgrund stürzt, kam 2024 wohl auch der amtierenden Bundesregierung. Prompt stellte sie kurz vor der Sommerpause großspurig ein sogenanntes „Wachstumspaket“ vor, um die Konjunktur hierzulande anzukurbeln.

„Deutschland muss jetzt ein Stabilitätsanker in Europa sein“, nahm der Bundeskanzler den Mund recht voll. Es gehe darum, die strukturellen Rahmenbedingungen am Standort Deutschland zu verbessern, hieß es aus dem Bundeswirtschaftsministerium. Die Bürger sollen durch das Paket um 23 Milliarden Euro entlastet werde, rechnete der Bundesfinanzminister vor. Ergo haben sie mehr Geld in der Tasche, welches sie für privaten Konsum verwenden werden, um die Wirtschaft wieder in Schwung zu bringen. Mit allen Maßnahmen zusammengenommen soll das erwartete Wirtschaftswachstum 2025 und in den Folgejahren um gut 0,5 Prozentpunkte steigen. Im Frühjahr hatte die Regierung ein Wachstum für 2025 von einem Prozent in Aussicht gestellt; gemeinsam mit dem Wachstumspaket wäre also mit insgesamt 1,5 Prozent zu rechnen. Die prognostizierte Entwicklung dürfte indes eher Wunschdenken sein, denn das Klein-Klein des Programms gleicht wohl eher einem Flickenteppich als dem ganz großen Wurf, wie die entsprechenden Eckpunkte zeigen.[240]

Werfen wir einen Blick auf das geplante „Reförmchen“:[241]

Anreize für die Beschäftigung und die Fachkräftezuwanderung: Durch einige steuerliche Maßnahmen soll es insbesondere für Frauen in Teilzeit attraktiver werden, mehr zu arbeiten.

Langzeitarbeitslose Bürgergeldempfänger, die einen Job annehmen, werden voraussichtlich im ersten Jahr der neuen Beschäftigung mehr von ihrem Verdienst behalten. Parallel dazu werden die Mitwirkungspflichten von Leistungsbeziehern verschärft. Flüchtlinge bedürfen laut „Wachstumspaket“ keiner Arbeitserlaubnis, um eine Stelle anzunehmen, sofern die Ausländerbehörde nicht widerspricht. Zudem ist von einem Steuerrabatt für ausländische Fachkräfte die Rede, der jedoch das Gerechtigkeitsgefühl vieler Deutscher arg strapaziert und möglicherweise rasch wieder gekippt wird. Für ältere Menschen sollen Anreize geschaffen werden, über das Rentenalter hinaus zu arbeiten.

Mehr Anreize für Investitionen: Für Unternehmen werden allerlei steuerliche Verbesserungen in Aussicht gestellt, unter anderem durch Abschreibungserleichterungen. Eine erneute Kaufprämie für Elektroautos steht zwar nicht im Raum, aber Sonderabschreibungen für gewerblich genutzte E-Autos. Dem Vernehmen nach war sogar eine Elektro-Quote für Dienstwagenflotten geplant, wozu es letztlich nicht kam.

Bürokratie abbauen: Obgleich kurz zuvor mit dem vierten Bürokratieentlastungsgesetz ein weiteres „Reförmchen“ von der Regierung vorgelegt worden war, will sie offenbar in Sachen Bürokratieabbau beim „Wachstumspaket“ noch ein Signal setzen. Die Verheißung: Der Datenschutz soll für kleine und mittelständische Unternehmen „entschlackt“ werden. Doch welche Gestaltungsspielräume der deutsche Gesetzgeber angesichts der *europäischen* Datenschutzgrundverordnung überhaupt hat, ist unklar. Sicher ist, dass sie sehr gering sein dürften. Denn längst hat Deutschland die Bürokratie-Gesetzgebung an die EU abgetreten, um es einmal etwas zugespitzt auf den Punkt zu bringen.

Zudem ist von einer Stärkung der Kreislaufwirtschaft die Rede, für die es einen Rahmen geben soll. Allerdings: Dieses Vorhaben stand bereits im Koalitionsvertrag vom 24. November 2021 für die 20. Wahlperiode des Bundestages; eine Wiederholung des Reformvorhabens führt per se keinen Schritt voran. Immerhin werden Entlastungen beim Lieferkettengesetz und den damit verbundenen Berichtspflichten versprochen. Erklärtes Ziel: Ab 2025 sollen zwei Drittel der deutschen Unternehmen nicht mehr unter die Regeln fallen, die bislang für sie gelten. Die betroffenen Unternehmen sollen wählen, ob sie die Berichtspflichten nach dem Lieferkettengesetz oder alternativ die Anforderungen der Nachhaltigkeitsberichterstattung umsetzen. Immerhin: Die betroffenen Unternehmen stehen dann nur noch einmal statt zweimal mit dem Bürokratiemonster im Kampf, möchte man sagen.

Entlastungen bei Energiepreisen: Das meiste bleibt wie gehabt – so lassen sich die „Verkündungen" zu den (hohen) Energiepreisen des „Wachstumspakets" vom Frühsommer 2024 zusammenfassen. Die Umlage nach dem Erneuerbare-Energien-Gesetz (EEG) bleibt abgeschafft, das Strompreispaket aus dem vorangegangenen Jahr bleibt erhalten und wird auch nach 2025 fortgeführt. Die Stromsteuer für die bereits Begünstigten wird dauerhaft auf das EU-Minimum gesenkt und die Strompreiskompensation bis 2030 verlängert. Der letzte Punkt ist wohl als ein verzweifelter Versuch einzustufen, energieintensive Unternehmungen im Land zu halten, indem man diese von staatlich subventionierten Energiepreisen profitieren lässt.

Soweit das „Reförmchen" vom Sommer 2024, das man getrost als „Placebo-Reform" bezeichnen kann. Es erinnert an einen Mann, der einen Eimer klares Wasser ins Meer schüttet, um einen Beitrag zur Säuberung der Ozeane zu leisten. Im Grundgedanken richtig, aber wirkungslos. Das Kieler Institut für Weltwirtschaft (IfW) urteilte deutlich: „Das Potenzialwachstum dürfte durch die Maßnahmen kaum um 0,5 Prozentpunkte steigen, das ist doch sehr hochgegriffen.“ Der BDI meint, die Regierung lege „nicht ausreichend Priorität darauf, den Standort und seine Wachstumskräfte zu stärken und öffentliche wie private Investitionen anzuschieben.“ Das Institut für Wirtschaftsforschung Halle (IWH) bewertet: „Die Initiative ist für die großen Herausforderungen Demografie, Energiewende und Fortschritt durch Innovation zu kleinteilig und noch zu wenig konkret.“[242]

„Wir sind zum Ramschladen geworden“, wetterte der Chef der Deutschen Börse im Sommer 2024 in einer vielbeachteten Wutrede zur wirtschaftlichen Lage Deutschlands. Er erklärte unumwunden: „So schlecht wie jetzt war unser Ansehen in der Welt noch nie. … Wir sind ökonomisch gesprochen auf dem Weg zum Entwicklungsland.“[243] Als Symbolik für diesen Weg in Richtung „Bananenrepublik“ mutete die Debatte um den Bundeshaushalt 2025 an.

Kurz vor der Sommerpause 2024 lobte der amtierende Bundeskanzler den Entwurf dazu mit den Worten, es sei „bemerkenswert, dass wir so weit gekommen sind“. Nur eine Woche später bewertete der wissenschaftliche Beirat des Finanzministeriums zentrale Aspekte des Haushalts 2025 als „rechtswidrig, zweifelhaft und verfassungswidrig“.[244] Da mutete es wohl eher als „bemerkenswert“ an, dass die Regierung überhaupt noch am Ruder war und das „Schiff Richtung Ende der Welt“ steuerte.

Deutschlands Zeit als industrielle Supermacht endet

Tatsächlich schlussfolgerte eine Studie von *Bloomberg Economics* vom Sommer 2024: Deutschlands Zeit als industrielle Supermacht geht zu Ende. Die jahrzehntelang starke deutsche Industrie, die Europas größte Wirtschaftskraft getragen hat, steckt demnach in einer tiefen Krise und kann nicht mehr an die Wertschöpfung früherer Jahre anknüpfen. *Bloomberg Economics* kommt nun zu dem Ergebnis, dass dies auch längerfristig so bleiben wird. Als Gründe dafür werden „strukturelle Ursachen" genannt: die hohen Energiepreise in Folge der ideologischen „Energiewende"-Politik, die immer höheren Produktionskosten durch immer mehr Bürokratie, hohe Steuern und Sozialabgaben sowie der schlechte Zustand der digitalen Infrastruktur und der Verkehrsinfrastruktur.[245]

2024 stand die Baubranche exemplarisch für die miserable Lage im Brennpunkt. Obwohl aufgrund des rasanten Zuzugs nach Deutschland immer mehr Wohnraum benötigt wurde, sank die Bautätigkeit dramatisch. Die Gründe: geradezu explodierende Baukosten, zu viel Bürokratie bei jedem Bauvorhaben, der Fachkräftemangel und das Vertrauen in eine prosperierende Zukunft des Landes.[246] „Es braut sich ein Sturm zusammen", ließ sich das renommierte ifo-Institut vernehmen.[247] Erstmals seit 15 Jahren scheint der Verlust von Arbeitsplätzen in der Baubranche im großen Stil unvermeidlich.[248] Die Industriegewerkschaft Bauen-Agrar-Umwelt (IG BAU) warnte vor einer jahrzehntelangen Krise, dem damit verbundenen „sozialen Sprengstoff" und einer „Spaltung der Gesellschaft".[249] [250]

Einmal mehr standen sich „gut gemeint" und „gut gemacht" diametral gegenüber. Denn die Politik hatte sich zum Ziel gesetzt, klimafreundliche Baumaterialien wie grünen Stahl und klimaneutralen Zement zur Norm zu machen und die deutsche Bauwirtschaft auf den Weg zur Klimaneutralität zu führen.

Doch damit hatte sie nicht nur maßgeblich zum weitgehenden Erliegen der Bautätigkeit in Deutschland beigetragen, sondern zugleich die internationale Wettbewerbsfähigkeit der Stahlindustrie gefährdet. Thyssenkrupp, mit 26.000 Beschäftigten und einem Produktionsvolumen von jährlich ungefähr elf Millionen Tonnen Rohstahl der größte Flachstahlhersteller in Deutschland, kündigte 2024 Entlassungen in Duisburg an, dem bislang größten Stahlstandort Europas mit 13.000 Arbeitskräften in dieser Branche.[251] Stahl kann als Verpackungsmaterial, im Haushalt, in der Energiewirtschaft, im Maschinen- und Anlagenbau sowie in der Automobilindustrie genutzt werden. Eine Schwächung dieser Schlüsselbranche schadet vielen Industrie- und Wirtschaftsbereichen.

Gegen Ende 2024 bäumte sich die Automobilindustrie gegen die unrealistischen EU-Vorgaben zum Klimaschutz auf. Ein internes Papier aus der europäischen Autobranche warnte vor dem Verlust von Millionen Jobs in Europa, sollte die für 2025 vorgesehene Verschärfung der CO2-Emissionen nicht verschoben werden. Die EU-Regularien sehen vor, dass der Flottengrenzwert für den CO2-Ausstoß, der bis 2024 bei 115,1 Gramm CO2 pro Kilometer pro Fahrzeug lag, 2025 auf 93,6 Gramm und 2030 auf 49,5 Gramm sinken muss (im Durchschnitt aller in der EU in einem Jahr zugelassenen Fahrzeuge). Für zu viel ausgestoßenes CO2 müssen die Hersteller Strafe zahlen. Die Industrie sei nicht in der Lage, diese Verschärfung einzuhalten, hieß es in der Branchenanalyse. „Folglich wird die EU-Industrie mit Strafzahlungen in Milliardenhöhe konfrontiert." Als Möglichkeit, den Strafen zu entgehen, nannte das Papier, die Produktion und den Verkauf von mehr als zwei Millionen Autos mit Verbrennungsmotoren einzustellen. Das entspreche der Leistung von acht Fabriken. Damit verbunden wäre der Verlust von Millionen Arbeitsplätzen.[252] Besonders brisant: Die beste Möglichkeit, die Flottenemissionen zu senken, bestünde natürlich im Verkauf von mehr Elektrofahrzeugen. Doch ausgerechnet im Autoland Deutschland waren die Kaufprämien für E-Autos Ende 2023 eingestellt worden, weil dem Staat das Geld dafür ausgegangen war, woraufhin es zu einem anhaltenden Einbruch bei der Nachfrage kam.[253]

Deutschland verliert Triple-A

Bereits 2023 gab der langjährige Chefanalyst für Länderratings bei der weltgrößten Ratingagentur Standard & Poor's (S&P) eine düstere Prognose ab: „Deutschland wird die Topnote „AAA" mittel- bis langfristig verlieren." Die Independent Credit View I-CV, in der internationale Investoren ihre Bewertungen bündeln, machte noch im selben Jahr kurzen Prozess: Deutschland verlor seine Bestnote. Vieles deutet darauf hin, dass Deutschland tatsächlich bald sein „Triple-A-Rating", welches die Bundesrepublik beim Erscheinen dieses Buches im Frühherbst 2024 noch besitzt, bei den drei weltweit führenden Ratingagenturen verlieren wird. Eine derartige Herabstufung der Kreditwürdigkeit durch unabhängige Ratingagenturen hat potenziell gravierende Folgen, wie etwa erhöhte Kreditzinsen, eine verminderte Investitionsbereitschaft und eine schwächere Währung.

Unter Historikern wird schon lange darüber gestritten, was ursächlich war für den Untergang des Römischen Reiches in der

Mitte des ersten nachchristlichen Jahrtausends: die Dekadenz der Gesellschaft oder die wirtschaftliche Stärke, die so groß war, dass an der Peripherie eigene dezentrale Machtzentren entstanden, die schließlich der Zentralmacht Rom den Garaus machten.[254] Der Niedergang Deutschlands wird häufig an dem ersten Postulat festgemacht, die Dominanz der USA und der Aufstieg Chinas gelten als Beleg für das zweite Axiom. Tatsächlich läuft wohl nicht nur Deutschland, sondern ganz Europa Gefahr, zwischen beiden Polen zerrieben zu werden. Die einstige „europäische Peripherie" USA hat sich längst zum Nabel der (Wirtschafts-)Welt entwickelt, und die Volksrepublik China schickt sich schon lange an, deutschen Industrie-Ikonen wie dem Automobil und vielen weiteren Branchen den Rang abzulaufen.

Soweit reichen die Ursachen für den Abstieg Deutschlands zwar nicht zurück, aber ein paar Jahrzehnte sollte man schon zurückblicken. So sorgte sich die Politik in den 2010er Jahren angesichts damals oft sprudelnder Steuereinnahmen und niedrigen Zinsen wenig um den Wirtschaftsstandort und investierte kaum in die Infrastruktur oder in Bildung und Forschung, sondern kümmerte sich vor allem um soziale Wohltaten: Mütterrente, Elterngeld Plus, zeitweise Baukindergeld, Starke-Familien-Gesetz oder Grundrente. Dabei wurde (zu) lange übersehen, dass die dafür erforderlichen Milliarden im wahrsten Sinne des Wortes *erwirtschaftet* werden müssen – von der Wirtschaft. Allein die Mütterrente verschlang 2023 rund 13 Milliarden Euro. Die Steuereinnahmen sind von 644 Milliarden Euro im Jahr 2014 auf 916 Milliarden im Jahr 2023 um 40 Prozent gestiegen. Die Politik wäre gut beraten gewesen, einen höheren Teil davon für die Infrastruktur – vom Verkehr bis zur Digitalisierung –, für Schulen und Universitäten und für die Minderung der Steuer-

und Abgabenlast für die Bürger und die Wirtschaft zu verwenden. Und genau dies sind auch wichtige Stellschrauben für die Zukunft, um Deutschland wieder auf Kurs zu bringen. Ein Kursziel könnte die Wiedereroberung von Platz sechs im „World Competitiveness Report“ der renommierten Schweizer Hochschule IMD sein. Bei dem internationalen Vergleich der Wettbewerbsfähigkeit und der Standortbedingungen von knapp 70 Ländern befand sich Deutschland nämlich vor rund einem Jahrzehnt auf eben diesem sechsten Platz. 2024 ist die Bundesrepublik hingegen vom 22. auf den 24. Platz abgerutscht.[255] Im Frühjahr 2024 vergaben 180 Volkswirtschaftslehre-Professoren im Ökonomenpanel des Wirtschaftsforschungsinstituts ifo und der *FAZ* der Bundesrepublik Deutschland als Wirtschaftsstandort die Schulnote 3,4.[256] Erinnern wir uns an unsere Schulzeit: Die Note 3 steht für eine gute Leistung, die aber noch Verbesserungspotenzial hat, die Note 4 für eine gerade noch ausreichende Leistung, die deutlich verbessert werden muss.

Noch ist nicht alles verloren

Noch ist nicht alles verloren! Sich von einer Note zwischen 3 und 4 auf eine 2,5 oder gar eine glatte 2 hochzuarbeiten, ist keine Sache der Unmöglichkeit. Jeder möge an seine eigene Schulzeit zurückdenken: Vermutlich standen hier auch nicht Jahr für Jahr immer nur Zweien oder gar Einsen im Zeugnis. Deutschland kann ohne weiteres wieder zu einer Position der Stärke zurückfinden. Dazu müssen allerdings für die in diesem Buch aufgezeigten Problemkreise funktionierende Lösungen gefunden werden. Leicht wird das nicht, aber unmöglich ist es eben auch nicht.

Also: Packen wir’s an!

Die Autoren

Harald Müller

Harald Johannes Friedrich Müller ist Geschäftsführer der BWA, die er vor über einem Vierteljahrhundert als Bonner Wirtschafts-Akademie gegründet hat. Unter dem Motto „Consulting, Coaching, Careers“ ist die BWA als Spezialist für Personalentwicklung, Outplacement, Personalberatung und Training sowie für Arbeitsmarktprogramme wie Beschäftigtentransfer erfolgreich. Das Unternehmen versteht sich als neutraler Vermittler zwischen Arbeitgebern und Gewerkschaften zum Vorteil der Arbeitnehmer.

1956 in Bonn geboren, durchlief Harald Müller zunächst eine Offizierskarriere bei der Bundeswehr, in die er 1977 eintrat. Er begann als Ausbilder in unterschiedlichen Bereichen, bevor er die Personalverantwortung für bis zu 180 Mitarbeiter übernahm. Von 1988 bis 1992 absolvierte er bei der Bundeswehr das Studium der Wirtschaftsinformatik und eine Offiziersausbildung. 1992 avancierte er zum Personaloffizier in verschiedenen Bereichen und sorgte für die Entwicklung und den Betrieb eines IT-gestützten Personalführungssystems. Im Jahr 1997 gründete Harald Müller die BWA und hat das Unternehmen gemeinsam mit seiner Kollegin Astrid Orthmann als langjähriges Mitglied der Geschäftsleitung zur heutigen Größe aufgebaut.

Demografischer Faktor, Digitalisierung, vernetztes Arbeiten, Integration von Flüchtlingen, Branchenumwälzungen etwa in der Automobil- oder Kunststoffindustrie, der Energiewirtschaft sowie der Chemischen und Pharmazeutischen Industrie, Fachkräftemangel, lebenslanges Lernen durch Weiterbildungsprogramme, Gesundheitsfragen wie beispielsweise Burn-Out-Prophylaxe, Outplacement, Talente suchen und finden, Work-Life-Balance, Golden Workers, Gender Gap, Home Office – es gab in den letzten 25 Jahren kaum einen Megatrend mit Relevanz für den Arbeitsmarkt, an dem die BWA mit Harald Müller an der Spitze nicht beratend und anpackend für Gewerkschaften und Unternehmensleitungen mitgewirkt hat.

„Das Leben ist dynamisch, das Arbeitsleben erst recht“, sagt Harald Müller. Er blickt in die Vergangenheit und in die Zukunft zugleich: „Unsere Aufgabe war und bleibt es stets, bei allen Veränderungen einen vernünftigen Ausgleich zwischen Arbeitnehmern und Arbeitgebern herbeizuführen. Das war schon immer wichtig, aber angesichts der aktuellen Entwicklungen vom Fachkräftemangel über immer heftigere Technologiebrüche bis hin zur Deglobalisierung ist unsere Arbeit heute wichtiger als je zuvor.“ Neben seiner beruflichen Laufbahn findet Harald Müller immer wieder Zeit für ein reges politisches und soziales Engagement. So ist er Mitglied im Wirtschaftssenat des Bundesverbandes Mittelständische Wirtschaft NRW und im globalen Think Tank Diplomatic Council mit Beraterstatus bei den Vereinten Nationen, in dessen Verlag das vorliegende Werk erscheint.

Privat ist der dreifache Vater häufig beim Radfahren und Wandern anzutreffen.

Astrid Orthmann

Astrid Orthmann ist seit 2008 Mitglied der Geschäftsleitung der Bonner Wirtschafts-Akademie. Sie hat entscheidend am Ausbau der BWA zur heutigen überregionalen Bedeutung mitgewirkt.

Auf ihre berufliche Laufbahn hat sie sich mit einem Magister-Studiengang in den Fächern Soziologie, Wirtschaftswissenschaften und Pädagogik an der Universität Siegen mit dem Abschluss zur Magistra Artium M.A. vorbereitet.

Anschließend hat sie unter anderem als Kurs- und Maßnahmenleiterin, Personalberaterin und QM-Beauftragte bei unterschiedlichen Unternehmen vielfältige berufliche Erfahrungen gesammelt.

Parallel zu ihrer Karriere hat sie stets großen Wert auf eine fortlaufende berufliche Weiterbildung gelegt.

Eine Auswahl: Qualifizierungsbaustein im Beraternetzwerk der IG BCE, Zertifizierung für das persolog-Stress-Profil, Prüfung zur persolog-Expertin für Persönlichkeit, zertifizierte und auditierte DNLA-Beraterin (berufsbezogene Eignungsbeurteilung), Grundlagenseminar und Interpretationsworkshop zum Bochumer Inventar zur berufsbezogenen Persönlichkeitsbeschreibung (BIP), Zertifizierung zum persolog-Mitarbeiter-Integrations-System, QM-Beauftragte (TÜV zertifiziert), zertifizierte Trainerin für das persolog-Persönlichkeits-Modell, Kommunikationsassistentin Multimedia.

Astrid Orthmann ist Mitglied im Diplomatic Council, einem globalen Think Tank mit Beraterstatus bei den Vereinten Nationen, in dessen Verlag das vorliegende Werk erscheint.

Ihr Motto lautet „Lebenslanges Lernen ist kein neuer Begriff, aber er war noch nie so aktuell wie in der heutigen Zeit.“

Bonner Wirtschafts-Akademie (BWA)

Die bundesweit tätige Bonner Wirtschafts-Akademie (BWA) ist nach dem Motto „Consulting, Coaching, Careers" seit über 25 Jahren unter der Geschäftsführung von Harald Müller sowie Astrid Orthmann als Spezialist für Personalentwicklung, Outplacement, Personalberatung und Training sowie für Arbeitsmarktprogramme wie Beschäftigtentransfer erfolgreich. Die BWA versteht sich als neutraler Vermittler zwischen Arbeitgebern und Gewerkschaften zum Vorteil der Arbeitnehmer.

Mit Hilfe der BWA haben mehr als zehntausend Arbeitnehmer eine neue berufliche Zukunft gefunden. Das Spektrum reicht von der Begleitung von Change Management-Prozessen über Vermittlung und Coaching von Führungskräften bis hin zur Unterstützung bei der Gründung eines eigenen Unternehmens.

Oberste Priorität aller Aktivitäten hat bei der BWA der Respekt und das verantwortliche Handeln gegenüber Mitmenschen. Dieser Grundsatz beinhaltet Werte wie Integrität, Vertraulichkeit und Loyalität.

Harald Müller und Astrid Orthmann erklären: „Wir verpflichten uns gegenüber unseren Auftraggebern, Klienten und Mitarbeitern zu Integrität, Vertraulichkeit und Loyalität. Wir legen Wert darauf, dass unsere Klienten ihre Visionen und ihre Selbstwahrnehmung entwickeln und durch einen selbstbewussten Auftritt am Markt überzeugen. Es ist unsere Überzeugung, dass unser Erfolg ursächlich vom vertrauensvollen Verhältnis zwischen Berater und Klient beeinflusst wird. Diesem Verhältnis widmen wir größte Aufmerksamkeit. Es ist fester Bestandteil unserer Unternehmensphilosophie."

Die BWA ist nach DIN EN ISO 9001:2015 und nach AZAV zertifiziert und arbeitet in allen Prozessen nach strengen Qualitätsrichtlinien. Das Qualitätsmanagementsystem der BWA wird ständig weiterentwickelt und regelmäßig auditiert.

Referenzen (Auszug): AgfaPhoto GmbH i.I., bundesweit; Aixtron SE, Akzo Nobel Deco GmbH, BASF Personal Care & Nutrition GmbH, Bayer Pharma AG, BSN medical GmbH, Cinram GmbH; Columbian Carbon Deutschland GmbH, Deilmann-Haniel, Deutsche Telekom/Vivento, Dynevo GmbH, DyStar Colours GmbH, Henkel AG & Co. KGaA, Hexion Specialty Chemicals GmbH, HSE Shopdesign GmbH, Kinon Porz GmbH, Li-Tec Battery GmbH, M-real Zanders GmbH, Metabowerke GmbH, Metsä Group Zanders GmbH, Momentive Specialty Chemicals GmbH, National Adhesives, Norske Skog GmbH, Procter & Gamble Manufacturing GmbH, RHI Didier-Werke AG, Saint-Gobain IndustrieKeramik GmbH, Saint-Gobain Sekurit Nutzfahrzeugglas GmbH & Co. KG, Saint-Gobain Vetrotex GmbH & Co. KG, Sankyo Pharma, SCA Hygiene Products GmbH, Schering AG, STEAG GmbH, Stora Enso Reisholz GmbH & Co. KG, TMD Friction Esco GmbH, Vattenfall Europe Business Services GmbH, Viag Interkom GmbH & Co.

Kontakt

BWA, Burgstraße 81 53177 Bonn, Tel. 0800-100-3-777
E-Mail info@bwabonn.de, Web: www.bwabonn.de

Diplomatic Council

Das vorliegende Werk ist im Verlag des Diplomatic Council (DC) erschienen: DC Publishing.

Das Diplomatic Council verknüpft einen globalen Think Tank, ein weltweites Business Network und eine Charity Foundation in einer einzigartigen Organisation. Es hat hierfür bei den Vereinten Nationen den höchsten Status zugesprochen bekommen, der für eine Nicht-Regierungsorganisation erreichbar ist: den akkreditierten Beratungsstatus beim Wirtschafts- und Sozialrat der UNO. Die beiden Autoren gehören dem Kreis der klugen Köpfe im Diplomatic Council an.

Die Mitglieder des Diplomatic Council vertreten die feste Überzeugung, dass Wirtschaftsdiplomatie ein tragendes Fundament für die internationale Völkerverständigung und den friedlichen Umgang der Nationen darstellt. Aus dieser Erkenntnis heraus überträgt das Diplomatic Council das Ziel der globalen Völkerverständigung in ein ökonomisches Mandat. Die Methodik eines weltweiten Wirtschaftsnetzwerkes wird hierzu mit der diplomatischen Kommunikationsebene der Staaten dieser Erde untereinander verknüpft.

Vor diesem Hintergrund sind im Diplomatic Council Persönlichkeiten aus Diplomatie, Wirtschaft und Gesellschaft engagiert, die mit Augenmaß ausgewählt werden, und die sich durch eine hohe Akzeptanz, eine hohe Kompetenz und ein mit den Grundpfeilern des Diplomatic Council übereinstimmendes Wertesystem auszeichnen. Ebenso sind Unternehmen willkommen, für die Corporate Social Responsibility weit mehr als ein Schlagwort ist.

Das Diplomatic Council lebt von aktiven Mitgliedern aus der Diplomatie, Wirtschaft und Gesellschaft, denen es eine Ehre und Verpflichtung ist, ihre Ideen, ihre Kompetenzen und ihr Engagement einzubringen, um sich für weltweite Völkerverständigung und den friedlichen Umgang der Nationen zu engagieren. In einer Welt, in der Wirtschaftskompetenz im Zusammenspiel der Nationen stärker als je zuvor gefragt wird, ist ein Think Tank, der Diplomatie, Wirtschaft und Gesellschaft miteinander verknüpft, unverzichtbar.

Ein Code of Ethics beschreibt das kollektive Verständnis aller Mitglieder des Diplomatic Council, wie man untereinander sowie mit der gemeinsamen Organisation umgeht, und wie man sich nach außen hin im Privat- und Geschäftsleben verhält – nämlich ethischen Grundregeln entsprechend.

Weitere Informationen: www.diplomatic-council.org

Sachbücher im DC Verlag (Auszug)

Stasi 2.0 – Wie wir durch den staatlich-industriellen Digitalkomplex zu gläsernen Bürgern werden und was das für unsere Zukunft bedeutet. 2. aktualisierte Auflage, Andreas Dripke, Markus Miksch, 444 Seiten, ISBN 978-3-947818-05-1

Mein Atomknopf ist größer – America vs. North Korea. Jamal Qaiser, 184 Seiten, Paperback, ISBN 978-3-947818-01-3

Rechtsruck – Wie das Wiedererstarken des Nationalismus Deutschland in die Katastrophe führt. Anonyme Autoren, 660 Seiten, Paperback, ISBN 978-3-947818-06-8

75 Jahre UNO – Macht und Ohnmacht der Vereinten Nationen. Andreas Dripke, Hang Nguyen, 330 Seiten, Paperback, ISBN 978-3-947818-07-5

Die Dekade 2020-2030 – Das kommt auf uns zu!, Andreas Dripke, Hang Nguyen, 362 Seiten, ISBN 978-3-947818-17-4

Hacker – Angriff auf unsere Computer-Zivilisation, Anonyme Autoren, 432 Seiten, ISBN 978-3-947818-23-5

Alles über Künstliche Intelligenz – Wir werden gedacht, Dr. Horst Walther, Andreas Dripke, 208 Seiten, ISBN 978-3-947818-25-9

Migration nach Europa – Wir schaffen das und die Folgen, Anonyme Autoren, 510 Seiten, Paperback, ISBN 978-3-947818-32-7

Auto – Vom Diesel-Desaster bis zum selbstfahrenden E-Auto, Autorengemeinschaft Diplomatic Council, 572 Seiten, Paperback, ISBN 978-3-947818-09-9

Digitale Disruption – Alles wird anders, Andreas Dripke et al., 216 Seiten, Paperback, ISBN 978-3-947818-34-1

Welt ohne Bargeld – Bitcoin und andere Kryptowährungen, Andreas Dripke, Stephanie Stoerk, 176 Seiten, Paperback, ISBN 978-3-947818-41-9

Die biometrische Vermessung der Menschheit, Andreas Dripke et al., 212 Seiten, Paperback, ISBN 978-3-947818-39-6

Der Wahn mit dem Datenschutz, Marc Ruberg et al., 136 Seiten, Paperback, ISBN 978-3-947818-51-8

Die Apple Agenda – Welche Märkte der iKonzern künftig revolutionieren wird, Andreas Dripke et al., 260 Seiten, Paperback, ISBN 978-3-947818-47-1

Hilfe, wir werden gechippt! – Vom Mikrochip unter der Haut bis zum Hirnschrittmacher, Andreas Dripke, 176 Seiten, Paperback, ISBN 978-3-947818-55-6

Cyber War – Die digitale Bedrohung, Marc Ruberg et al., 244 Seiten, Paperback, ISBN 978-3-947818-45-7

Inside WHO – Eine Analyse der World Health Organization (WHO), Andreas Dripke et al., 124 Seiten, Paperback, ISBN 978-3-947818-27-3

2045 – Das Jahr, in dem die Künstliche Intelligenz schlauer wird als der Mensch, Andreas Dripke, Dr. Horst Walther, 104 Seiten, ISBN 978-3-947818-57-0

Der digitale Euro kommt – Fakten, Analysen, Hintergründe, Andreas Dripke, Stephanie Stoerk, 232 Seiten, Paperback, ISBN 978-3-947818-61-7

Denken 5.0 – Was die klügsten Köpfe eines globalen Think Tank über unsere Zukunft denken; Andreas Dripke, Claude Piel, Detlef Schmuck, Dr. Harald Schönfeld, Helmut von Siedmogrodzki, Stephanie Stoerk, Dr. Horst Walther; 292 Seiten, Paperback, ISBN 978-3-94-7818-36-5

Digitale Identität – Unser Zwilling im Datennetz, Andreas Dripke et al. 164 Seiten, Paperback, ISBN 978-3-947818-53-2

Der Dritte Weltkrieg – Das Undenkbare denken, deutsche Ausgabe von „How to avoid World War III", Hang Nguyen, Jamal Qaiser, 216 Seiten, Paperback, ISBN 978-3-947818-67-9

Auto ohne Lenkrad – Das selbstfahrende Auto steht vor der Tür, Patrick Dripke, Thomas Gronenthal, 140 Seiten, Paperback, ISBN 978-3-947818-79-2

Roboter im Alltag – Maschinen (beinahe) wie Menschen, Andreas Dripke, 176 Seiten, Paperback, ISBN 978-3-947818-71-6

Irrfahrt E-Auto – Abgesang auf die deutsche Autoindustrie, Thomas Gronenthal et al., 212 Seiten, Paperback, ISBN 978-3-947818-81-5

China versus USA – Kampf um die Vorherrschaft, Dr. Horst Walther et al., 280 Seiten, Paperback, ISBN 978-3-947818-63-1

Krieg in Europa – Unser schlimmster Albtraum, Andreas Dripke, Hang Nguyen, Jamal Qaiser, Dr. Horst Walther, 260 Seiten, Paperback, ISBN 978-3-98674-026-9

Kampf ums Wasser – Die Herausforderung des 21. Jahrhunderts, Claude Piel, 380 Seiten, Paperback, ISBN 978-3-98674-024-5

Asyl – Flucht ins Paradies, Hang Nguyen, 220 Seiten, Paperback, ISBN 978-3-98674-012-2

Das Internet der Dinge – Die Vernetzung umschlingt uns, Andreas Dripke, Wolfgang Odenthal, 132 Seiten, Paperback, ISBN 978-3-947818-99-0

Die Rückkehr der Kernkraft – Warum Atomenergie unsere Zukunft ist, Andreas Dripke, Hang Nguyen, Marc Ruberg, 204 Seiten, Paperback, ISBN 978-3-947818-95-2

Spion im Smartphone – Wie unser Alltags-Begleiter zur Falle wird, Marc Ruberg et al., 208 Seiten, Paperback, ISBN 978-3-947818-85-3

Kampf ums All – Wie Jeff Bezos, Richard Branson und Elon Musk den Weltraum erobern, und die Rolle der NASA, der ESA, Russlands und Chinas, Andreas Dripke, 260 Seiten, Paperback, ISBN 978-3-98674-014-6

Wenn sich China und Russland verbünden... – Die Herausforderung der Freien Welt, Andreas Dripke, Hang Nguyen, Jamal Qaiser, 260 Seiten, Paperback, ISBN 978-3-98674-016-0

Widerstand gegen die digitale Überwachung – Wofür Julian Assange und Edward Snowden kämpften, Marc Ruberg, Detlef Schmuck, 220 Seiten, Paperback, ISBN 978-3-947818-93-8

Alles über Krypto – NFT, Blockchain, Bitcoin & Co, Andreas Dripke, Stephanie Stoerk, 160 Seiten, Paperback, ISBN 978-3-98674-007-8

Computer wie Götter – Die Rechenknechte übernehmen die Herrschaft, Andreas Dripke, Hang Nguyen, 148 Seiten, Paperback, ISBN 978-3-98674-005-4

Das Versagen des Westens in Afghanistan, Syrien und der Ukraine, Hang Nguyen, Jamal Qaiser, 148 Seiten, Paperback, ISBN 978-3-947818-97-6

Das Diesel-Desaster – Die Geschichte des größten deutschen Industrieskandals, Thomas Gronenthal et al., 340 Seiten, Paperback, ISBN 978-3-947818-83-9

Metaverse – Was es ist, wie es funktioniert, wann es kommt, Andreas Dripke, Marc Ruberg, Detlef Schmuck, 256 Seiten, Paperback, ISBN 978-3-947818-87-7

Klimakatastrophe – Wahn oder Wirklichkeit, Hang Nguyen et al., 184 Seiten, Paperback, ISBN 978-3-947818-49-5

Was nach dem Smartphone kommt – Eine Reise in unsere digitale Zukunft, Andreas Dripke et al., 152 Seiten, Paperback, ISBN 978-3-947818-69-3

Die digitale Zivilisation – Die Genesis und Zukunft unserer Informationsgesellschaft, Andreas Dripke, Harald A. Summa, 232 Seiten, Paperback, ISBN 978-3-98674-044-3

Ich bin nicht woke – Eine Widerrede gegen Gendern, Woke, Cancel Culture und anderes Gedöns, Mai Linh Tran, 184 Seiten, Paperback, ISBN 978-3-98674-065-8

Masterplan: Wie Elon Musk unsere Welt erobert, Andreas Dripke, 296 Seiten, Paperback, ISBN 978-3-98674-056-6

ChatGPT und LaMDA sind erst der Anfang – Wie Künstliche Intelligenz unser aller Leben verändert, Andreas Dripke, Tony Nguyen, Dr. Horst Walther, 200 Seiten, Paperback, ISBN 978-3-98674-067-2

Sebastian Thrun - Die autorisierte Biografie. Eine deutsche Karriere im Silicon Valley und was wir daraus für unser eigenes Leben lernen können. Andreas Dripke, 296 Seiten, Paperback, ISBN 978-3-98674-052-8

Klima: Unsicherheit und Risiko – Unsere Reaktion überdenken, Dr. Judith Curry, 512 Seiten, Hardcover, ISBN 978-3-98674-091-7

Gesunde Ernährungskonzepte auf Basis aktueller Forschung (2020 - 2024) – Neueste Erkenntnisse aus der Entschlüsselung des Stoffwechsels, Dr. Detlef Weber, 268 Seiten, Hardcover, ISBN 978-3-98674-096-2

Unser Planet am Limit – Wie wir das Wachstums-Paradigma überwinden und dabei glücklicher werden, Helmut von Siedmogrodzki, 160 Seiten, Paperback, ISBN 978-3-98674-118-1

KI-Report 2023/2024 – Eine Analyse über den heutigen und künftigen Einsatz Künstlicher Intelligenz in der mittelständischen Wirtschaft, Andreas Dripke, Andreas Renner, Dr. Harald Schönfeld, 132 Seiten, Paperback, ISBN 978-3-98674-089-4

Künstliche Intelligenz für Entscheider – Was Sie als Vorstand, Geschäftsführer, Aufsichtsrat oder Beirat über Künstliche Intelligenz wissen sollten, Andreas Dripke, Andreas Renner Prof. Dr. Alexander Richter, Dr. Harald Schönfeld, Prof. Dr. Sebastian Thrun, Dr. Horst Walther, 220 Seiten, Hardcover, ISBN 978-3-98674-078-8

Quellenangaben und Anmerkungen

[1] https://www.eurovision.de/news/ESC-2023-Warum-Deutschland-so-wenig-Punkte-bekommen-hat,punkteverteilung160.html

[2] https://www.tagesschau.de/wirtschaft/fruehjahrsprognose-institute-100.html

[3] https://www.wiwo.de/unternehmen/industrie/wirtschaftskrise-bdi-chef-russwurm-kritisiert-scholz-zwei-verlorene-jahre/29736846.html

[4] https://www.spiegel.de/wissenschaft/ipcc-chef-jim-skea-bei-1-5-grad-erwaermung-geht-die-welt-nicht-unter-a-13dd35aa-1a80-41b8-b966-911015fd9085#

[5] Studie der Volkswirte des Verbands Forschender Arzneimittelhersteller (vfa) aus dem Jahr 2023

[6] https://zeitung.faz.net/faz/wirtschaft/2023-05-31/b12b4075954713e7317bb21c5d118300/

[7] https://www.handelsblatt.com/politik/deutschland/iw-studie-schleichende-investitionsflucht-standort-deutschland-in-gefahr/29225468.html

[8] https://www.golem.de/news/chipfabrik-regierung-plant-fuer-scheitern-von-intel-magdeburg-2408-183094.html

[9] https://www.spiegel.de/wirtschaft/unternehmen/tsmc-in-dresden-eu-kommission-genehmigt-milliarden-subvention-fuer-fabrik-a-44cc5646-2dc3-4c6b-8f80-c914df9363c0

[10] https://www.wirtschaft-in-sachsen.de/de/das-ist-der-zeitplan-fuer-die-neue-dresdner-mikrochipfabrik-esmc-mit-2-000-jobs/

[11] https://www.spiegel.de/wirtschaft/bundesrechnungshof-ruegt-robert-habeck-wegen-subventionspraxis-seines-ministeriums-a-22f93250-c255-4186-8278-a504ad721f65

[12] https://www.faz.net/aktuell/wirtschaft/unternehmen/mariana-mazzucato-habecks-lieblingsoekonomin-18224903.html

[13] https://www.zeit.de/2021/51/wirtschaftsministerium-robert-habeck-frauen-postenvergabe

[14] https://www.focus.de/finanzen/news/gastbeitrag-von-gabor-steingart-die-ideen-von-habecks-vordenkerin-sind-in-deutschland-komplett-fehl-am-platz_id_186946659.html

[15] https://www.egovernment.de/schluss-mit-faxen-bundestag-stellt-geraete-ab-a-a70875efb696a25b84c8141bff85b70f/

[16] https://www.handelsblatt.com/politik/konjunktur/nachrichten/standortpolitik-so-viele-deutsche-firmen-wie-seit-15-jahren-nicht-wandern-aus-kostengruenden-ab/29084292.html

[17] https://www.tagesschau.de/faktenfinder/staatsverschuldung-100.htm

[18] https://www.steuerzahler.de/aktion-position/staatsverschuldung/staatsverschuldung

[19] https://www.iwkoeln.de/presse/in-den-medien/michael-huether-warum-der-brueckenstrompreis-vertretbar-ist.html

[20] https://www.bmuv.de/themen/chemikaliensicherheit/nanotechnologie/reach

[21] https://www.welt.de/wirtschaft/plus251411598/PFAS-Verbot-EU-plant-Rueckzieher-beim-Verbot-ewiger-Chemikalien.html

[22] https://dip.bundestag.de/vorgang/schließung-des-standortes-der-firma-dyneon-im-industriepark-gendorf-in/302949?f.deskriptor=Arbeitsplatz&rows=25&pos=13&ctx=a

[23] https://www.focus.de/politik/deutschland/papier-aus-habeck-ministerium-von-wegen-billiger-strom-bleibt-20-jahre-so-teuer-wie-jetzt_id_196903942.html

[24] https://www.focus.de/finanzen/news/miele-ist-mit-seiner-polen-entscheidung-nicht-allein-es-geht-nur-um-die-kohle_id_259659769.html

[25] https://www.topagrar.com/panorama/news/stihl-denkt-ueber-verlagerung-von-teilproduktion-in-schweiz-nach-b-20000740.html

[26] https://m.focus.de/panorama/welt/jedes-vierte-familienunternehmen-plant-laut-verband-stellenabbau_id_259790109.html

[27] https://www.stern.de/politik/co2-rueckgang--warum-die-neuen-zahlen-nur-augenwischerei-sind-34547800.html

[28] https://www.ft.com/content/f93777ac-7a33-4451-bdb5-255760994892

[29] https://www.bloomberg.com/news/articles/2024-02-10/deutschlands-tage-als-industrielle-supermacht-sind-gezahlt

[30] https://fxssi.de/groessten-technologieunternehmen

[31] https://www.heise.de/news/EU-Datenschutzbeauftragter-EU-Kommission-hat-Microsoft-365-rechtswidrig-genutzt-9651423.html

[32] https://www.handelsblatt.com/meinung/kommentare/kommentar-darum-haengt-die-chip-produktion-in-europa-weit-hinterher-01/100014413.html

[33] https://www.computerwoche.de/a/openai-will-eigene-chipfabriken-bauen,3698285

[34] https://www.wiwo.de/politik/deutschland/kuenstliche-intelligenz-die-bundesregierung-ist-bei-ki-orientierungslos/29723370.html

[35] Kampf ums All, Wie Jeff Bezos, Richard Branson und Elon Musk den Weltraum erobern und die Rolle der NASA, der ESA, Russlands und Chinas, Andreas Dripke, 260 Seiten, ISBN 978-3-98674-014-6

[36] https://www.spiegel.de/wissenschaft/weltall/raumfahrt-erster-erfolgreicher-start-der-ariane-6-europas-rueckkehr-ins-all-a-e8dbaf99-2ecb-43f6-98da-d0a3016a7f41

[37] https://www.heise.de/news/Aquila-Maris-Rakete-sollte-von-Nordsee-starten-ist-jetzt-aber-eingelagert-9800769.html

[38] https://de.wikipedia.org/wiki/James_Watt

[39] https://de.wikipedia.org/wiki/Industrielle_Revolution

[40] https://de.statista.com/statistik/daten/studie/157841/umfrage/ranking-der-20-laender-mit-dem-groessten-bruttoinlandsprodukt/

[41] https://de.statista.com/statistik/daten/studie/241480/umfrage/umsaetze-der-wichtigsten-industriebranchen-in-deutschland/

[42] https://www.wifa.uni-leipzig.de/institut-fuer-wirtschaftspolitik/newsdetail/artikel/es-waere-fatal-im-kampf-gegen-wirtschafts-flaute-droht-ein-grober-politik-fehler-2024-09-11

[43] AG Energiebilanzen des Bundestages 2021

[44] https://www.spiegel.de/wirtschaft/kraftwerke-fuer-energiewende-robert-habeck-spricht-von-durchbruch-mit-eu-a-3dca886f-db90-4b67-889a-215bfc1854ff

[45] https://www.vci.de/vci/downloads-vci/publikation/2019-10-09-studie-roadmap-chemie-2050-treibhausgasneutralitaet.pdf

[46] https://www.bundesnetzagentur.de/SharedDocs/Pressemitteilungen/DE/2023/20230104_smard.html

[47] https://www.focus.de/finanzen/news/das-geht-nicht-mit-der-strom-logik-fahren-wir-die-energiewende-gegen-die-wand_id_192702539.html

[48] https://leading-minds.com/lamia-messari-becker-die-energiewende-braucht-ein-korrektiv/

[49] https://strom-report.com/strommix/

[50] https://www.heise.de/news/Wasserstoff-Bund-und-Laender-wollen-Wasserstoff-netz-aufbauen-9189599.html

[51] https://www.heise.de/news/Erdgasbranche-setzt-auf-blauen-tuerkisen-und-gruenen-Wasserstoff-9009019.html

[52] https://www.heise.de/hintergrund/Gruener-Wasserstoff-bleibt-auf-Dauer-rar-7274053.html

[53] https://hhla.de/innovation/wasserstoff/wasserstofftransport

[54] https://www.heise.de/news/Erdgasbranche-setzt-auf-blauen-tuerkisen-und-gruenen-Wasserstoff-9009019.html

[55] https://www.bundesnetzagentur.de/DE/Gasversorgung/a_Gasversorgung_2023/start.html

[56] https://www.focus.de/finanzen/news/klimaneutralitaet-bis-2045_id_259770927.html

[57] https://www.heise.de/hintergrund/Gruener-Wasserstoff-bleibt-auf-Dauer-rar-7274053.html

[58] https://www.cleanthinking.de/kohleausstieg-2024-keine-blackout-gefahr/

[59] https://www.bild.de/politik/ausland-und-internationales/enthuellt-selenskyj-soll-von-nord-stream-sprengung-gewusst-66bd9c91c13a42136cb4ad58

[60] https://web.archive.org/web/20160422045000/https://www.volkswagenstiftung.de/de/veranstaltungen/veranstaltungsarchiv/detailansicht-veranstaltung/news/detail/artikel/40-jahre-grenzen-des-wachstums-oeffentliche-abendveranstaltung-mit-dennis-meadows-1/marginal/3815.html

[61] Radkau: *Die Ära der Ökologie: Eine Weltgeschichte.* Beck, 2011, ISBN 978-3-406-61372-2. Zitiert nach Peter Leusch: *Kann blockieren Sünde sein – Geschichte der Anti-AKW-Bewegung.* im Deutschlandradio.

[62] https://www.frm2.tum.de/fileadmin/w00bnv/www/Aktuelles___Medien/Broschueren/Sonstige/40Jahre_Atom-Ei.pdf

[63] https://www.bpb.de/apuz/333362/kleine-geschichte-der-atomkraft-kontroverse-in-deutschland

[64] https://www.planet-wissen.de/technik/atomkraft/das_reaktorunglueck_von_tschernobyl/geschichte-der-anti-atomkraft-bewegung-100.html#Proteste-gegen-AKWs-und-Endlager

[65] https://www.merkur.de/politik/atomkraft-streit-kernergie-deutschland-frankreich-scholz-macron-ampel-gruene-atommuell-endlager-klimaneutral-91201422.html

[66] Die Rückkehr der Kernkraft – Warum Atomenergie unsere Zukunft ist, Andreas Dripke, Hang Nguyen, Marc Ruberg, 204 Seiten, Paperback, ISBN 978-3-947818-95-2

[67] https://www.welt.de/wirtschaft/plus248847246/Nuclear-Pledge-Klimagipfel-wird-zum-Geburtsort-einer-globalen-Atom-Allianz.html

[68] https://www.tagesschau.de/ausland/europa/atomenergie-allianz-abschlusser-klaerung-100.html

[69] https://www.iwd.de/artikel/zahlungssalden-der-mitgliedsstaaten-sorgen-fuer-transparenz-566395/

[70] https://www.tagesschau.de/ausland/europa/eu-energiepolitik-atomkraft-101.html

[71] https://www.merkur.de/welt/china-kernfusion-atome-reaktor-150-millionen-grad-celsius-temperaturen-forschung-kuenstliche-sonne-zr-90126663.html

[72] https://www.ipp.mpg.de/ippcms/de/pr/fusion21/kernfusion/index

[73] https://www.tagesschau.de/wissen/kernfusion-forschung-durchbruch-101.html

[74] https://www.focus.de/auto/elektroauto/power-auch-fuer-elektroautos-sechsmal-heisser-als-die-sonne-loest-chinas-fusions-reaktor-unser-stromproblem_id_12681091.html

[75] https://www.zeit.de/wissen/umwelt/2013-10/atomkraft-risiken-bill-gates/komplettansicht

[76] https://www.tagesspiegel.de/wissen/pro-und-contra-der-atomenergie-brauchen-wir-kernkraft-gegen-die-klimakrise/25389314.html

[77] https://www.sbfi.admin.ch/sbfi/de/home/themen/internationale-forschungs--und-innovationszusammenarbeit/beteiligung-der-schweiz-an-internationalen-forschungs-organisatio/iter.html

[78] https://www.spektrum.de/news/iter-noch-nicht-gebaut-schon-nicht-mehr-gebraucht/2151132

[79] https://taz.de/Energie-durch-Kernfusion/!5707537/

[80] https://www.deutschlandfunknova.de/beitrag/small-modular-reactors-kleine-atomkraftwerke-sollen-jetzt-am-fliessband-produziert-werden

[81] https://www.tagesschau.de/ausland/atomreaktor-entwicklung-usa-101.html

[82] https://www.scmp.com/news/china/science/article/3224183/china-gives-green-light-nuclear-reactor-burns-thorium-fuel-could-power-country-20000-years

[83] https://legitim.ch/explosiv-china-nimmt-stillschweigend-den-ersten-thorium-reaktor-in-betrieb-waehrend-wir-uns-mit-windraedern-herumschlagen/

[84] https://www.novo-argumente.com/artikel/polen_setzt_auf_kernenergie_in_allen_formaten

[85] https://www.handelsblatt.com/unternehmen/energie/marvel-fusion-in-europa-muss-sich-unbedingt-etwas-entwickeln-/29306592.html

[86] https://factorynet.at/fertigung/warnruf-der-europaeischen-industrie-energiepreise-muessen-runter/

[87] https://www.golem.de/news/100-milliarden-us-dollar-microsoft-und-openai-wollen-milliarden-in-ki-supercomputer-stecken-2403-183706.html

[88] https://www.swr.de/wissen/ist-ki-klimasuender-wasser-strom-verbrauch-100.html

[89] https://www.br.de/nachrichten/wirtschaft/fachkraeftemangel-in-deutschland-wie-viel-personal-fehlt,TjEWKwG

[90] https://www.zeit.de/wirtschaft/2010-08/fachkraeftemangel/seite-2

[91] https://www.dak.de/presse/bundesthemen/gesundheitsreport/krankenstand-2023-weiter-auf-rekordniveau-_56842

[92] https://doku.iab.de/forschungsbericht/2023/fb1323.pdf

[93] https://www.iwkoeln.de/fileadmin/user_upload/Studien/IW-Studien/PDF/Studien_Agenda_20D.pdf

[94] https://www.zdf.de/nachrichten/wirtschaft/qualifizierungsgeld-weiterbildung-foerderung-faq-100.html

[95] https://www.arbeitsagentur.de/unternehmen/finanziell/foerderung-von-weiterbildung/qualifizierungsgeld

[96] https://www.haufe.de/personal/arbeitsrecht/qualifizierungsgeld-voraussetzung-berechnung-fallstricke_76_627968.html

[97] https://www.tagesschau.de/wirtschaft/unternehmen/qualifizierungsgeld-weiterbildung-beschaeftigte-100.html

[98] https://www.dgb.de/service/ratgeber/qualifizierungsgeld/

[99] Umfrage „Personalentwicklung Golden Workers“ der BWA unter 100 Personalverantwortlichen

[100] https://www.merkur.de/leben/karriere/gender-pay-gap-job-frauen-maenner-qualifikation-gehaltsunterschied-ost-west-zr-92062375.html

[101] https://www.n-tv.de/politik/Arbeitsagentur-vermittelt-so-gut-wie-keine-Arbeitslosen-article24362133.html

[102] https://www.ihk.de/blueprint/servlet/resource/blob/4757556/bd7376040b98c22b47dcc17ee9f887ca/vo-fachinformatiker-ab-01-08-2020-data.pdf

[103] https://www2.deloitte.com/de/de/pages/mittelstand/contents/cyber-security-im-mittelstand-studie.html

[104] Trendstudie „Arbeitsmarkt und berufliche Herausforderungen“ der BWA, basierend auf der Befragung von 150 Personalverantwortlichen aus mittelständischen und großen Unternehmen

[105] Trendstudie „New Work“ der BWA, basierend auf der Befragung von 100 Personalverantwortlichen aus mittelständischen und großen Unternehmen

[106] https://www.business-punk.com/2024/08/darum-meldet-sich-die-gen-z-oefter-krank-als-andere-generationen/

[107] https://www.spiegel.de/politik/deutschland/asylbewerber-sollten-gefluechtete-sofort-arbeiten-duerfen-a-a64ffae2-bf5a-43bb-82f0-83ae807d9648

[108] https://www.tagesschau.de/inland/leichtere-arbeitsaufnahme-asylsuchende-100.html

[109] https://www.destatis.de/DE/Themen/Arbeit/Arbeitsmarkt/Erwerbstaetigkeit/_inhalt.html

[110] https://www.tagesspiegel.de/politik/so-viele-straftaten-wie-seit-2016-nicht-union-fordert-asyl-obergrenze-vom-bund-11479724.html

[111] https://www.spiegel.de/panorama/justiz/messerattacke-von-solingen-polizei-nimmt-mutmasslichen-attentaeter-von-solingen-fest-a-491fcaef-3f0b-4319-86a0-7de47b407b89

[112] https://www.t-online.de/nachrichten/deutschland/id_100475156/attentat-in-solingen-tatverdaechtiger-syrer-sollte-abgeschoben-werden.html

[113] https://www.waz.de/lokales/article407086126/messer-attacke-tote-bei-stadtfest-in-solingen.html

[114] https://www.faz.net/aktuell/politik/inland/merz-zu-solingen-nicht-die-messer-sind-das-problem-19940972.html

[115] https://www.deutschlandfunk.de/landtagswahlen-ostdeutschland-afd-100.html

[116] https://www.thepioneer.de/originals/others/articles/die-wahre-bilanz-der-fluechtlingskrise-von-2015

[117] https://www.bpb.de/themen/migration-integration/laenderprofile/english-version-country-profiles/262814/migration-to-germany-current-challenges-and-future-developments/

[118] https://cbss.org/publications/labour-exloitation-forced-labour-and-human-trafficking-in-germany-current-challenges-and-developments-in-german/#

[119] https://www.flossbachvonstorch-researchinstitute.com/de/studien/asylpolitik-und-migration-politischer-moralismus-gegen-oekonomisches-gesetz/

[120] https://www.spiegel.de/politik/eu-parlament-stimmt-fuer-asylreform-a-b14619f3-c0eb-485e-a8d5-8a49900b0bf2

[121] https://www.mdr.de/nachrichten/deutschland/politik/faeser-kontrollen-landesgrenzen-100.html

[122] https://www.bundesregierung.de/breg-de/service/bulletin/rede-des-bundesministers-des-auswaertigen-joschka-fischer-808150

123 https://de.wikipedia.org/wiki/Schuman-Plan

124 https://www.bundesregierung.de/breg-de/service/europaeische-verfassung-616016

125 https://www.europarl.europa.eu/factsheets/de/sheet/5/vertrag-von-lissabon

126 https://internationalepolitik.de/de/die-verdraengte-finalitaet

127 https://www.tagesschau.de/ausland/island-103.html

128 https://de.statista.com/statistik/daten/studie/14540/umfrage/wachstum-des-bruttoinlandsprodukts-bip-in-island/

129 https://ec.europa.eu/eurostat/documents/2995521/18404141/2-30012024-AP-DE.pdf/6a7c7ff2-9350-8661-aea5-618d237639e5

130 https://www.tagesschau.de/wirtschaft/traktor-richtlinie100.html

131 https://eur-lex.europa.eu/legal-content/en/TXT/?uri=CELEX%3A02001R2396-20050106

132 https://www.ce-richtlinien.eu/richtlinie-ueber-seilbahnen-fuer-den-personenverkehr/

133 https://eur-lex.europa.eu/LexUriServ/LexUriServ.do?uri=OJ:L:2009:285:0010:0035:de:PDF

134 https://rp-online.de/politik/ausland/eu-richtlinien-und-verordnungen-lustige-absurde-und-unsinnige-beispiele_iid-23664451

135 https://www.golem.de/news/digital-markets-act-dreist-dreister-apple-2401-181596.html

136 https://futurezone.at/produkte/apple-intelligence-ki-funktion-ios-18-europa-dma-datenschutz-iphone-kuenstliche-intelligenz/402916562

137 https://www.ifun.de/meta-neue-ki-modelle-kommen-nicht-nach-europa-236312/

138 https://www.tagesschau.de/wirtschaft/verbraucher/deckel-flaschen-pflicht-100.html

139 https://eur-lex.europa.eu/legal-content/DE/TXT/?uri=celex%3A32019L0904

140 https://www.stern.de/auto/tempowarner-mit-pieps-terror---das-strapaziert-die-nerven--34855922.html

141 https://www.klimavest.de/wissen/glossar/nachhaltigkeitsreporting/

142 https://www.spiegel.de/wirtschaft/eu-die-europaeer-machen-die-regeln-und-die-anderen-das-geschaeft-a-fd095aed-33fc-4494-b459-1bee8381bd4d

143 https://www.spiegel.de/wirtschaft/buerokratie-abbau-die-teure-und-sinnlose-pflicht-der-neuen-nachhaltigkeitsberichte-a-2959e466-882c-450e-a0bf-0c0bbd66cf28

144 https://de.euronews.com/green/2024/02/27/umweltmord-wird-kunftig-nach-eu-recht-mit-bis-zu-10-jahren-haft-bestraft

145 https://www.ihk.de/stuttgart/fuer-unternehmen/international/import-export/import/cbam-5761850

146 https://www.m-q.ch/de/cyberkriminalitaet-sicherheitschaos-in-unternehmen/

147 https://www.wsj.com/tech/cybersecurity/microsoft-tech-outage-role-crowdstrike-50917b90

148 https://commission.europa.eu/strategy-and-policy/priorities-2019-2024/europe-fit-digital-age/digital-markets-act-ensuring-fair-and-open-digital-markets_de

[149] https://www.netzwoche.ch/news/2024-06-24/apple-pausiert-die-neuen-ki-funktionen-in-der-eu

[150] https://www.merkur.de/wirtschaft/fotostory-top-50-wert-firmen-welt-markt-kapitalisierung-apple-amazon-alphabet-netflix-ranking-boersen-wert-zr-90172239.html

[151] https://www.welt.de/wirtschaft/article186209824/Ranking-Nur-noch-zwei-deutsche-Konzerne-unter-den-100-wertvollsten-Unternehmen-der-Welt.html

[152] https://zeitung.faz.net/faz/wirtschaft/2023-09-13/493a236d1ab7ac82fcde1ed489fa108c/

[153] https://www.linkedin.com/posts/andrea-thoma-böck-5803a8126_bürokratie-so-wird-die-wirtschaft-in-deutschland-activity-7095904438527086592-NPtD/

[154] https://www.wiwo.de/podcast/chefgespraech/podcast-chefgespraech-die-krassen-buerokratischen-vorgaben-aus-bruessel-werden-in-deutschland-noch-verschlimmbessert/29378948.html

[155] https://www.tagesschau.de/inland/belastung-buerokratie-rekord-100.html

[156] https://www.bild.de/politik/inland/politik-inland/buerokratie-wer-denkt-sich-diese-sinnlos-vorschriften-nur-aus-87171776.bild.html

[157] https://www.wsj.com/arts-culture/books/politics-ruchir-sharmas-what-went-wrong-with-capitalism-77d64102

[158] https://www.destatis.de/DE/Presse/Pressemitteilungen/2023/06/PD23_N032_81.html

[159] https://www.bundesfinanzministerium.de/Monatsberichte/Ausgabe/2024/02/Inhalte/Kapitel-6-Statistiken/6-1-22-staatsquoten-im-internationalen-vergleich.html

[160] https://www.dgb.de/presse/pressemitteilungen/pressemitteilung/dgb-feiert-tag-der-arbeit-mehr-lohn-mehr-freizeit-mehr-sicherheit/

[161] https://www.bild.de/politik/ausland-und-internationales/attentat-in-den-usa-prognose-plattform-sieht-trump-als-neuen-praesidenten-6694bde44c0a7158c79bed6f

[162] https://www.deutschlandfunk.de/trump-attentat-us-wahl-biden-100.html

[163] https://www.bild.de/politik/ausland-und-internationales/donald-trump-nach-attentat-entscheidet-dieses-ikonische-foto-die-wahl-66937ef0a10a51006b5d7e36

[164] https://edition.cnn.com/politics/live-news/biden-trump-election-07-21-24/index.html

[165] https://www.zeit.de/politik/ausland/2024-08/us-wahlkampf-umfrage-trump-harris-parteitag-demokraten

[166] https://internationalepolitik.de/de/europas-emanzipation-von-den-usa

[167] https://www.tagesschau.de/ausland/europa/von-der-leyen-eu-kommissions-praesidentin-100.html

[168] https://www.spiegel.de/wissenschaft/mensch/energiepolitik-das-letzte-aufbaeumen-der-oelriesen-kolumne-a-0b24dcf3-af9f-4224-9956-02ede9d209dc

[169] https://www.bmj.de/SharedDocs/Meldungen/DE/2024/0111_Statement_BEGIV.html

[170] https://www.tagesschau.de/inland/belastung-buerokratie-rekord-100.html

[171] https://www.ifun.de/onlinezugangsgesetz-2-0-rechtsanspruch-auf-digitale-verwaltung-227829/

[172] https://www.tagesschau.de/inland/bundesrat-onlinezugangsgesetz-100.html

[173] https://www.mckinsey.de/news/presse/2024-07-15-genai-and-talent-in-public-sector

[174] https://www.tagesschau.de/inland/regional/badenwuerttemberg/swr-verwaltung-im-land-soll-einfacher-werden-per-ki-100.html

[175] https://www.basicthinking.de/blog/2024/07/25/ki-beamte-deutschland/

[176] Spion im Smartphone, Marc Ruberg, DC Publishing, ISBN 978-3-947818-85-3

[177] https://www.golem.de/news/100-milliarden-us-dollar-microsoft-und-openai-wollen-milliarden-in-ki-supercomputer-stecken-2403-183706.html

[178] https://www.bmwk.de/Redaktion/DE/Publikationen/Wirtschaft/einsatz-von-ki-deutsche-wirtschaft.pdf

[179] https://de.statista.com/statistik/daten/studie/77226/umfrage/internetnutzer-verbreitung-von-office-software-in-deutschland/

[180] https://t3n.de/news/2-displays-gestensteuerung-apple-1282354/

[181] https://derletztefuehrerscheinneuling.com/2024/08/20/waymo-erreicht-100-000-bezahlte-fahrten-pro-woche/

[182] https://www.golem.de/news/waymo-selbstfahrendes-auto-der-6-generation-vorgestellt-2408-188189.html

[183] Trendstudie „New Work" der BWA, basierend auf der Befragung von 100 Personalverantwortlichen aus mittelständischen und großen Unternehmen

[184] https://www.generation-thinking.de/generation-alpha

[185] https://unicum-media.com/marketing-wiki/generation-alpha/

[186] https://www.digitalbusiness-cloud.de/kuenstliche-intelligenz-drohen-verwuestungen-auf-dem-arbeitsmarkt-a-3259e98b2d99d0f9d9bdea74aeff96fd/

[187] https://www.welt.de/wirtschaft/plus253505618/Open-AI-Das-neue-ChatGPT-denkt-nach-und-leitet-eine-neue-Aera-der-KI-ein.html

[188] https://www.unesco.org/reports/science/2021/en

[189] https://entwickler.de/machine-learning/openai-auf-dem-weg-zu-universell-einsetzbaren-robotern

[190] https://www.sueddeutsche.de/wirtschaft/rubik-zauberwuerfel-1.4777930

[191] https://futurism.com/the-byte/openai-working-humanoid-robot

[192] https://www.nvidia.com/de-de/deep-learning-ai/industries/robotics/

[193] Roboter im Alltag, Andreas Dripke et al., DC Publishing, ISBN 978-3-947818-71-6

[194] https://www.ifun.de/europaeisches-ki-amt-geht-an-den-start-233493/

[195] https://digital-strategy.ec.europa.eu/de/policies/ai-office

[196] https://www.vci.de/presse/pressemitteilungen/stuermische-zeiten-fuer-die-branche.jsp

[197] https://www.handelszeitung.ch/unternehmen/meyer-burger-sieht-in-der-demontage-den-allerletzten-ausweg-692598

[198] https://www.meyerburger.com/de/newsroom/artikel/meyer-burger-kuendigt-solarzell-produktion-in-colorado-usa-an

[199] https://www.deutschlandfunk.de/endgueltiges-aus-fuer-solarunternehmen-meyer-burger-in-freiberg-landrat-sieht-verantwortung-bei-fdp-100.html

[200] https://www.instagram.com/dentalethemenwelt/p/C1ywsTZtStU/

[201] https://www.bild.de/politik/inland/ex-porsche-boss-rechnet-mit-politik-ab-verlieren-grossteil-unseres-wohlstandes-66e027887ec3b15c6e1f6815

[202] Irrfahrt E-Auto, Thomas Gronenthal et al., DC Publishing, ISBN 978-3-947818-81-5

[203] https://www.zdf.de/nachrichten/heute/batterien-die-schattenseiten-der-e-mobilitaet-100.html

[204] https://www.zdf.de/dokumentation/planet-e/planet-e-der-wahre-preis-der-elektroautos-100.html

[205] https://www.manager-magazin.de/politik/weltwirtschaft/seltene-erden-neue-angst-vor-kontrolle-kritischer-rohstoffe-durch-china-a-49876e0b-69ca-4b4d-8162-002f1c4101fb

[206] https://www.bw24.de/stuttgart/daimler-eauto-wahrheit-elektro-co2-stuttgart-umwelt-ingenieure-verbrenner-druck-studie-batterie-90088145.html

[207] https://ecomento.de/2023/06/21/europa-droht-wettlauf-um-batterien-zu-verlieren-rechnungshof/

[208] https://www.wiwo.de/my/technologie/mobilitaet/eu-batterieverordnung-der-naechste-standort-nachteil-fuer-deutschland-/29956722.html

[209] https://www.golem.de/news/akkuproduktion-in-gefahr-autoindustrie-appelliert-an-bundesregierung-2408-187707.html

[210] https://live-counter.com/autos/

[211] https://www.focus.de/auto/ratgeber/unterwegs/lange-schlangen-auto-international-ladestationen-in-los-angeles-chaos_id_124856995.html

[212] Das Diesel-Desaster: Die Geschichte des größten Industrie-Skandals Deutschlands, Thomas Gronenthal, ISBN 978-3947818839

[213] https://www.automobil-industrie.vogel.de/renault-geely-automobilzulieferer-horse-powertrain-a-941444b194b184ccfa1e5bfe2e79954b/

[214] https://www.handelsblatt.com/meinung/kommentare/kommentar-mit-dem-renault-joint-venture-arbeitet-geely-an-der-konsolidierung-der-verbrennerproduktion/28795984.html

[215] https://www.auto-motor-und-sport.de/verkehr/eu-klimaziel-plan-fit-for-55-kein-verbrenner-aus-e-fuel/

[216] https://m.focus.de/auto/interesse-an-e-autos-sinkt-vw-investiert-60-milliarden-euro-in-verbrenner-modelle_id_260074852.html

[217] https://www.handelsblatt.com/unternehmen/industrie/volkswagen-vorstand-will-beschaeftigungsgarantie-kippen-und-ein-deutsches-werk-schliessen/100065225.html

[218] https://de.motor1.com/news/724873/mercedes-investiert-viel-geld-verbrenner/

[219] https://www.handelsblatt.com/meinung/kommentare/kommentar-mit-dem-renault-joint-venture-arbeitet-geely-an-der-konsolidierung-der-verbrennerproduktion/28795984.html

[220] https://www.presseportal.de/pm/83471/5740520

[221] https://www.handelsblatt.com/unternehmen/industrie/unboxing-tesla-arbeitet-an-der-fabrik-der-zukunft/100017762.html

[222] https://www.merkur.de/wirtschaft/tesla-musk-fabrik-produktion-fertigung-methode-neu-revolution-unboxing-fliessband-zr-92990767.html

[223] https://www.handelsblatt.com/unternehmen/industrie/unboxing-tesla-arbeitet-an-der-fabrik-der-zukunft/100017762.html

[224] https://group.mercedes-benz.com/innovation/produktion/factory-56.html

[225] https://patentlyo.com/patent/2011/01/tracing-the-quote-everything-that-can-be-invented-has-been-invented.html

[226] https://www.chemie.de/lexikon/Haber-Bosch-Verfahren.html

[227] Sebastian Thrun – Eine deutsche Karriere im Silicon Valley, DC Publishing, ISBN 978-3-98674-062-7

[228] https://www.diplomatic-council.org/de/news-and-events/news/historischer-auftakt-fuer-dc-quantum-leap

[229] Sebastian Thrun – Eine deutsche Karriere im Silicon Valley, autorisierte Biografie von Andreas Dripke, DC Publishing, ISBN 978-3-98674-062-7

[230] https://www.bild.de/politik/inland/politik-inland/existenzbedrohende-energiepreise-habeck-gesteht-wohlstands-kollaps-85896358.bild.html

[231] https://www.heise.de/hintergrund/Kommentar-Europas-Fehlstarts-in-der-Raumfahrt-6046282.html

[232] https://www.ingenieur.de/technik/fachbereiche/raumfahrt/kommerzialisierung-im-all-die-private-raumfahrt-holt-auf/#all-tourismus

[233] https://www.nap.edu/read/9790/chapter/2

[234] https://www.stern.de/digital/technik/neuartiger-mini-reaktor-will-atomunfaelle-nicht-vermeiden--sondern-beherrschbar-machen-30579116.html

[235] Die Rückkehr der Kernkraft, Warum Atomenergie unsere Zukunft ist, Andreas Dripke, Hang Nguyen, Marc Ruberg, DC Publishing, ISBN 978-3-947818-95-2

[236] Digitale Disruption, Wie die Digitalisierung unsere Welt auf den Kopf stellt, Andreas Dripke et al., DC Publishing, ISBN 978-3-947818-34-1

[237] https://www.welt.de/wirtschaft/energie/plus253159608/Strom-Produzieren-nach-Wetterlage-Wirtschaft-warnt-vor-Habeck-Plan.html

[238] https://www.bild.de/politik/inland/voellig-gaga-solar-plan-von-habeck-behoerde-empoert-wirtschaft-66cc48052e96240be0bb9f17

[239] https://jungefreiheit.de/wirtschaft/2024/industrie-soll-nach-wetterlage-produzieren-habeck-plan-sorgt-fuer-entsetzen/

[240] https://www.nzz.ch/wirtschaft/ampel-koalition-einigt-sich-offenbar-auf-haushalt-und-wachstumspaket-ld.1838231

[241] https://www.manager-magazin.de/politik/deutschland/koalition-einigt-sich-auf-bundeshaushalt-und-wachstumspaket-a-84856369-0c03-49db-8be1-023e5bb296b2

[242] https://www.handelsblatt.com/politik/deutschland/wachstumsinitiative-arbeitsanreize-buerokratieabbau-das-steckt-im-wachstumspaket/100050730.html

[243] https://www.spiegel.de/wirtschaft/theodor-weimer-boersenchef-haelt-wutrede-zur-freude-der-afd-a-458835b4-306c-472c-bc9b-cc699be449ac

[244] https://www.bild.de/politik/inland/pruefer-haben-erhebliche-zweifel-ampel-haushalt-fuer-2025-wackelt-66aba406decf4a34f6e9aa20

[245] https://www.bloomberg.com/news/articles/2024-07-11/german-industry-has-taken-a-permanent-hit-be-study-shows?embedded-checkout=true

[246] https://www.rbb24.de/wirtschaft/beitrag/2024/02/berlin-brandenburg-fuenf-groessten-probleme-bauwirtschaft.html

[247] https://www.tagesschau.de/wirtschaft/konjunktur/baubranche-wohnungsbau-wohnungsnot-auftragsmangel-baugenehmigungen-ifo-100.html

[248] https://www.tagesschau.de/inland/innenpolitik/wohnungsbau-krise-jobs-100.html

[249] https://www.bild.de/politik/inland/mega-krise-am-bau-immer-weniger-wohnungen-mieten-bald-unbezahlbar-66a8bbf2dfae2b64e0a7541e

[250] https://regionalheute.de/baugewerkschaft-warnt-vor-jobabbau-und-jahrzehntelanger-baukrise-1681945266/

[251] https://www1.wdr.de/nachrichten/ruhrgebiet/thyssenkrupp-stellen-abbauen-reaktionen-100.html

[252] https://www.spiegel.de/wirtschaft/unternehmen/autoindustrie-befuerchtet-millionen-jobverluste-wegen-strengerer-klimaregeln-in-der-eu-a-deae41d4-8bee-4e3c-bbd5-26abb66ccaf5

[253] https://www.adac.de/rund-ums-fahrzeug/elektromobilitaet/elektroauto/foerderung-elektroautos/

[254] https://www.deutschlandfunkkultur.de/rezension-peter-heather-john-raplecy-stuerzende-imperien-100.html

[255] https://www.imd.org/centers/wcc/world-competitiveness-center/rankings/world-competitiveness-ranking/

[256] https://m.focus.de/finanzen/news/ratingagentur-fuer-deutschland-skeptisch-substanz-erodiert-standort-weniger-attraktiv_id_260064243.html